2022—2023 年中国工业和信息化发展系列蓝皮书

2022—2023 年
中国工业发展质量蓝皮书

中国电子信息产业发展研究院 **编 著**

张小燕 **主 编**

关 兵 韩建飞 张文会 **副主编**

电子工业出版社
Publishing House of Electronics Industry
北京·BEIJING

内 容 简 介

本书以习近平新时代中国特色社会主义思想为指引，围绕我国工业经济当前的重点、热点、难点问题进行研究，特别是对制造业高质量发展过程中所面临的机遇与挑战进行深度分析，构建了成熟的评价体系。

全书围绕"工业高质量发展"，遵循新发展理念，紧密结合制造强国建设的主要目标，充分吸纳"供给侧结构性改革"对工业经济发展的新要求，全面剖析了工业发展质量的内涵，明确了构建评价体系的基本原则和主要思路，并在往年评价体系的基础上，对20项指标进行了适时调整，对全国和各省（区、市）的工业发展质量，以及工业大类行业发展质量进行了分析与评价。

本书旨在推动我国工业经济高质量发展，可供相关人士参考阅读。

图书在版编目（CIP）数据

2022—2023年中国工业发展质量蓝皮书 / 中国电子信息产业发展研究院编著；张小燕主编. —北京：电子工业出版社，2023.12

（2022—2023年中国工业和信息化发展系列蓝皮书）

ISBN 978-7-121-46976-3

Ⅰ. ①2… Ⅱ. ①中… ②张… Ⅲ. ①工业发展－经济运行质量－研究报告－中国－2022-2023 Ⅳ. ①F424

中国国家版本馆 CIP 数据核字（2024）第 004090 号

责任编辑：陈韦凯　　　　　　特约编辑：田学清
印　　刷：北京虎彩文化传播有限公司
装　　订：北京虎彩文化传播有限公司
出版发行：电子工业出版社
　　　　　北京市海淀区万寿路 173 信箱　　邮编：100036
开　　本：720×1 000　1/16　印张：17.25　字数：331 千字　彩插：1
版　　次：2023 年 12 月第 1 版
印　　次：2023 年 12 月第 1 次印刷
定　　价：218.00 元

凡所购买电子工业出版社图书有缺损问题，请向购买书店调换。若书店售缺，请与本社发行部联系，联系及邮购电话：（010）88254888，88258888。

质量投诉请发邮件至 zlts@phei.com.cn，盗版侵权举报请发邮件至 dbqq@phei.com.cn。

本书咨询联系方式：chenwk@phei.com.cn，（010）88254441。

前言

2022 年，新冠疫情持续反复，叠加俄乌冲突爆发，扰动世界各国经济。一方面，以美国为代表的主要发达经济体提升产业链、供应链的安全性和重要性，加快推动产业链、供应链区域化和多元化；另一方面，各国纷纷出台产业政策，支持人工智能、半导体等产业发展，争夺产业制高点。全球产业竞争更加激烈。美国对我国战略遏制持续，加快联合其盟友构建"去中国化"产业链，对我国产业链、供应链安全提出了严峻挑战。

2022 年，面对国内外复杂形势，在党中央的坚强领导下，我国克服经济下行压力，及时出台系列稳增长政策，推动我国工业经济平稳增长，成为稳定世界经济发展的中坚力量。然而，新冠疫情冲击、地缘政治冲突、大国博弈等加剧了我国产业链、供应链的不稳定，工业经济发展中存在着深层次结构性矛盾，提升产业链、供应链的韧性和安全性，实现科技自立自强任重道远。在这样的发展背景下，加快推进制造强国战略，加快推动工业高质量发展，增强我国工业特别是制造业的国际竞争力迫在眉睫。

本书深入研究"工业发展质量"，目的在于考量全国和各省（区、市）工业经济，以及工业大类行业在上述新的发展背景和环境下的发展进程。"工业发展质量"是指在一定时期内一个国家或地区工业发展的优劣状态，综合反映了速度、结构、效益、创新、资源、环境及信息化等方面关系的协调程度。本书通篇围绕"工业高质量发展"，遵循新发展理念，紧密结合制造强国建设的主要目标，充分吸纳"供给侧结构性改革"对工业经济发展的新要求，全面剖析工业发展质量的内涵，明确构建评价体系的基本原则和主要思路，在往年评价体系的基础上，对 20 项指标进行了适时的调整，对全国和各省（区、市）的工业发展质量，以及工业大类行业发展质量进行了分析与评价。

在研究过程中，我们深刻体会到，"工业发展质量"内涵丰富，构建一套相对合理的评价体系，并对全国和各省（区、市）的工业发展质量，以及工业大类行业发展质量进行评价，是一项极富挑战性和创造性的工作，具有现实意义。《中国工业发展质量蓝皮书》前几版问世以来，引发了学术界的广泛关注和热烈反响，《2022—2023 年中国工业发展质量蓝皮书》在认真吸收和采纳行业专家及学者具有建设性的建议和意见的基础上，对 2022 年我国工业发展质量相关热点、重点和难点问题进行透析，期望能够引起更多国内外学术界有识之士的共同关注。

虽谨思慎为、几经推敲，但由于时间、精力、能力有限，不足之处在所难免，恳请业界同人不吝赐教。

目 录

理 论 篇

第一章 理论基础 ·· 2

　　第一节 研究背景和文献综述 ···························· 2

　　第二节 工业发展质量的概念及研究意义 ·············· 6

第二章 评价体系 ·· 9

　　第一节 研究思路 ···································· 9

　　第二节 基本原则 ···································· 11

　　第三节 工业发展质量评价体系 ······················ 13

　　第四节 评价方法 ···································· 18

　　第五节 数据来源及说明 ······························ 20

全 国 篇

第三章 全国工业发展质量分析与评价 ···············24

　　第一节 全国工业发展质量总指数走势分析 ···········24

　　第二节 全国工业发展质量分类指数分析 ·············26

第四章 工业大类行业发展质量分析与评价 ···········32

　　第一节 评价体系构建与数据收集 ···················32

　　第二节 工业大类行业发展质量指数分析与评价 ·······34

区 域 篇

第五章　四大区域工业发展质量分析与评价 ……………………40

　　第一节　四大区域截面指数分析 ………………………… 40

　　第二节　四大区域分类指数分析 ………………………… 42

第六章　各省（区、市）工业发展质量分析与评价 …………46

　　第一节　梯队分析 ………………………………………… 46

　　第二节　分类指数分析 …………………………………… 52

　　第三节　地区分析 ………………………………………… 54

专 题 篇

第七章　区域发展专题研究 …………………………………… 186

　　第一节　我国区域工业发展 10 年 ……………………… 186

　　第二节　战略性新兴产业区域布局有待进一步优化 …… 194

　　第三节　苏州制造业开拓进取的创新之路 ……………… 200

　　第四节　安徽民营经济发展的成绩、措施与建议 ……… 205

第八章　产业发展专题研究 …………………………………… 209

　　第一节　《时代》榜单表明中国上榜企业较上年减少 … 209

　　第二节　要素成本持续上涨趋势下保持我国制造业竞争优势的建议 …… 216

　　第三节　高载能制造业低碳化发展的方向与路径 ……… 220

　　第四节　政府与市场关系的理论、经验与建议 ………… 227

第九章　财税政策专题研究 …………………………………… 232

　　第一节　我国数字经济税收的主要改革方向及具体举措 … 232

　　第二节　欧盟碳边境调节机制的影响与中国应对 ……… 243

　　第三节　数字经济发展对税收治理数字化提出更高要求 … 248

展 望 篇

第十章　形势展望 ……………………………………………… 252

第一节　对 2023 年工业经济形势的基本判断 ……………………… 252

第二节　需要关注的几个问题 …………………………………… 255

第三节　应采取的对策建议 ……………………………………… 256

第十一章　政策展望 ……………………………………………… 258

第一节　加快建设以实体经济为支撑的现代化产业体系 ……… 258

第二节　加快推进新型工业化 …………………………………… 260

后记 ……………………………………………………………… 262

参考文献 ………………………………………………………… 263

理 论 篇

第一章

理论基础

党的二十大报告指出："高质量发展是全面建设社会主义现代化国家的首要任务。发展是党执政兴国的第一要务。没有坚实的物质技术基础，就不可能全面建成社会主义现代化强国。"未来五年我国发展的主要目标任务中，"经济高质量发展取得新突破"被排在首位。工业是国民经济中规模最大、创新最活跃的物质生产部门，工业高质量发展对社会主义现代化强国建设和经济高质量发展有支撑和保障作用。党的十八大以来，我国工业经济发展实现了从高速到中速的平稳换挡，进入了从规模速度型粗放增长转向质量效率型集约增长的发展阶段。工业发展更加注重质量与效益的平衡，追求稳中有进、稳中提质；更加注重工业发展质量变革、效率变革、动力变革。

基于这一现状，本章从我国工业发展走势和研究成果出发，提出工业发展质量的概念，并认为对工业发展质量的衡量是多维度的，主要体现在速度和效益有机统一、结构持续调整和优化、技术创新能力不断提高、资源节约和环境友好、两化融合不断深化、人力资源结构优化和待遇提升6个方面。对工业发展质量进行评价，不仅是衡量工业转型升级成果的需要，还是把握工业经济运行规律和正确指导地方工业科学发展的有效手段。

第一节　研究背景和文献综述

一、研究背景

党的十八大以来，改革开放和中国式现代化建设取得新的历史性成就，实现了第一个百年奋斗目标，开启了全面建设社会主义现代化国家，向第二个百年奋斗目标进军的新征程。经济实力跃上新台阶，经济发展实现了量的合理增长和质的稳步提升。我国经济总量从 2012 年的 53.86 万亿元增加到 2022 年的 121.02 万亿元，占世界经济的比重从 11.29% 提高到 17.86%，稳居全球第二。工业规模进一步扩大，是建设现代化经济体系的主要着力点。2012—2022 年，我国工业增加值从 20.9 万亿元增加到 40 万亿元，连续多年居世界首位，其中制造业增加值从 17 万亿元增加到 33.5 万亿元，综合实力和国际影响力大幅提升。产业体系完整优势进一步巩固。我国拥有全球最齐全的产业体系和配套网络，是全世界唯一拥有联合国产业分类中全部工业门类的国家（41 个大类、207 个中类和 666 个小类），在 500 多种主要工业品中，有 220 多种工业品产量居世界第一，生产了全球 1/3 的汽车、57% 的粗钢和水泥、59% 的电解铝、62% 的甲醇、80% 的家电，以及 90% 的手机、计算机、彩电等。产业链、供应链的韧性和竞争力持续提升，有效增强了我国经济应对外部冲击的能力。

2022 年，在以习近平同志为核心的党中央坚强领导下，统筹新冠疫情防控和经济社会发展的各项政策措施取得显著成效，工业发展总体呈现稳中有进的态势。工业"压舱石"作用进一步彰显，为稳定宏观经济提供了有力支撑。工业对经济增长的贡献率达到 36%，拉动经济增长 1.1 个百分点，其中制造业拉动 0.8 个百分点。产业结构优化升级深入推进，高端化、智能化、绿色化发展步伐加快。2022 年，高技术制造业和装备制造业增加值分别同比增长 7.4% 和 5.6%，增速分别比规模以上工业快 3.8、2.0 个百分点。传统产业改造升级加快，已培育 45 个国家先进制造业集群。新能源汽车、移动通信基站设备、工业控制计算机及系统产量分别增长 97.5%、16.3%、15.0%。

在创新、协调、绿色、开放、共享的新发展理念指导下，我国坚定不移地推动制造业高质量发展，推进制造强国建设。

一是科技创新引领作用增强。2022 年，全社会研究与试验发展（R&D）经费首次突破 3 万亿元大关，比上年增长 10.4%，已连续 7 年保持两位数增长。R&D 经费投入强度（R&D 经费与 GDP 之比）达到 2.54%，超过法国（2.35%）、荷兰（2.32%）等创新型国家，逐步接近经济合作与发展组织（OECD）国家的平均水平（2.67%），创新能力实现较快提升。世界知识产权组织（WIPO）2022 年发布的全球创新指数（GII）显示，我国的科技创新表现在 132 个经济体中位列第 11 位，连续 10 年保持稳定上升。

二是区域发展协调性稳步提高。重大区域发展战略统筹推进，长江经济带发展、京津冀协同发展、粤港澳大湾区建设等龙头带动作用凸显。东部地区产业升级成效显著，制造业高质量发展引领带动作用增强；中部地区特色产业实现跨越式发展；西部地区工业保持较快增长态势。

三是节能降耗减排成效显现。2022 年，全国万元国内生产总值（GDP）能耗比上年下降 0.1%，万元 GDP 二氧化碳排放下降 0.8%，节能降耗减排稳步推进。

四是对外贸易稳中提质。2022 年，我国货物进出口总额达 41.8 万亿元，比上年增长 7.9%，在 2021 年高基数基础上继续保持稳定增长，并连续 6 年保持世界第一货物贸易国地位。同期，我国对"一带一路"沿线国家进出口增长 19.4%，占我国外贸总值的 32.9%，比上年提升 3.2%；对区域全面经济伙伴关系协定（RCEP）其他成员方进出口增长 7.5%。

当前，世界正经历百年未有之大变局，新一轮科技革命和产业变革带来的新陈代谢和激烈竞争前所未有，外部环境更趋复杂、严峻，不确定、难预料因素增多，我国经济发展进入战略机遇和风险挑战并存的时期。2022 年中央经济工作会议指出，2023 年经济工作要扎实推进中国式现代化，坚持稳中求进工作总基调，完整、准确、全面贯彻新发展理念，加快构建新发展格局，着力推动高质量发展，更好统筹疫情防控和经济社会发展，更好统筹发展和安全，全面深化改革开放，大力提振市场信心，把实施扩大内需战略同深化供给侧结构性改革有机结合起来，着力发展实体经济，依靠创新培育壮大发展新动能，推动传统产业改造升级，支持战略性新兴产业发展等。

为振兴实体经济，工业发展将更加注重质量和效益，更加注重质量变革、效率变革、动力变革。加快构建新发展格局，推动高质量发展是当前和今后一个时期我国确定发展思路、制定经济政策、实施宏观调控的根本要求。我国需形成高质量发展的评价体系、政策体系、标准体系、统计体系、绩效评价体系、政绩考核体系，以推动我国经济在实现高质量发展上不断取得新进展。

二、文献综述

党的十九届六中全会指出，"要立足新发展阶段、贯彻新发展理念、构建新发展格局、推动高质量发展"。部分专家和学者对此进行了解读和研究。高培勇（2021 年）认为新发展阶段之"新"，体现在发展目标的阶梯式递进、发展环境所发生的深刻复杂变化、面临的机遇和挑战所发生的新变化、对新发展理念的完整准确全面贯彻，以及构建新发展格局。在新发展阶段要努力实现更高质量、更有效率、更加公平、更可持续、更为安全的发展。许召元（2022 年）认为制造业高质量发展关系到经济高质量发展全局，制造业核心竞争力在短期内影响产业经济效益和经济增长，从长期看关系到经济高质量发展。制造业竞争力主要可分为 4 个层级：第 1 层级是来自资源禀赋优势的竞争力；第 2 层级是来自生产效率的优势；第 3 层级是来自生产技术、工艺及质量管理体系的优势；第 4 层级是来自核心技术与品牌价值。任保平、李培伟（2022 年）认为在新一轮科技革命和产业变革中，数字经济是培育我国经济高质量发展的战略支点，数字经济从要素配置优化、规模经济、产业融合和创新驱动 4 个维度来培育我国经济高质量发展的新动能。

科技创新是工业高质量发展的核心驱动力。国家"十四五"规划纲要把创新放在了具体任务的首位，提出坚持创新在我国现代化建设全局中的核心地位，把科技自立自强作为国家发展的战略支撑。冉征、郑江淮（2021 年）指出推动实施创新驱动战略是我国实现经济高质量发展的根本保障，创新能力将决定经济高质量发展的成色。国家统计局测算结果显示，中国创新指数再创新高，2020 年中国创新指数达到 242.6（2005 年为 100），比上年增长 6.4%。分领域看，创新环境指数、创新投入指数、创新产出指数和创新成效指数与上年相比，均呈现不同程度的增长。测算结果表明，我国创新能力和水平保持持续提升，创新环境不断优化，创新投入继续增加，创新产出较快增长，创新成效进一步显现。2022 年，工业和信息化部提出推进制造业强链补链，创建一批国家制造业创新中心和国家地方共建中心，培育一批国家级先进制造业集群。实施产业基础再造工程，组织实施一批重点项目。

碳达峰碳中和目标蕴含工业高质量发展新机遇。2022 年政府工作报告提出，"持续改善生态环境，推动绿色低碳发展。推动能源革命，确保能源供应，立足资源禀赋，坚持先立后破、通盘谋划，推进能源低碳转型"。史丹等（2022 年）指出绿色发展既是新一轮科技革命和产业变革下实体经济转型升级的必然趋势，也是中国工业高质量发展的根本要求，更是中国工业由大转强的必由之路。张志新等（2022 年）指出"双碳"目标能够通过促进价值链上游企业发展，倒逼中游企业提升价值链地位，同时淘汰部分重污染、高能耗的价值链低端下游企业，提升我国制造业整体价值链地位，进而带动制造业高质量发展。

对外贸易稳中提质是实现工业高质量发展的必经之路。2022 年政府工作报告指出，"扩大高水平对外开放，推动外贸外资平稳发展。充分利用两个市场两种资源，不断拓展对外经贸合作，以高水平开放促进深层次改革、推动高质量发展"。高运胜等（2021 年）认为百年未有之大变局的国际环境加上国内不平衡不充分发展的现实与困境决定我国对外贸易转向高质量发展存在历史必然性，是实现从"贸易大国"到"贸易强国"的必由之路。王一鸣（2021 年）认为要塑造我国参与国际合作和竞争新优势，持续深化商品和要素流动型开放，稳步拓展规则、规制、管理、标准等制度型开放，构建与国际通行规则相衔接的制度体系和监管模式。

推动工业经济高质量发展，是保持工业经济持续健康发展的必然要求，是遵循经济规律发展的必然要求。当前国内外形势复杂，我国亟须构建一套合理、完善的工业发展质量评价体系，来客观、科学地反映和评价我国新时代工业发展质量，引导和推动工业产业结构向更加合理的方向调整。

第二节　工业发展质量的概念及研究意义

一、概念及内涵

中国电子信息产业发展研究院认为：从广义上，工业发展质量是指在一定时期内一个国家或地区工业发展的优劣状态；从狭义上，工业发展质量是指在保持合理增长速度的前提下，更加重视增长的效益，不仅包括规模扩张，还包括结构优化、技术创新、资源节约、环境改善、两化融合、惠及民生等诸多方面。现阶段其内涵主要体现在以下 6 个方面。

第一，速度和效益有机统一。工业发展质量的提高是以稳定的发展速度为基础的，目前我国工业经济运行呈现"稳中有进"的特点，"稳"主要体现在工业增速保持在一定的水平，"进"更多体现在质量上和效益上的提高。忽视质量和效益的盲目扩张很可能以资源高消耗、环境高污染为代价，并可能引致产业结构失衡等一系列严重问题，影响工业的良性循环和健康发展。提升工业发展质量的关键在于实现速度和效益有机统一。

第二，结构持续调整和优化。工业结构反映了生产要素在产业间、地区间、企业间的资源配置情况，是工业总体发展水平的重要评价维度。工业结构的优化升级有助于提高工业发展质量，是工业发展质量提升的重要表现。必须统筹好传统产业和新兴产业、劳动密集型产业和资本技术密集型产业、重化工业与轻工业、东部地区与中西部地区、大集团大企业与中小企业、国有企业与非国有企业等重要关系，优化生产要素配置。

第三，技术创新能力不断提高。技术创新是工业发展质量提高的源泉，提高技术创新能力，有助于实现内涵式发展，推动工业转型升级。

在新一轮科技革命背景下，我国必须转变经济发展方式，建立、健全工业化的创新驱动机制，实现工业化动力从投资驱动向创新驱动的转变，进而形成创新驱动的现代化经济体系。提高工业发展质量，要求完善创新生态体系，实现创新链、产业链与资金链的有机统一，保障科研经费投入，促进科技成果的转化。

第四，资源节约和环境友好。实现工业经济与资源环境的和谐发展，是缓解资源约束矛盾的根本出路，是提高工业发展质量的前提。绿色发展是提升工业发展质量的重要要求，也是提高工业经济效益的具体表现之一。实践证明，粗放利用资源的发展模式只会加剧资源约束矛盾，以损害环境为代价的工业发展具有极强的社会负外部性。提升工业发展质量，必须提高资源利用效率，发展循环经济，有效控制污染排放。

第五，两化融合不断深化。随着新兴信息技术的产生和应用，工业互联网、大数据、人工智能、虚拟现实和实体经济深度融合，信息技术、信息产品、信息资源、信息化标准等信息化要素，在工业技术、工业品、工业装备、工业管理、工业基础设施、市场环境等各个层面的渗透与融合，既是推动工业转型升级的重要科技助力，也是优化工业管理系统的重要手段。

第六，人力资源结构优化和待遇提升。随着我国人口老龄化的加剧，劳动力成本上升，以廉价劳动力为特征的人口红利在不断消失。但随着改革开放后我国人均受教育水平的提高，劳动力质量明显改善，成为我国人口红利的新特征。提高工业发展质量，不仅要充分依托我国在人才和劳动力资源方面的巨大优势，特别是要关注人均受教育水平的提高，还要着眼于解决广大人民群众的就业与收入问题，在实现发展成果人民共享的同时，扩大内需，增强国内购买力。

二、研究意义

党的二十大报告指出，"要坚持以推动高质量发展为主题，加快建设现代化经济体系，着力提高全要素生产率，建设现代化产业体系，坚持把发展经济的着力点放在实体经济上，推进新型工业化，加快建设制造强国、质量强国、航天强国、交通强国、网络强国、数字中国"。习近平总书记强调，"必须坚定不移深化改革开放、深入转变发展方式，以效率变革、动力变革促进质量变革，加快形成可持续的高质量发展体制机制。"这些内容明确了效率变革、动力变革是质量变革的重要途径和手段，是工业高质量发展的根本遵循。

结合实际情况，我们认为，对我国工业发展质量的评价，应从效率、动力和质量 3 个方面出发，综合考虑产业结构、协调发展、绿色发展、创新能力等多个维度。加强对工业发展质量的研究和评价，是推进工业转型升级的重要基础性工作之一，也是深入贯彻落实党的二十大和中央经济工作会议相关精神，实现制造强国战略的重要实践性工作之一，对我国工业经济实现高质量发展具有以下重要意义。

第一，研究和评价工业发展质量是科学衡量工业转型升级效果的迫切需要。加快工业转型升级已成为推进我国经济结构调整和发展方式转变的重大举措。工业转型升级主要体现在自主创新、结构优化、两化深度融合、绿色低碳、对外开放等诸多方面，其核心目标就是实现工业发展质量的不断提升。工业转型升级是一个系统性工程，单一指标难以准确、客观地衡量转型升级的效果，当前亟须构建一套能够全面、准确衡量我国工业发展质量的评价体系，引导地方政府和企业走内生增长、集约高效的发展道路。

第二，研究和评价工业发展质量是正确引导地方工业实现科学发展的有效手段。长期以来，片面追求规模、增速的指标扭曲了行业或地区工业发展的经济行为，在推动工业规模高速扩张的同时，引发了资源浪费、环境污染、产能过剩、产品附加值低、竞争力不强等深层次问题。加强对工业发展质量的评价，有利于引导各级政府实现工业增速与效益的统一，通过加大创新投入、优化产业结构、推进节能减排等措施改善工业整体素质，引导地方政府将工作重心转移到转变发展方式上。

第三，研究和评价工业发展质量是政府准确把握工业经济运行规律的内在要求。对工业发展质量的长期持续跟踪评价，有利于全面分析工业经济运行的中长期特点、趋势及影响因素，深刻剖析工业经济发展中的深层次问题和矛盾，准确把握工业经济运行的客观规律，进而在把握规律的基础上指导实践，提高政府决策的科学性与合理性。

因此，了解和掌握 2022 年我国工业相关政策，构建我国工业发展质量的评价体系，分析和评价全国和各省（区、市）的工业发展质量，以及工业大类行业的发展质量，探讨 2022 年我国工业发展质量的热点、重点和难点问题，展望工业发展存在的机遇与挑战，对促进我国新时代工业经济更高质量、更有效率、更可持续的发展具有重要意义。

第二章

评价体系

党的二十大报告提出，"高质量发展是全面建设社会主义现代化国家的首要任务。"因此，推进和实现高质量发展，必须全面贯彻党的二十大精神，准确把握实现高质量发展的重大意义、科学内涵，把高质量发展的要求贯彻到经济社会发展全过程和各领域。习近平总书记强调："新发展理念和高质量发展是内在统一的。"高质量发展是充分体现新发展理念的发展。贯彻新发展理念，就是要使创新成为第一动力、协调成为内生特点、绿色成为普遍形态、开放成为必由之路、共享成为根本目的，实现更高质量的发展。本章基于工业发展质量的基本内涵，从工业高质量发展的主要特征出发来确定评价体系的基本框架和主要内容，并按内在逻辑要求来选择具有代表性的指标；同时，坚持以指标数据的可获取性为前提来保证评价结果的客观性。在构建评价体系时坚持系统性、可比性、可测度、可扩展等原则，最终选取的指标涵盖速度效益、结构调整、技术创新、资源环境、两化融合、人力资源6个方面，包含20项具体指标。本章详细介绍了工业发展质量评价体系的指标选取、指标权重、指标数据来源，以及工业发展质量时序指数和截面指数的测算方法，这些内容是后续测算工业发展质量指数的基础。

第一节　研究思路

2022年中央经济工作会议要求，要坚持稳字当头、稳中求进，继续实施积极的财政政策和稳健的货币政策，加大宏观政策调控力度，加强各类政策协调配合，形成共促高质量发展的合力。2023年，稳增长被置于更重要的位置，速度成为工业高质量发展的重要评价指标。《中共中央关于制定国民经济和社会发展第十四个五年规划和二〇三五年远景目标的建议》（简称"十四五"规划《建议》）提出，"十四五"时期经济社会发展的主要目标之一就是在质量效益明显提升的基础上实现经济持续健康发展，质量效益应成为"十四五"时期工业发展的重要评价指标。"十四五"规划《建议》还提出，"十四五"时期的指导方针和主要目标是坚定不移贯彻创新、协调、绿色、开放、共享的新发展理念，必须遵循的原则之一是坚持系统观念，实现发展质量、结构、规模、速度、效益、安全相统一。因此，速度、效益、创新、结构、可持续发展等指标均是评价工业发展质量的重要方面。为推动制造强国战略深入实施，我们构建并完善了一套工业发展质量评价体系，以科学监测我国工业发展质量，准确分析推动工业发展过程中存在的突出问题，助力工业发展方式转变，提高工业竞争力和创新力。

评价体系的构建需要认真研究、不断尝试和逐步完善，必须在明确工业发展质量内涵的基础上，先选取能够反映当前发展阶段我国工业发展水平和质量的指标，再对数据进行处理，并对初步测算结果进行分析与验证，然后根据试评结果对评价体系进行必要的验证与调整，确立适合我国国情和工业化发展阶段的评价体系，最后应用于全国及各省（区、市）的工业发展质量评价。中国工业发展质量研究思路如图 2-1 所示。

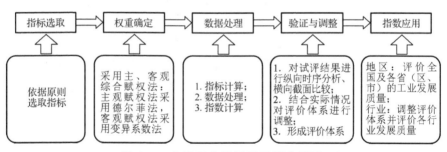

图 2-1　中国工业发展质量研究思路

（资料来源：赛迪智库整理，2023 年 5 月。）

（一）指标选取

根据工业发展质量的基本内涵，确定评价体系的基本框架和主要内容，并按内在逻辑要求选择有代表性的指标组成初步的指标框架体系。在确立指标框架体系的基础上，按照系统性、可比性、可测度、可扩展原则，选取具体指标。为保证评价结果的准确性和客观性，本书所需数据全部来源于国家统计局等权威机构发布的统计年鉴和研究报告。

（二）权重确定

采用主、客观综合赋权法：主观赋权法选用德尔菲法，客观赋权法选用变异系数法。这样不仅能够充分挖掘数据本身的统计意义，也能够充分利用数据指标的经济意义。主、客观综合赋权法能够客观、公正、科学地反映各指标所占权重，具有较高的可信度。为便于逐年之间的比较，本书采用2012—2021年主、客观权重的平均值作为统一权重。

（三）数据处理

计算无法直接获取的二级指标，如高技术产品出口占比、就业人员平均受教育年限等。对于截面指数，将所有指标进行无量纲化处理，利用无量纲化数据和确定的权重，得到各省（区、市）的工业发展质量截面指数；对于时序指数，将所有指标换算为以2012年为基期的发展速度指标进行加权，得到全国及各省（区、市）工业发展质量时序指数。

（四）验证与调整

评价体系确定后，对全国及各省（区、市）的工业发展质量进行试评。利用试评结果对工业发展质量进行纵向时序分析和横向截面比较，并结合全国及各省（区、市）的实际情况，发现评价体系存在的问题，对评价体系进行调整，直至形成科学、全面、准确的评价体系。

（五）指数应用

利用调整后的评价体系，对全国及各省（区、市）的工业发展质量进行评价。通过分析评价结果，发现我国工业发展过程中存在的问题，并据此提出促进工业发展质量提升的对策建议。针对行业的实际情况，对部分不适合指标和不可获得指标进行剔除，得到适用于行业之间进行比较的评价体系，并利用实际数据评价行业发展质量。

第二节　基本原则

一、研究的指导原则

以创新、协调、绿色、开放、共享的新发展理念为指导，以质量效

三、框架设计

（一）指标选取

工业发展质量评价体系的框架设计，必须建立在准确理解和把握工业发展质量内涵的基础上。根据对工业发展质量内涵的理解和指标选取的基本原则，本书构建了由速度效益、结构调整、技术创新、资源环境、两化融合、人力资源六大类（一级指标）、20 项具体指标（二级指标）组成的中国工业发展质量评价体系（见表 2-1）。

表 2-1　中国工业发展质量评价体系

总　指　标	一　级　指　标	二　级　指　标
工业发展质量	速度效益	规上工业增加值增速
		工业企业资产负债率
		工业成本费用利润率
		工业营业收入利润率
	结构调整	高技术制造业主营业务收入占比
		制造业 500 强企业占比
		规上小型工业企业收入占比
		新产品出口占货物出口额比重
	技术创新	工业企业 R&D 经费投入强度
		工业企业 R&D 人员投入强度
		单位工业企业 R&D 经费支出发明专利数
		工业企业新产品销售收入占比
	资源环境	单位工业增加值能耗
		单位工业增加值用水量
	两化融合	电子信息产业占比
		两化融合水平
		宽带人均普及率
	人力资源	工业城镇单位就业人员平均工资增速
		第二产业全员劳动生产率
		就业人员平均受教育年限

资料来源：赛迪智库整理，2023 年 5 月。

需要说明的是，由于工业发展质量的内涵十分丰富，涉及领域较多，并且关于工业发展质量的研究仍然在不断探索和完善中，目前社会各界对如何评价工业发展质量还没有形成统一的认识。因此，构建工业发展质量评价体系是一项需要不断探索和长期实践，且极富挑战性的工作。经过近几年的摸索和调整，目前工业发展质量评价体系已相对稳定，本书在上一版工业发展质量评价体系的基础上，根据数据可获取情况对部分指标进行了微调，主要是以"新产品出口占货物出口额比重"来代替"高技术产品出口占货物出口额比重"，未来仍会根据经济发展需要和数据可获取情况进行微调。

（二）指标阐释

根据框架设计，工业发展质量评价体系主要可分为如下六大类一级指标。

一是速度效益类。发展速度和经济效益是反映一个国家或地区工业发展质量的重要方面。这里主要选取了规上工业增加值增速、工业企业资产负债率、工业成本费用利润率和工业营业收入利润率4项指标（见表2-2）。

表 2-2 速度效益类指标及说明

指 标	计 算 公 式	说 明
规上工业增加值增速	$\left(\dfrac{当年工业增加值}{上年工业增加值}-1\right)\times100\%$	反映规模以上（指标名称中简称规上）工业增加值的增长速度
工业企业资产负债率	$\dfrac{负债总额}{资产总额}\times100\%$	反映企业利用债权人提供的资金从事经营活动的能力，也反映工业企业经营风险的大小
工业成本费用利润率	$\dfrac{工业利润总额}{工业成本费用总额}\times100\%$	反映工业企业投入的生产成本及费用的经济效益，也反映工业企业降低成本所取得的经济效益
工业营业收入利润率	$\dfrac{规上工业利润总额}{规上工业营业收入}\times100\%$	反映工业企业所营业务的获利能力

资料来源：赛迪智库整理，2023年5月。

二是结构调整类。产业结构的优化和升级是走新型工业化道路的必然要求，对于工业经济的高质量增长具有重要意义。这里主要选取了高技术制造业主营业务收入占比、制造业500强企业占比、规上小型工业企业收入占比和新产品出口占货物出口额比重4项指标（见表2-3）。

表 2-3　结构调整类指标及说明

指　标	计　算　公　式	说　明
高技术制造业主营业务收入占比	$\dfrac{高技术产业主营业务收入}{工业主营业务收入}\times100\%$	一定程度上能够反映我国产业结构的优化程度
制造业 500 强企业占比	评价全国时为世界 500 强企业中的中国企业数量占比，评价地方时为中国制造业企业 500 强中的各省（区、市）企业数量占比	反映具有国际竞争力的大中型工业企业发展状况及产业组织结构
规上小型工业企业收入占比	$\dfrac{规上小型工业企业营业收入}{规上工业企业营业收入}\times100\%$	反映规模以上小型工业企业的发展活力
新产品出口占货物出口额比重	$\dfrac{新产品出口额}{货物出口额}\times100\%$	反映国家或地区货物出口结构的优化程度

资料来源：赛迪智库整理，2023 年 5 月。

三是技术创新类。创新是第一动力，是我国走内涵式发展道路的根本要求，也是我国工业转型升级的关键环节。这里主要选取了工业企业 R&D 经费投入强度、工业企业 R&D 人员投入强度、单位工业企业 R&D 经费支出发明专利数和工业企业新产品销售收入占比 4 项指标（见表 2-4）。

表 2-4　技术创新类指标及说明

指　标	计　算　公　式	说　明
工业企业 R&D 经费投入强度	$\dfrac{工业企业R\&D经费支出}{工业企业主营业务收入}\times100\%$	反映规模以上工业企业研发经费的投入强度
工业企业 R&D 人员投入强度	$\dfrac{工业企业R\&D人员数}{工业企业从业人员年平均人数}\times100\%$	反映规模以上工业企业研发人员的投入强度
单位工业企业 R&D 经费支出发明专利数	$\dfrac{工业企业发明专利申请数}{工业企业R\&D经费支出}$	反映规模以上工业企业单位研发经费投入所创造的科技成果的实力
工业企业新产品销售收入占比	$\dfrac{新产品主营业务收入}{工业企业主营业务收入}\times100\%$	反映规模以上工业企业自主创新成果转化能力及产品结构

资料来源：赛迪智库整理，2023 年 5 月。

四是资源环境类。加强资源节约和综合利用，积极应对气候变化，是加快转变经济发展方式的重要着力点，也是实现工业可持续发展的内在要求。限于数据的可获取性，这里主要选取了单位工业增加值能耗、单位工业增加值用水量两项指标（见表2-5）。

表2-5 资源环境类指标及说明

指 标	计 算 公 式	说 明
单位工业增加值能耗	$\dfrac{工业能源消费总量}{不变价工业增加值}$	反映工业生产节约能源情况和利用效率
单位工业增加值用水量	$\dfrac{工业用水总量}{不变价工业增加值}$	反映工业生产过程中水资源的利用效率

资料来源：赛迪智库整理，2023年5月。

五是两化融合类。两化融合是我国走新型工业化道路的必然要求，也是提高工业发展质量的重要支撑。根据数据可获取原则，这里主要选取了电子信息产业占比、两化融合水平、宽带人均普及率三项指标（见表2-6）。我们认为，电子信息产业发展的好坏，与地方产业结构轻量化、高级化有高度相关性。

表2-6 两化融合类指标及说明

指 标	计 算 公 式	说 明
电子信息产业占比	$\dfrac{电子信息制造业收入}{规上工业营业收入}\times50\%+\dfrac{软件业务收入}{GDP}\times50\%$	反映地区电子信息制造业和软件业的发展程度和水平，体现工业化与信息化的发展水平
两化融合水平	按照《中国两化融合发展数据地图》，单项应用、综合集成、协同与创新3个一级指标的评估内容，主要从产品、企业管理、价值链3个维度展开	反映地区两化融合发展水平和发展进程，体现新时代两化融合发展的新目标、新内容、新要求
宽带人均普及率	$\dfrac{互联网宽带接入用户数}{年末人口数}\times100\%$	宽带是信息化的基础，是两化融合的关键，宽带人均普及率能够反映区域两化融合基础设施建设效果

资料来源：赛迪智库整理，2023年5月。

六是人力资源类。人才是第一资源，人力资源是知识经济时代经济增长的重要源泉，也是我国建设创新型国家的基础和加速推进我国工业转型升级的重要动力。这里主要选取了工业城镇单位就业人员平均工资增速、第二产业全员劳动生产率和就业人员平均受教育年限 3 项指标来反映人力资源情况（见表 2-7）。

表 2-7 人力资源类指标及说明

指 标	计 算 公 式	说 明
工业城镇单位就业人员平均工资增速	$\left(\dfrac{当年工业企业职工平均工资}{上年工业企业职工平均工资}-1\right)\times100\%$	体现一定时期内工业企业职工以货币形式得到的劳动报酬的增长水平，反映工业发展对改善民生方面的贡献
第二产业全员劳动生产率	$\dfrac{不变价第二产业增加值}{第二产业就业人员数}$	综合反映第二产业的生产技术水平、经营管理水平、职工技术熟练程度和劳动积极性
就业人员平均受教育年限	就业人员小学学历占比×6+就业人员初中学历占比×9+就业人员高中学历占比×12+就业人员大专及以上学历占比×16	能够较好地反映就业人员的总体素质

资料来源：赛迪智库整理，2023 年 5 月。

第四节 评价方法

一、指数构建方法

统计指数是综合反映由多种因素组成的经济现象在不同时间和空间条件下平均变动的相对数。从不同角度，统计指数可以被分为不同的种类：按照所反映现象的特征不同，可分为质量指标指数和数量指标指数；按照所反映现象的范围不同，可分为个体指数和总指数；按照所反映对象的对比性质不同，可分为动态指数和静态指数。

本书通过构建工业发展质量时序指数来反映全国及各省（区、市）工业发展质量的时序变化情况，旨在进行自我评价；通过构建工业发展质量截面指数来反映全国行业发展质量、地方工业发展质量在某个时点上的截面比较情况，旨在进行对比评价。按照统计指数的分类，工业发展质量时序指数即动态指数中的定基指数，工业发展质量截面指数即静态指数，在上述过程中计算的速度效益、结构调整等 6 个方面的分类指数即个体指数。

（一）时序指数的构建

首先，以 2012 年为基期计算 2012—2021 年全国及各省（区、市）各项指标的发展速度；然后，根据所确定的权重，对各年发展速度加权计算，得到全国及各省（区、市）工业发展质量时序指数和分类指数。

（二）截面指数的构建

首先，按照式（2-1）将 2012—2021 年各省（区、市）的原始指标进行无量纲化处理；然后，按照式（2-2）和式（2-3）进行加权求和，分别得到各省（区、市）工业发展质量截面指数和分类指数。

$$X'_{ijt} = \frac{X_{ijt} - \min\{X_{jt}\}}{\max\{X_{jt}\} - \min\{X_{jt}\}} \tag{2-1}$$

$$\mathrm{IDQI}_{it} = \frac{\sum_{j=1}^{20} X'_{ijt} W_j}{\sum_{j=1}^{20} W_j} \tag{2-2}$$

$$I_{it} = \frac{\sum X'_{ijt} W_j}{\sum W_j} \tag{2-3}$$

式中，i 代表各省（区、市），j 代表 20 项二级指标，X_{ijt} 代表 t 年 i 省（区、市）j 指标，$\max\{X_{jt}\}$ 和 $\min\{X_{jt}\}$ 分别代表 t 年 j 指标的最大值和最小值，X'_{ijt} 代表 t 年 i 省（区、市）j 指标的无量纲化指标值，W_j 代表 j 指标的权重，IDQI_{it} 代表 t 年 i 省（区、市）的工业发展质量截面指数，I_{it} 代表 t 年 i 省（区、市）的分类指数，分类指数的权重为该分类指数所对应指标的权重。

需要说明的是，由于全国工业发展质量无须做截面比较，因此全国工业发展质量指数是时序指数。

二、权重确定方法

在评价体系的评价过程中，权重确定是一项十分重要的内容，因为权重直接关系到评价结果的准确性与可靠性。从统计学上来看，权重的确定一般分为主观赋权法和客观赋权法，前者一般包括德尔菲法（Delphi Method）、层次分析法（The Analytic Hierarchy Process，AHP）等，后者一般包括主成分分析法、变异系数法、离差及均方差法等。主观赋权法的优点在于能够充分利用专家对于各指标的内涵及其相互之间关系的经验判断，并且简便易行，但存在因评价主体偏好不同有时会有较大差异这一缺陷；客观赋权法的优点在于不受主观因素的影响，能够充分挖掘指标数据本身所蕴含的信息，但存在有时会弱化指标的内涵及其现实意义这一缺陷。由于主观赋权法的经验性较强及客观赋权法的数据依赖性较强，本书利用德尔菲法和变异系数法进行主、客观综合赋权。选择变异系数法的原因在于，从评价体系中的各项指标来看，差异越大的指标越重要，因为它更能反映各地区工业发展质量的差异，如果全国及各省（区、市）的某项指标没有多大差别，则没有必要将其作为一项衡量的指标，所以对于差异大的指标要赋予更大的权重。

权重的测算过程如下。首先，按照式（2-4）计算各项指标的变异系数；然后，按照式（2-5）计算各项指标的客观权重；最后按照式（2-6）对由德尔菲法得到的主观权重和由变异系数法得到的客观权重进行平均，得到各项指标的最终权重。

$$V_{jt} = \frac{\sigma_{jt}}{X_{jt}} \qquad (2\text{-}4)$$

$$W_{jt} = \frac{V_{jt}}{\sum_{j=1}^{19} V_{jt}} \qquad (2\text{-}5)$$

$$W_j = \sum_{t=2012}^{2018} W_{jt} / 7 \qquad (2\text{-}6)$$

式中，V_{jt} 代表 t 年 j 指标的变异系数，σ_{jt} 代表 t 年 j 指标的标准差，X_{jt} 代表 t 年 j 指标的均值，W_{jt} 代表 t 年 j 指标的权重，W_j 代表 j 指标的最终权重。

第五节　数据来源及说明

一、数据来源

本书所使用的数据主要来源于国家统计局发布的历年《中国统计年鉴》《中国科技统计年鉴》《中国高技术产业统计年鉴》《中国工业统计年鉴》《中国劳动统计年鉴》，各省（区、市）统计局发布的历年地方统计年鉴，工信部发布的历年《中国电子信息产业统计年鉴》《中国两化融合发展数据地图》。

二、数据说明

（一）研究对象

由于西藏缺失指标较多，故不参与本评价；港澳台地区的数据来源有限也不做评价。因此，本书的最终研究对象为全国及 30 个省（区、市）。

（二）指标说明

由于历年统计年鉴没有直接公布全国及各省（区、市）2012—2021 年的单位工业增加值能耗、单位工业增加值用水量数据，因此为保证工业发展质量时序指数在时间维度上的可比性，我们利用各地历年统计年鉴中的工业增加值、工业增加值指数、工业能耗总量、工业用水量数据，计算得到 30 个省（区、市）以 2015 年为不变价的单位工业增加值能耗和单位工业增加值用水量。

由于从 2019 年开始只公布营业收入，不再公布主营业务收入，因此涉及主营业务收入的指标，自 2018 年起均改为营业收入；在计算第二产业全员劳动生产率时，将第二产业增加值数据调整为 2015 年不变价，以保证时序指数能够真实反映走势情况；在计算单位工业企业 R&D 经费支出发明专利数时，采用 R&D 价格指数进行平减，该指数由工业生产者出厂价格和消费者价格指数按等权合成；制造业 500 强企业占比这一指标，在衡量全国工业发展质量时，是指世界 500 强企业中的中国企业数量所占比重，在衡量地方工业发展质量时，是指中国企业联合会和中国企业家协会联合发布的历年中国制造业企业 500 强中的各省（区、市）企业数量所占比重。

此外，由于将单位工业增加值能耗、单位工业增加值用水量、工业企业资产负债率作为逆向指标，因此在计算过程中我们对其进行取倒数处理，以便于统一分析。

全　国　篇

第三章

全国工业发展质量分析与评价

在第二章构建的工业发展质量评价体系的基础上，本章测算了2012—2021 年全国工业发展质量总指数及分类指数，分析了分类指数对总指数增长的贡献情况。结果显示：2012—2021 年，全国工业发展质量总指数呈逐年提升趋势，从2012年的100.0上涨至2021年的159.0，年均增速为 5.3%。这表明党的十八大以来，我国工业发展质量稳步提升。从分类指数看，六大分类指数整体呈上升趋势。其中，两化融合、技术创新、资源环境提升较快，年均增速分别为 7.6%、6.5%、6.4%，快于总指数年均增速；速度效益、结构调整、人力资源提升较慢，年均增速分别为 2.5%、4.4%、5.1%，低于总指数年均增速。从分类指数对总指数的影响看，与2012 年相比，2021 年六大分类指数对工业发展质量总指数增长的贡献率和拉动作用较大，其中，技术创新和两化融合对总指数增长的贡献率较高，均超过 20%；结构调整、资源环境、人力资源的贡献率均超过 10%；速度效益的贡献率略低于 10%。

第一节　全国工业发展质量总指数走势分析

利用本书所构建的评价体系，根据主、客观综合赋权法，按照时序指数计算方法，得到 2012—2021 年全国工业发展质量总指数及分类指数（见表 3-1）。根据表 3-1 中最后一行数据绘制 2012—2021 全国工业发展质量总指数走势图（见图 3-1）。需要说明的是，由于全国工业发展质量无须做截面比较，因此该指数为时序指数。

表 3-1 2012—2021 年全国工业发展质量总指数及分类指数

	2012年	2013年	2014年	2015年	2016年	2017年	2018年	2019年	2020年	2021年	2013—2021 年年均增速（%）
速度效益	100.0	101.8	101.1	101.6	105.8	111.3	114.7	112.1	114.5	124.7	2.5
结构调整	100.0	108.9	114.4	120.7	129.1	131.4	134.5	137.9	147.4	147.6	4.4
技术创新	100.0	104.6	109.2	112.0	119.5	130.9	149.1	159.8	174.1	176.8	6.5
资源环境	100.0	99.6	107.6	114.6	122.6	130.6	137.9	145.3	162.9	175.2	6.4
两化融合	100.0	105.0	110.4	125.0	134.6	147.4	160.2	171.6	182.5	193.9	7.6
人力资源	100.0	105.7	111.4	117.1	122.6	129.7	138.2	145.4	147.4	156.9	5.1
工业发展质量总指数	100.0	104.5	108.6	114.2	121.2	128.8	137.5	143.1	152.0	159.0	5.3

资料来源：赛迪智库整理，2023 年 5 月。

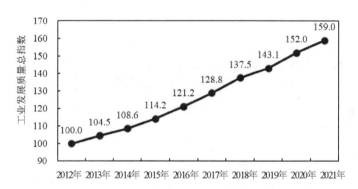

图 3-1 2012—2021 年全国工业发展质量总指数走势图

（资料来源：赛迪智库整理，2023 年 5 月。）

结合表 3-1 和图 3-1，2012—2021 年，全国工业发展质量总指数呈逐年提升趋势，从 2012 年的 100.0 上涨至 2021 年的 159.0，年均增速为 5.3%。这表明党的十八大以来，我国工业发展质量稳步提升。

从增速看，党的十八大以来我国经济逐步进入新常态，工业经济从高速增长平台转入中速增长平台，规模以上工业增加值 2013—2021 年年均增长 6.8%。2020 年，受新冠疫情冲击，我国规模以上工业增加值增速回落至 2.8%，虽然增速较往年有较大幅度回落，但我国是全球唯一实现经济正增长的主要经济体。2021 年，我国工业经济继续快速恢复，规模以上工业增加值同比增长 9.6%，反弹至 2013 年以来的新高。

两年平均增长 6.1%，较 2019 年回升 0.4 个百分点。

从结构看，2012 年以来我国产业结构不断优化，产业新动能加速释放。2021 年，我国高技术制造业增加值较上年增长 18.2%，增速高出规模以上工业 8.6 个百分点；装备制造业增加值较上年增长 12.9%，增速高出规模以上工业 3.3 个百分点。在主要工业行业中，医药，电气机械和器材、计算机、通信和其他电子设备，金属制品业等 2021 年全年增速和 2020 年、2021 年两年平均增速都超过了 10%。

从国际看，2012 年以来我国工业品的国际竞争力显著增强。在我国制造业产出规模稳居世界第一的同时，工业品出口结构不断优化，中高端工业品的国际竞争力持续增强。2021 年，我国规模以上工业企业实现出口交货值超过 14.5 万亿元，较上年增长 17.7%，2020 年、2021 年两年平均增长 8.3%，较 2019 年加快 7 个百分点。其中，医药制造业在防疫物资带动下，出口交货值增长 64.6%，2020 年、2021 年两年平均增长 44.6%；计算机、通信和其他电子设备制造业，汽车制造业，电气机械和器材制造业，专用设备制造业出口交货值当年增速超过 20%、两年平均增速超过 10%，都远高于规模以上工业平均水平。同时，工业品出口结构持续优化，2021 年计算机、通信和其他电子设备制造业出口交货值占比为 45.4%，比 2015 年提高 5.3 个百分点；纺织服装服饰业、纺织业、皮革制鞋业等劳动密集型行业出口交货值占比降至 2%左右，比 2015 年分别下降 2.2 个、1.3 个、1.3 个百分点。

综合来看，2012 年以来，我国工业经济整体保持中速增长，工业企业效益逐步改善，产业结构调整取得积极成效，技术创新能力不断提升，两化融合水平继续提高，资源环境有所改善，人力资源水平明显改善。整体看，我国工业发展质量稳步提高。

第二节　全国工业发展质量分类指数分析

本章第一节分析了 2012—2021 年全国工业发展质量总指数走势，本节着重分析各分类指数的走势及其影响因素。

一、分类指数走势及其对总指数的影响

（一）评价结果分析

2012—2021 年，全国工业发展质量的六大分类指数整体呈上升趋势（见图 3-2）。其中，两化融合、技术创新、资源环境提升较快，年均

增速分别为 7.6%、6.5%、6.4%，快于总指数年均增速；速度效益、结构调整、人力资源提升较慢，年均增速分别为 2.5%、4.4%、5.1%，低于总指数年均增速。从分类指数对总指数的影响看，与 2012 年相比，2021 年六大分类指数对工业发展质量总指数增长的贡献率和拉动作用较大，其中，技术创新和两化融合对总指数增长的贡献率较高，均超过 20%；结构调整、资源环境、人力资源的贡献率均超过 10%；速度效益的贡献率略低于 10%（见表 3-2）。

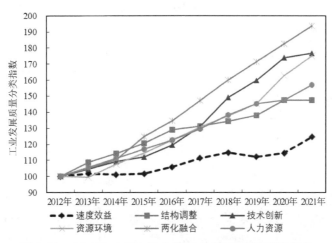

图 3-2　2012—2021 年全国工业发展质量分类指数

（资料来源：赛迪智库整理，2023 年 5 月。）

表 3-2　2021 年六大分类指数对总指数增长的贡献率和拉动

	速度效益	结构调整	技术创新	资源环境	两化融合	人力资源	合计
贡献率（%）	9.6	16.1	26.0	12.7	23.9	11.6	100.0
拉动（百分点）	0.5	0.9	1.4	0.7	1.3	0.6	5.3

注：表中数据经四舍五入，累加后与实际"合计"数可能会有偏差，未做机械调整。特此说明，全书同。

资料来源：赛迪智库整理，2023 年 5 月。

（二）原因分析

1. 技术创新

第一，从创新投入来看，我国工业企业 R&D 经费投入强度和工业企业 R&D 人员投入强度都持续提高。2021 年，我国规模以上工业企业

R&D 经费支出达 17514.2 亿元，与营业收入之比达到 1.33%，比 2012 年提升了约 0.6 个百分点。2021 年，我国规模以上工业企业 R&D 人员全时当量为 382.7 万人年，比 2012 年增加了 158.0 万人年；占工业平均用工人数的比重为 4.81%，比 2012 年提高了 2.47 个百分点。

第二，从创新产出来看，近些年来我国工业企业专利数量不断攀升。2021 年，规模以上工业企业专利申请数达到 1403611 件，其中，发明专利数为 494589 件，规模以上工业企业有效发明专利数为 1691909 件。专利数量的持续增长，反映出我国工业自主创新能力和水平日益提高。

2. 结构调整

2012 年以来，我国工业在结构调整方面取得显著成效。

第一，高技术制造业规模不断扩大。从收入来看，2021 年我国高技术制造业营业收入接近 21.0 万亿元，占规模以上工业企业营业收入的 16.0%，比 2012 年提高 5.0 个百分点。从增加值来看，2021 年，我国高技术制造业增加值占规模以上工业的比重为 15.1%，比 2012 年提高 5.7 个百分点，产业结构明显优化。

第二，工业企业组织结构不断优化。从大企业来看，2022 年发布的《财富》世界 500 强榜单中，我国有 145 家企业上榜，上榜企业数量为全球第 1，大企业的国际竞争力稳步提高。从中小企业来看，2021 年年末，我国规模以上小型企业达到 394090 家，累计吸纳 3340 万人就业，小型企业数量和吸纳就业人数在规模以上工业企业中占比分别为 89.3%和 42.0%，较 2012 年分别提高 7.7 个和 8.8 个百分点。当前，中小企业已经成为支撑我国国民经济和社会发展的力量，在促进经济增长、保障就业稳定等方面发挥着不可替代的作用。可以预见，随着我国经济发展环境的逐步完善，大众创业、万众创新将成为我国经济增长的新引擎，中小企业特别是小微企业的发展将对宏观经济增长起到重要作用。

3. 人力资源

2012 年以来，我国就业人员的平均受教育年限稳步提高，工业职工工资水平不断提高，劳动生产率也持续提升，人力资源水平明显提高。从工资增速看，2021 年，我国规模以上工业城镇单位就业人员平均工资达到 9.6 万元，较 2012 年增长 116.3%；从劳动生产率看，2021 年我国第二产业全员劳动生产率（2015 年不变价）达到 18.0 万元/人，较 2012 年提高 82.2%；从平均受教育年限看，2021 年我国就业人员平均受教育年限达到 10.5 年，比 2012 年增加近 0.8 年。

4．两化融合

近几年，我国在两化融合方面取得较大进展，电子信息产业占比、两化融合水平等都有明显突破。

第一，从电子信息产业的发展来看，2021 年，我国规模以上电子信息制造业增加值同比增长 15.7%，增速较上年回升 8.0 个百分点；电子信息制造业营业收入同比增长 14.7%，增速较上年加快 6.4 个百分点；电子信息产品出口交货值同比增长 12.7%，增速较上年加快 6.3 个百分点；软件和信息技术服务业完成软件业务收入达 9.5 万亿元，同比增长 17.7%。

第二，从两化融合水平来看，2012 年以来我国两化融合程度稳步提高，2021 年我国规模以上工业企业关键工序数控化率和数字化研发设计工具普及率分别达到 55.3%和 74.7%，较 2012 年分别提高 30.7 个和 25.9 个百分点。

5．速度效益

从规模和速度来看，2021 年，我国全部工业增加值达到 37.3 万亿元，比上年增长 9.6%，2020 年、2021 年两年平均增长 5.9%；对 GDP 增长的贡献率 2020 年、2021 年保持在 36%以上。从经济效益来看，2021 年，我国规模以上工业企业资产负债率为 56.1%，较上年降低 0.1 个百分点；工业营业收入利润率为 6.81%，较上年提高 0.76 个百分点；每百元主营业务收入中的成本为 83.74 元，较上年减少 0.23 元。我国工业企业效益逐步改善。

6．资源环境

自 2012 年以来，我国主要工业行业能耗和水耗都显著下降。首先，单位工业增加值能耗明显下降。党的十八大以来，我国单位工业增加值能耗（2015 年不变价）持续下降。2021 年，我国单位工业增加值能耗（2015 年不变价）为 1.05 吨标准煤/万元，较 2012 年累计下降 19.9%。其次，单位工业增加值用水量快速下降。2021 年，我国工业用水总量降至 1049.5 亿立方米，用水绝对量持续下降；单位工业增加值用水量（2015 年不变价）降至 31.65 立方米/万元，较 2015 年累计下降 55.7%。我国工业用能和用水效率提升显著。

综合来看，党的十八大以来，我国工业发展取得了较大成绩，技术创新能力明显提升，两化融合不断深化，人力资源素质和待遇明显改善，资源利用效率持续提升，结构持续调整和优化，速度回落至中速增长平台，工业企业效益稳步提升。

二、分类指数影响因素分析

为清楚地看到影响全国工业发展质量分类指数的内部因素，本书计算了 2012—2021 年 20 项指标对各自所属分类指数的贡献率和拉动（见表 3-3）。

表 3-3　2012—2021 年 20 项指标对分类指数的贡献率和拉动

一级指标	二级指标	贡献率（%）	拉动（百分点）
速度效益	规上工业增加值增速（%）	84.8	2.1
	工业企业资产负债率（%）	2.3	0.1
	工业成本费用利润率（%）	6.5	0.2
	工业营业收入利润率（%）	6.5	0.2
	合计	100.0	2.5
结构调整	高技术制造业主营业务收入占比（%）	28.4	1.3
	制造业 500 强企业占比（%）	52.7	2.3
	规上小型工业企业收入占比（%）	1.3	0.1
	新产品出口占货物出口额比重（%）	17.6	0.8
	合计	100.0	4.4
技术创新	工业企业 R&D 经费投入强度（%）	28.1	1.8
	工业企业 R&D 人员投入强度（%）	41.0	2.7
	单位工业企业 R&D 经费支出发明专利数（件/亿元）	7.7	0.5
	工业企业新产品销售收入占比（%）	23.2	1.5
	合计	100.0	6.5
资源环境	单位工业增加值能耗（吨标准煤/万元）	16.5	1.1
	单位工业增加值用水量（立方米/万元）	83.5	5.4
	合计	100.0	6.4
两化融合	电子信息产业占比（%）	20.9	1.6
	两化融合水平（%）	10.4	0.8
	宽带人均普及率（%）	68.7	5.2
	合计	100.0	7.6
人力资源	工业城镇单位就业人员平均工资增速（%）	34.0	1.7
	第二产业全员劳动生产率（万元/人）	60.1	3.1
	就业人员平均受教育年限（年）	5.8	0.3
	合计	100.0	5.1

资料来源：赛迪智库整理，2023 年 5 月。

2012—2021 年，全国工业发展质量的六个分类指数中，两化融合、技术创新指数、资源环境指数增长较快。其中，两化融合指数主要是由宽带人均普及率和电子信息产业占比联合拉动的，两者的贡献率分别为68.7%和20.9%，拉动两化融合指数分别提升 5.2 个和 1.6 个百分点。技术创新指数显著提升，主要是由工业企业 R&D 人员投入强度、工业企业 R&D 经费投入强度，以及工业企业新产品销售收入占比提高联合驱动的，贡献率分别为 41.0%、28.1%和 23.2%。资源环境指数增长主要是由单位工业增加值用水量下降推动的，贡献率高达 83.5%。

人力资源指数、结构调整指数和速度效益指数增长低于总指数。其中，人力资源指数主要是由第二产业全员劳动生产率及工业城镇单位就业人员平均工资增速所共同带动的，贡献率分别为 60.1%和 34.0%。结构调整指数增长主要是由制造业 500 强企业占比持续提高、高技术制造业主营业务收入占比提高联合推动的，贡献率分别为 52.7%和 28.4%，分别拉动结构调整指数增长 2.3 个和 1.3 个百分点。速度效益指数增长缓慢，且主要靠规模以上工业增加值增速带动，贡献率高达 84.8%；而速度效益指标贡献率普遍不高，党的十八大以来工业成本费用利润率和工业营业收入利润率分别提高 0.44 个和 0.41 个百分点，工业企业资产负债率下降 1.47 个百分点，三者对速度效益指数提升的贡献率之和刚超过 15%。

第四章

工业大类行业发展质量分析与评价

本章通过构建工业大类行业发展质量评价体系，对 2015—2021 年我国工业大类行业发展质量进行评价。本评价体系涵盖速度效益和技术创新两大类、8 项具体指标。基于评价体系从横向和纵向分别计算截面指数和时序指数，以便于分别评价发展质量水平和质量提升速度。评价结果表明，装备制造业在技术创新的带动下，发展质量水平普遍较高，但质量提升速度亟待加快；消费品中大多数行业属于传统劳动密集型行业，个别行业质量水平较高，大部分行业速度效益和技术创新水平均一般，质量提升速度也有待加快，持续发展压力较大；采矿业受技术创新的制约，发展质量水平整体一般；原材料行业在速度效益提升方面呈现较大的行业间差异，导致发展质量提升速度明显分化。

第一节 评价体系构建与数据收集

一、指标选取

行业和地区通常是工业发展质量评价的两个维度，而在省（区、市）的工业发展质量评价体系中，部分指标不适用于工业大类行业评价，如结构调整类指标。同时，对于资源环境、两化融合、人力资源类指标，大部分行业未公布统计数据或难以收集，且由于行业自身特点，在这几类指标的行业间比较意义不大。因此，为了体现工业大类行业间的主要差异和特色，本书仅构建速度效益和技术创新两大类、8 项具体指标的评价体系（见表 4-1）。

表 4-1　工业大类行业发展质量评价指标及说明

指　　标	计　算　公　式	说　　　明
规上工业增加值增速	$\left(\dfrac{当年工业增加值}{上年工业增加值}-1\right)\times100\%$	反映规模以上工业增加值的增长速度
工业劳动生产率	$\dfrac{规上工业营业收入}{规上工业从业人数}\times100\%$	反映单位从业人员创造的营业收入，反映生产技术水平、经营管理水平、职工技术熟练程度和劳动积极性
工业成本费用利润率	$\dfrac{工业利润总额}{工业成本费用总额}\times100\%$	反映工业企业投入的生产成本及费用的经济效益，也反映工业企业降低成本所取得的经济效益
工业营业收入利润率	$\dfrac{规上工业利润总额}{规上工业营业收入}\times100\%$	反映工业企业所营业务的获利能力
工业企业 R&D 经费投入强度	$\dfrac{规上R\&D经费支出}{规上工业营业收入}\times100\%$	反映规模以上工业企业研发经费的投入强度
工业企业 R&D 人员投入强度	$\dfrac{工业企业R\&D人员数}{工业企业从业人员年平均人数}\times100\%$	反映规模以上工业企业研发人员的投入强度
单位工业企业 R&D 经费支出发明专利数	$\dfrac{工业企业发明专利申请数}{工业企业R\&D经费支出}$	反映不变价规模以上工业企业单位研发经费投入所创造的科技成果的实力
工业企业新产品销售收入占比	$\dfrac{规上工业企业新产品营业收入}{规上工业营业收入}\times100\%$	反映规模以上工业企业自主创新成果转化能力及产品结构

资料来源：赛迪智库整理，2023 年 5 月。

二、行业选取

根据国家统计局对国民经济行业的分类，我国工业大类行业分为 41 个，但由于开采辅助活动业、其他采矿业、废弃资源综合利用业 3 个行业的部分指标数据缺失，故本评价体系仅对其他 38 个工业大类行业发展质量进行评价。

三、数据来源

规上工业增加值增速由国家统计局直接公布，另外 7 项指标数据均通过公式计算得出，原始数据全部来自国家统计局数据库、历年中国统计年鉴等。

第二节 工业大类行业发展质量指数分析与评价

为突出行业发展特点，本章在确定指标权重时，对 8 项具体指标取相等权重。从横向看，对原始数据进行标准化，对 38 个工业大类行业 2021 年发展质量、速度效益、技术创新截面指数均值进行排名，旨在比较 2021 年工业大类行业发展水平；从纵向看，将原始数据调整为以 2015 年为基期，对 38 个工业大类行业 2015—2021 年的发展质量、速度效益、技术创新的年均增速即时序指数进行排名，旨在反映 2015—2021 年工业大类行业提升速度（见表 4-2）。

表 4-2 38 个工业大类行业发展质量截面指数和时序指数排名

工业大类行业		截面指数排名			时序指数排名		
		发展质量	速度效益	技术创新	发展质量	速度效益	技术创新
装备制造业	仪器仪表制造业	1	10	1	25	17	24
	计算机、通信和其他电子设备制造业	3	17	3	23	12	27
	铁路、船舶、航空航天和其他运输设备制造业	5	30	2	37	36	34
	专用设备制造业	6	20	4	17	16	16
	电气机械和器材制造业	7	12	5	31	20	26
	汽车制造业	8	16	8	34	24	29
	通用设备制造业	9	28	7	27	22	21
	金属制品业	19	31	14	20	25	14
消费品制造业	医药制造业	2	6	6	12	5	25
	烟草制品业	4	1	19	38	27	38
	化学纤维制造业	10	23	9	26	11	33
	酒、饮料和精制茶制造业	12	5	29	33	10	36
	食品制造业	20	27	16	11	33	9

续表

工业大类行业		截面指数排名			时序指数排名		
		发展质量	速度效益	技术创新	发展质量	速度效益	技术创新
消费品制造业	印刷和记录媒介复制业	22	22	25	28	23	22
	造纸和纸制品业	24	26	15	24	19	20
	家具制造业	28	38	17	10	35	6
	文教、工美、体育和娱乐用品制造业	31	36	23	21	26	15
	纺织业	32	37	22	29	34	17
	农副食品加工业	34	29	31	30	31	18
	木材加工及木、竹、藤、棕、草制品业	36	34	27	15	37	8
	皮革、毛皮、羽毛及其制品和制鞋业	37	32	30	13	32	10
	纺织服装、服饰业	38	35	28	32	30	19
原材料行业	化学原料和化学制品制造业	11	8	11	22	9	31
	橡胶和塑料制品业	15	33	12	14	29	11
	黑色金属冶炼和压延加工业	17	19	18	4	2	28
	有色金属冶炼和压延加工业	18	11	20	19	8	32
	非金属矿物制品业	23	24	24	9	15	7
	石油加工、炼焦和核燃料加工业	27	15	33	16	3	30
采矿业	石油和天然气开采业	21	3	26	8	6	12
	有色金属矿采选业	26	7	32	6	4	5
	煤炭开采和洗选业	30	2	37	1	1	35
	非金属矿采选业	33	13	36	5	13	3
	黑色金属矿采选业	35	4	35	2	7	2
其他制造业	其他制造业	13	21	10	18	28	13
	金属制品、机械和设备修理业	14	18	13	36	21	37

续表

工业大类行业		截面指数排名			时序指数排名		
		发展 质量	速度 效益	技术 创新	发展 质量	速度 效益	技术 创新
电力、热力、 燃气及水的生 产和供给业	电力、热力生产和供 应业	16	25	21	35	38	23
	燃气生产和供应业	25	9	38	3	18	1
	水的生产和供应业	29	14	34	7	14	4

资料来源：赛迪智库整理，2023 年 5 月。

从截面指数看，工业大类行业发展质量呈现以下特点。

（1）装备制造业发展质量普遍较高。在国家统计局所统计的 8 个装备制造业中，除金属制品业外，其他行业发展质量均位列前十。主要原因是此类行业研发投入强度和创新产出效率较高，这进一步印证了装备制造业和高技术产业在我国经济发展和科技创新中的重要战略地位。但 2021 年装备制造业在速度效益方面的排名有一定下滑，8 个行业中有 7 个行业的排名较"十三五"期间出现下滑，其中通用设备制造业的行业排名较"十三五"期间下滑 10 位，仅电气机械和器材制造业的排名上升。

（2）多数消费品制造业发展质量不高。其中，酒、饮料和精制茶制造业，以及烟草制品业由于行业特殊性，速度效益水平长期居于高位，带动其发展质量排名靠前；其他消费品制造业因为速度效益水平一般、技术创新水平整体不高，导致其发展质量整体不高。值得一提的是，受新冠疫情的影响，医药制造业发展质量排第 2 位，其速度效益和技术创新均排第 6 位。

（3）原材料行业和采矿业发展质量较"十三五"期间变化不大。工业行业排名前 10 的行业中没有原材料行业和采矿业，其中化学原料和化学制品制造业的发展质量排第 11 位。从速度效益看，采矿业的速度效益排名较"十三五"期间有大幅度提升，其中，煤炭开采和洗选、石油和天然气开采、黑色金属矿采选、有色金属矿采选等行业的速度效益排名均进入前 10 位，但由于技术创新排名靠后，拖累其发展质量提升。

从时序指数看，工业大类行业发展质量呈现以下特点。

（1）多数原材料业和采矿业发展质量提升速度快。2015—2021 年发展质量年均增速排名靠前的行业中，超过一半是原材料和采矿等上游行业，其中采矿业排名全部进入前 10，推动行业发展质量加快提升。

这主要是由于 2021 年国际大宗商品价格上涨，此类行业速度效益水平大幅提升。此外，黑色金属矿采选业、有色金属矿采选业、非金属矿采选业、非金属矿物制品业的技术创新水平也实现较大幅度提升。

（2）装备制造业发展质量提升速度较慢。专用设备制造业，计算机、通信和其他电子设备制造业在速度效益的带动下，发展质量分别排在第 17 位和第 23 位，在 8 个装备制造业中年均提升速度最快。在其余 6 个行业中，汽车制造业，铁路、船舶、航空航天和其他运输设备制造业在速度效益和技术创新方面提升速度均相对落后。尤其是铁路、船舶、航空航天和其他运输设备制造业在速度效益方面提升相对较慢，拖累了其发展质量的提升。

（3）消费品制造业发展质量提升速度大多处于中下游水平。2015—2021 年，家具制造业，食品制造业，医药制造业，皮革、毛皮、羽毛及其制品和制鞋业，木材加工及木、竹、藤、棕、草制品业的发展质量提升速度较快，其他行业提升速度排名普遍靠后。纺织业，农副食品加工业，纺织服装、服饰业由于在速度效益方面提升缓慢，其整体发展质量提升速度排名也靠后。

综合来看，不同类型的行业各有特点。装备制造业发展质量普遍较高，但提升速度不快；原材料行业和采矿业在速度效益方面提升明显，带动发展质量快速提升；大多数消费品制造业属于劳动密集型行业，其发展质量不高，且提升速度一般，可持续发展压力较大。

区域篇

第五章

四大区域工业发展质量分析与评价

本章对我国东部、东北、中部和西部四大区域的工业发展质量进行比较分析，为区域协调发展战略的实施推进提供量化分析参考。根据四大区域工业发展质量截面指数测算结果：2012—2021 年，东部地区的工业发展质量具有显著的领先优势；2012—2019 年，中部地区的工业发展质量总体呈稳步提升态势，紧随东部地区；受新冠疫情的影响，西部地区的工业发展质量虽然有所提升，但提升缓慢；东北地区工业发展质量的提升也相对缓慢。此外，本章基于分类指数分析了四大区域工业发展质量指数变化的具体影响因素。

第一节　四大区域截面指数分析

基于第二章构建的工业发展质量评价体系和评价方法，我们测算出2012—2021 年四大区域工业发展质量截面指数，并基于各省（区、市）的指标给出四大区域工业发展质量截面指数及其排名（见表 5-1 和表 5-2）。

表 5-1　2012—2021 年四大区域工业发展质量截面指数

区域	2012年	2013年	2014年	2015年	2016年	2017年	2018年	2019年	2020年	2021年	2012—2021 年均值
东北地区	35.4	33.2	34.9	36.3	34.1	30.8	30.4	29.3	30.7	27.0	32.2
东部地区	52.7	52.0	55.7	58.3	57.1	52.3	52.6	53.0	52.8	50.7	53.7
西部地区	34.3	33.9	34.8	36.6	35.5	33.7	34.9	36.5	35.9	33.7	35.0

续表

区域	2012年	2013年	2014年	2015年	2016年	2017年	2018年	2019年	2020年	2021年	2012—2021年均值
中部地区	37.5	37.4	39.7	42.6	41.4	39.6	42.5	45.2	43.9	41.1	41.1

资料来源：赛迪智库整理，2023 年 4 月。

表 5-2　2012—2021 年四大区域工业发展质量截面指数排名

区域	2012年	2013年	2014年	2015年	2016年	2017年	2018年	2019年	2020年	2021年	2012—2021年均值排名
东北地区	3	4	3	4	4	4	4	4	4	4	4
东部地区	1	1	1	1	1	1	1	1	1	1	1
西部地区	4	3	4	3	3	3	3	3	3	3	3
中部地区	2	2	2	2	2	2	2	2	2	2	2

资料来源：赛迪智库整理，2023 年 4 月。

2012—2021 年，东部地区以深化改革开放引领创新发展，工业发展质量始终处于领先地位；中部地区持续推进"中部崛起""长江经济带发展"战略，工业发展质量有明显提升，逐步缩小了与东部地区的差距，但新冠疫情以来，差距有所扩大；西部地区大开发不断开创新局面，以"一带一路"建设释放对外开放新活力，工业发展质量有所提升，但新冠疫情以来工业发展受到明显影响；东北地区经济下行压力增大，体制机制和结构性矛盾凸显，工业发展质量提升较慢。

从各地区工业增长情况来看，四大区域呈现出相当程度的分化。总体来看，近两年来西部地区工业增加值的增长速度在四大区域中相对最快，西部开发稳步推进：2021 年，8 个省份工业增速位于 8%～13% 之间，陕西和内蒙古工业增速分别为 7.6% 和 6.0%；2022 年，青海工业增速高于 10%，6 个省份工业增速在 5%～10% 之间，3 个省份工业增速在 0～5% 之间，1 个省份工业负增长。在东部率先战略下，东部地区在工业规模领先的基础上仍保持较快增长，工业增速仅次于西部地区；

2021 年，北京市工业增加值同比增速为 31%，此外有 8 个省份工业增加值同比增速位于 8%~13% 之间，河北省工业同比增长 4.9%；2022 年，3 个省份工业增速超过 5%，2 个省份工业增速在 0~5% 之间，5 个省份工业负增长。中部地区的总体势头较好：2021 年，5 个省份工业增速位于 8%~15% 之间，河南工业同比增长 6.3%；2022 年，6 个省份工业增速在 5%~10% 之间，1 个省份工业增速在 0~5% 之间，1 个省份工业负增长。东北地区的工业增速相对较为缓慢，东北振兴仍任重道远：2021 年，3 个省份工业增速位于 4.5%~7.5% 之间；2022 年，黑龙江省工业同比增长 0.8%，辽宁省和吉林省工业负增长。

东部地区是引领我国创新发展的前沿阵地，其科技创新是工业质量发展的重要驱动力，持续发挥着引领示范作用。未来应大力支持东部地区进一步提升创新能力，在全产业链中发挥带动作用。西部地区工业发展质量水平和协调性持续提升，以川藏铁路、西部陆海新通道和沿江高铁等为代表的重大项目建设稳步推进，港航设施项目加快建设，在此背景下，更高水平的交通"大动脉"、综合运输体系正在加快建立，将发挥有效带动地区资源互通和要素更高水平流动的关键作用，推动发展提速。东北地区的国资和国企改革正在持续推进，进一步提升国有企业经济活力和市场效率，同时，产业结构调整和产业资源布局优化的力度正在持续加大，未来应当在先进制造业、高技术制造业领域着力引进高水平外资，助力推动东北地区技术改造，提升地区供给水平。在《中共中央 国务院关于新时代推动中部地区高质量发展的意见》的指引下，中部地区的重大工程正在加速推进，电子信息、新能源等高技术产业和战略性新兴产业集群快速发展，着力发展以先进制造业为关键支撑的现代化产业体系。

第二节 四大区域分类指数分析

本节基于速度效益、结构调整、技术创新、资源环境、两化融合、人力资源这六大分类指数，比较分析四大区域工业发展质量的影响因素。

如表 5-3 和图 5-1 所示，2012 年，东部地区在结构调整、技术创新、资源环境、两化融合和人力资源方面都大幅领先于其他地区；中部地区在结构调整、技术创新、资源环境方面领先于东北地区和西部地区，在两化融合和人力资源方面处于中下游水平；西部地区在速度效益方面处于领先，在人力资源方面处于中上游水平，在其他方面排名都比较靠后；东北地区在两化融合、技术创新方面处于中上游水平，在其他方面则处于中下游水平。

表 5-3　2012 年四大区域工业发展质量六大分类指数

区　域	速 度 效 益	结 构 调 整	技 术 创 新	资 源 环 境	两 化 融 合	人 力 资 源
东北地区	40.1	29.3	30.8	21.6	38.8	51.8
东部地区	34.4	47.2	62.3	52.9	68.4	60.8
西部地区	48.7	21.5	29.4	20.2	28.0	52.1
中部地区	40.5	33.6	39.5	28.1	34.0	47.3

资料来源：赛迪智库整理，2023 年 4 月。

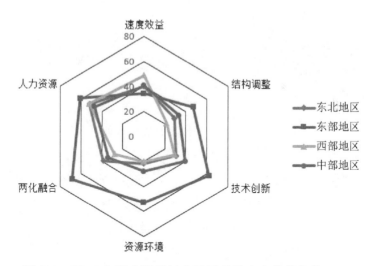

图 5-1　2012 年四大区域工业发展质量六大分类指数

（资料来源：赛迪智库整理，2023 年 4 月。）

如表 5-4 和图 5-2 所示，2021 年，东部地区在结构调整、技术创新、资源环境、两化融合和人力资源方面领先优势明显。这表明东部地区仍然是我国工业发展质量的引领者，创新发展的综合优势突出，经过近年来的持续积累，东部地区工业发展质量迈上了新台阶。

表 5-4　2021 年四大区域工业发展质量六大分类指数

区　　域	速度效益	结构调整	技术创新	资源环境	两化融合	人力资源
东北地区	14.1	15.6	34.9	15.0	34.9	57.4
东部地区	32.4	45.9	64.5	34.0	66.8	64.7
西部地区	37.7	21.9	34.6	15.0	37.9	50.3
中部地区	28.9	39.4	57.5	18.3	46.5	51.8

资料来源：赛迪智库整理，2023 年 4 月。

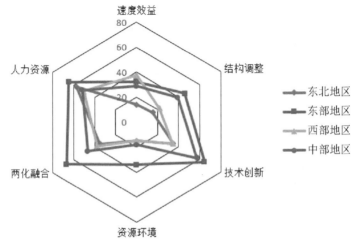

图 5-2　2021 年四大区域工业发展质量六大分类指数

（资料来源：赛迪智库整理，2023 年 4 月。）

　　中部地区在技术创新方面，相对于东北地区和西部地区的领先优势进一步扩大，与东部地区的差距显著缩小；中部地区在人力资源方面相对落后，一定程度上制约了工业发展质量的提升。为了进一步追赶东部地区，提升工业发展水平，中部地区需要加大高端人才引进力度，加强人才、创业、创新支持政策，强化职业技术培训，全方位提升人力资源质量，为创新动能提供关键性支撑。

　　西部地区在速度效益方面具有优势，但技术创新水平较为滞后，以粗放式开发自然资源为主，资源利用效率偏低，传统产业占比较大，总体处于价值链底端。未来西部地区需着力全面提升科技创新发展水平，推动传统产业加快转型升级；加大基础设施建设力度，积极改善营商环境，吸引更多优质资源；着力推动高新技术产业发展，加快产业结构调整。

东北地区在人力资源方面取得显著成效，在速度效益、结构调整、技术创新、资源环境和两化融合方面仍显不足。未来东北地区需要大力推动科技创新，加快推进传统优势产业转型升级，加大基础设施领域补短板力度，推动东北振兴取得实质性新突破。

第六章

各省（区、市）工业发展质量分析与评价

本章重点分析了各省（区、市）工业发展质量。首先，从时序指数和截面指数两个维度对 30 个省（区、市）进行梯队分析，描绘出 30 个省（区、市）工业发展质量综合表现。

其次，按照六大分类指数进行地区排序，同时通过离散系数判断地区之间的差距程度。结果显示，当前在速度效益和人力资源两个方面各省（区、市）之间差距较小；在结构调整、技术创新和两化融合 3 个方面各省（区、市）之间有一定差距，离散系数分别为 0.47、0.45 和 0.42；在资源环境方面各省（区、市）之间差距最大，离散系数达 0.68。

最后，在介绍 30 个省（区、市）宏观经济总体情况、工业经济运行情况的基础上，具体分析其时序指数和截面指数的表现及背后成因。

第一节　梯队分析

通过前面介绍的评价体系计算得到 2012—2021 年全国 30 个省（区、市）工业发展质量截面指数及排名（见表 6-1 和表 6-2）。两个表中最后一列分别是 2012—2021 年截面指数的均值和均值排名，反映了 2012—2021 年 30 个省（区、市）工业发展质量的横向比较水平。表 6-3 为 2012—2021 年全国及 30 个省（区、市）工业发展质量时序指数，表中最后一列是 2012—2021 年时序指数的年均增速，反映了 2012—2021 年全国及 30 个省（区、市）工业发展质量的增长水平。同时，以 30 个省（区、市）截面指数均值和时序指数年均增速为基准绘制散点图（见图 6-1），通过 30 个省（区、市）在 4 个象限中的位置，可直观地看出各地区工业发展质量在截面指数和时序指数两个维度上的表现。

表 6-1 2012—2021 年 30 个省（区、市）工业发展质量截面指数

省 （区、市）	2012 年	2013 年	2014 年	2015 年	2016 年	2017 年	2018 年	2019 年	2020 年	2021 年	2012—2021 年均值
北 京	73.5	70.2	74.0	75.3	74.7	72.0	69.0	71.2	71.7	84.5	73.6
天 津	60.7	59.1	59.8	62.1	59.9	53.0	52.3	50.8	49.1	46.4	55.3
河 北	33.2	32.5	34.7	40.3	39.6	36.2	35.4	37.6	36.7	29.2	35.5
山 西	30.4	25.2	21.5	22.6	25.0	28.6	29.4	31.1	30.5	30.4	27.5
内蒙古	37.1	36.0	34.4	36.8	36.9	35.8	37.2	35.6	32.8	34.9	35.7
辽 宁	36.6	38.7	38.4	37.7	33.5	33.6	37.8	33.6	33.2	28.1	35.1
吉 林	33.5	29.1	33.9	37.3	36.7	30.5	28.3	29.0	32.7	30.0	32.1
黑龙江	36.2	31.6	32.3	34.1	32.0	28.2	25.1	25.3	26.2	22.8	29.4
上 海	55.7	56.2	62.0	64.2	64.4	58.9	57.4	54.9	56.2	50.4	58.0
江 苏	57.8	57.0	59.5	64.3	62.6	58.2	58.9	62.2	62.7	57.8	60.1
浙 江	53.3	55.5	60.6	65.7	66.4	62.2	62.9	65.1	65.1	57.7	61.5
安 徽	41.1	39.9	42.8	46.6	45.7	44.6	47.8	49.8	51.2	47.5	45.7
福 建	49.2	48.2	50.7	51.7	50.3	45.8	48.2	51.7	48.3	45.8	49.0
江 西	32.7	35.3	38.1	42.2	40.9	39.0	43.5	46.9	46.4	40.7	40.6
山 东	50.7	49.8	52.6	55.5	53.6	49.7	48.0	43.8	49.7	46.9	50.0
河 南	35.1	39.5	44.8	47.4	43.9	39.9	44.5	46.8	43.3	37.6	42.3
湖 北	41.4	41.0	44.6	46.8	45.8	41.9	45.7	48.3	43.3	46.7	44.6
湖 南	44.4	43.6	46.2	50.0	46.8	43.3	43.9	48.5	48.5	43.4	45.9
广 东	58.1	57.3	61.9	64.6	63.3	59.9	62.5	62.1	60.0	57.1	60.7
广 西	30.6	31.2	33.5	36.2	33.8	28.7	28.0	29.5	29.3	25.4	30.6
海 南	34.5	34.2	41.1	39.8	35.9	27.3	31.1	30.2	28.4	31.2	33.4
重 庆	44.3	45.2	51.4	55.7	52.7	55.0	50.4	54.0	55.2	52.0	51.6
四 川	37.9	37.0	40.5	43.3	41.4	41.1	44.4	46.4	46.4	42.0	42.0
贵 州	37.0	36.9	37.8	39.4	38.4	35.4	39.8	43.6	43.2	36.9	38.9
云 南	28.6	28.4	27.0	33.2	30.3	32.1	35.0	35.9	33.6	29.3	31.4
陕 西	47.7	49.3	49.1	49.5	48.0	46.9	51.4	47.5	44.6	44.4	47.8
甘 肃	24.4	22.3	23.4	21.7	22.1	18.3	19.8	26.2	28.0	22.5	22.9
青 海	26.3	24.9	24.4	24.5	25.7	22.3	21.0	24.7	23.3	23.8	24.1
宁 夏	29.4	29.6	27.9	31.3	32.8	28.0	29.6	32.3	30.7	27.6	29.9
新 疆	33.5	32.6	32.9	30.8	28.5	26.9	27.4	26.0	27.9	31.7	29.8

资料来源：赛迪智库整理，2023 年 5 月。

表 6-2　2012—2021 年 30 个省（区、市）工业发展质量截面指数排名

省 （区、市）	2012 年	2013 年	2014 年	2015 年	2016 年	2017 年	2018 年	2019 年	2020 年	2021 年	2012—2021 年 均值排名
北 京	1	1	1	1	1	1	1	1	1	1	1
天 津	2	2	5	6	6	7	6	8	9	10	6
河 北	23	22	20	17	17	17	20	18	18	24	19
山 西	26	28	30	29	29	24	24	23	24	21	28
内蒙古	15	18	21	22	19	18	19	20	21	18	18
辽 宁	17	15	17	20	23	20	18	21	20	25	20
吉 林	21	26	22	21	20	22	25	26	22	22	22
黑龙江	18	23	25	24	25	25	28	29	29	29	27
上 海	5	5	2	5	3	4	5	5	5	6	5
江 苏	4	4	6	4	5	5	4	3	3	2	4
浙 江	6	6	4	2	2	2	2	2	2	3	2
安 徽	13	13	14	14	13	11	11	9	7	7	12
福 建	8	9	9	9	9	10	9	7	11	11	9
江 西	24	19	18	16	16	16	16	13	12	15	16
山 东	7	7	7	8	7	8	10	16	8	8	8
河 南	19	14	12	12	14	15	13	14	16	16	14
湖 北	12	12	13	13	12	13	12	11	15	9	13
湖 南	10	11	11	10	11	12	15	10	10	13	11
广 东	3	3	3	3	4	3	3	4	4	4	3
广 西	25	24	23	23	22	23	26	25	25	27	24
海 南	20	20	15	18	21	27	22	24	26	20	21
重 庆	11	10	8	7	8	6	8	6	6	5	7
四 川	14	16	16	15	15	14	14	15	13	14	15
贵 州	16	17	19	19	18	19	17	17	17	17	17
云 南	28	27	27	25	26	21	21	19	19	23	23
陕 西	9	8	10	11	10	9	7	12	14	12	10
甘 肃	30	30	29	30	30	30	30	27	27	30	30
青 海	29	29	28	28	28	29	29	30	30	28	29
宁 夏	27	25	26	26	24	26	23	22	23	26	25
新 疆	22	21	24	27	27	28	27	28	28	19	26

资料来源：赛迪智库整理，2023 年 5 月。

表 6-3　2012—2021 年全国及 30 个省（区、市）工业发展质量时序指数

	2012年	2013年	2014年	2015年	2016年	2017年	2018年	2019年	2020年	2021年	2012—2021 年年均增速（%）
全　国	100.0	104.5	108.6	114.2	121.2	128.8	137.5	143.1	152.0	159.0	5.29
北　京	100.0	100.8	104.5	107.3	111.6	119.2	121.4	127.6	134.8	166.2	5.81
天　津	100.0	103.0	105.4	109.9	115.9	119.0	122.3	122.6	126.8	133.6	3.27
河　北	100.0	106.8	112.0	117.8	125.6	137.3	140.7	150.8	153.6	158.5	5.25
山　西	100.0	96.9	95.3	98.9	111.3	125.8	133.7	136.7	142.4	151.7	4.74
内蒙古	100.0	103.4	101.9	109.7	115.7	135.3	138.6	137.6	142.3	158.4	5.24
辽　宁	100.0	109.0	109.4	109.0	118.2	123.7	131.4	124.3	132.5	136.4	3.51
吉　林	100.0	100.6	109.6	109.3	117.4	119.2	122.9	133.7	151.8	171.0	6.14
黑龙江	100.0	101.4	103.7	108.4	116.2	126.1	111.2	118.7	123.8	133.7	3.28
上　海	100.0	101.3	107.6	109.4	116.0	118.5	123.0	124.7	127.9	129.3	2.89
江　苏	100.0	102.3	106.8	113.7	119.9	124.5	132.5	139.6	147.2	150.4	4.64
浙　江	100.0	108.0	114.5	123.7	131.9	139.0	145.5	152.7	164.1	164.9	5.72
安　徽	100.0	103.3	111.8	123.7	133.4	144.6	159.9	170.9	187.1	200.3	8.02
福　建	100.0	100.1	102.4	106.7	112.6	118.6	128.1	139.4	150.6	161.5	5.47
江　西	100.0	105.2	108.1	116.5	128.2	143.1	166.4	182.3	196.2	203.7	8.22
山　东	100.0	102.9	106.4	112.0	117.1	122.9	129.6	127.8	139.9	151.5	4.72
河　南	100.0	137.2	143.2	152.3	156.2	164.2	191.4	184.3	201.0	206.3	8.38
湖　北	100.0	107.9	111.2	116.4	125.8	132.3	143.2	149.6	157.2	169.3	6.02
湖　南	100.0	106.2	111.4	120.0	126.7	132.0	137.1	145.7	159.9	168.7	5.99
广　东	100.0	103.7	108.3	113.5	122.5	130.1	141.1	144.2	148.8	158.1	5.22
广　西	100.0	107.3	109.8	114.1	122.5	126.1	132.4	139.3	146.1	153.1	4.85
海　南	100.0	106.6	103.9	106.5	108.3	109.1	114.9	117.0	124.6	141.2	3.91
重　庆	100.0	105.5	118.0	142.0	144.1	169.1	163.4	164.8	183.8	193.5	7.61
四　川	100.0	106.5	109.9	114.9	122.4	134.7	147.7	156.9	175.2	185.2	7.09
贵　州	100.0	105.7	109.7	116.8	125.9	142.6	159.0	172.7	182.0	187.8	7.25
云　南	100.0	102.1	101.6	112.3	123.3	141.5	156.7	170.5	187.3	206.1	8.37
陕　西	100.0	104.9	108.8	118.5	123.2	132.3	146.8	150.0	155.9	170.3	6.09
甘　肃	100.0	108.4	108.7	105.0	123.1	139.6	144.5	168.6	181.7	197.9	7.88
青　海	100.0	108.8	114.1	128.5	159.6	176.3	191.2	238.6	251.0	234.3	9.92
宁　夏	100.0	107.7	106.1	118.9	138.4	145.2	149.1	153.3	167.8	190.5	7.43
新　疆	100.0	106.0	114.8	119.9	129.1	135.9	148.3	150.8	164.7	167.7	5.91

资料来源：赛迪智库整理，2023 年 5 月。

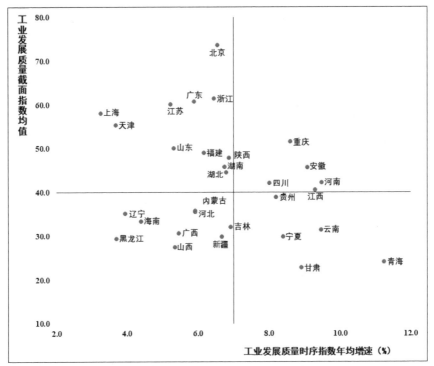

图 6-1 2012—2021 年 30 个省（区、市）工业发展质量综合表现

（资料来源：赛迪智库整理，2023 年 5 月。）

从工业发展质量截面指数来看，表 6-2 显示，北京、浙江、广东、江苏和上海是我国工业发展质量较好的地区，2012—2021 年始终处于全国前列。

北京工业发展质量始终处于全国首位，其多年来在速度效益、技术创新、资源环境、两化融合和人力资源 5 个方面始终处于全国领先水平，其中资源环境、两化融合和人力资源 2012—2021 年指数均值均处于全国第 1 位。

浙江工业发展质量处于全国第 2 位，主要得益于其在结构调整和技术创新方面的突出表现，这两个方面 2012—2021 年指数均值处于全国第 1 位，资源环境和两化融合均排在全国第 5 位。其在速度效益和人力资源方面处于全国中游水平，有较大提升空间。

广东工业发展质量处于全国第 3 位，结构调整、技术创新、两化融合 2012—2021 年指数均值均处于全国第 3 位，资源环境处于全国第 4 位，人力资源处于全国第 10 位，而速度效益位于全国后半段。

江苏工业发展质量处于全国第 4 位，2012—2021 年六大分类指数均值中结构调整和两化融合均处于全国第 2 位，技术创新和人力资源也表现较好，分别处于全国第 6 和第 7 位，资源环境和速度效益稍微靠后，分别处于全国第 11 和第 12 位。

上海工业发展质量处于全国第 5 位，其中人力资源方面的优势最为明显，2012—2021 年六大分类指数均值中排在全国第 2 位，技术创新和两化融合也表现优异，均排在全国第 4 位，速度效益、资源环境和结构调整稍微靠后，分别排在全国第 9、第 10 和第 13 位。

地区分布方面，东部沿海地区的工业发展质量截面指数多数处于全国前列，但天津从 2012 年的第 2 位下滑至 2021 年的第 10 位。中部地区的安徽、江西、山西三省上升最为显著，江西从 2012 年的第 24 位上升至 2021 年的第 15 位，安徽从 2012 年的第 13 位上升至 2021 年的第 7 位，山西从 2012 年的第 26 位上升至 2021 年的第 21 位。西部地区的重庆、云南表现较好，重庆从 2012 年的第 11 位上升至 2021 年的第 5 位，云南从 2012 年的第 28 位上升至 2021 年的第 23 位。东北三省排名均出现下滑，其中辽宁和黑龙江排名下滑幅度较大。辽宁从 2012 年的第 17 位下滑至 2021 年的第 25 位，黑龙江从 2012 年的第 18 位下滑至 2021 年的第 29 位。

分类指数方面，东部地区和中西部地区具有自身的特点和优势。贵州、陕西、内蒙古等西部省区在速度效益和人力资源等方面优势显著，位于全国前列。与此同时，浙江、北京、江苏、广东等东部省市在结构调整、技术创新、两化融合 3 个方面表现较好。综合来看，分类指数的走势体现了处于不同发展阶段的地区各自的发展特点及优势。

从工业发展质量时序指数来看，表 6-3 显示，中部地区的河南、江西、安徽及西部地区的云南、青海 2013—2021 年年均增速均超过 8%。而天津、辽宁、黑龙江、上海和海南 5 个省市 2012—2021 年工业发展质量增长相对较慢，年均增速均处于 4% 以下。

图 6-1 显示，位于水平线上方的地区是工业发展质量截面指数均值位于全国平均水平以上的省（区、市），位于垂直线右侧的地区是工业发展质量时序指数年均增速高于全国平均水平的省（区、市），因此位于第一象限的地区是工业发展质量截面指数和时序指数均高于全国平均水平的省（区、市）。从 2012—2021 年的总体情况来看，第一象限主要集中了重庆、安徽、四川、河南和江西等中西部省市，即这些地区在横向比较中处于全国中上游水平，在纵向走势上也处于质量提升较快阶段，截面指数和时序指数均处于相对领先位置。北京、广东、江苏、浙

江、上海和山东等东部省市位于第二象限，这是由于当前东部地区在工业发展质量上已经处于较高水平，发展速度减弱，因此截面指数处于领先水平，时序指数偏低。位于第三象限的主要包括辽宁、黑龙江、广西和山西等省份，这些地区的截面指数和时序指数均表现较弱，处于全国平均水平之下。大量中西部省份处于第四象限，如云南、宁夏、青海和甘肃等，这些地区的工业发展质量处于较快增长阶段，但工业发展质量在全国仍处于偏低的位置。

第二节　分类指数分析

根据 2012—2021 年全国 30 个省（区、市）工业发展质量的六大分类指数的均值，并按照六大分类指数进行地区排序，同时计算六大分类指数的离散系数，结果如表 6-4 所示。

表 6-4　2012—2021 年全国工业发展质量分类指数各省（区、市）表现

排名	速度效益		结构调整		技术创新		资源环境		两化融合		人力资源	
	省（区、市）	指数	省（区、市）	指数	省（区、市）	指数	省（区、市）	指数	省（区、市）	指数	省（区、市）	指数
1	陕　西	71.0	浙　江	60.7	浙　江	82.5	北　京	99.8	北　京	87.2	北　京	91.7
2	贵　州	66.8	江　苏	56.9	北　京	79.4	天　津	50.9	江　苏	84.4	上　海	78.4
3	北　京	62.6	广　东	55.6	广　东	76.8	山　东	50.2	广　东	83.0	内蒙古	69.1
4	内蒙古	59.2	山　东	51.1	上　海	73.6	广　东	50.0	上　海	80.1	陕　西	67.7
5	江　西	56.7	北　京	46.3	天　津	71.1	浙　江	48.4	浙　江	73.8	天　津	64.9
6	福　建	56.5	河　南	42.0	江　苏	70.9	陕　西	46.5	福　建	70.4	新　疆	62.2
7	河　南	54.2	重　庆	42.0	安　徽	68.1	重　庆	38.1	天　津	65.4	江　苏	61.7
8	新　疆	52.3	安　徽	40.4	重　庆	58.9	福　建	33.4	重　庆	64.7	湖　北	57.9
9	上　海	51.2	湖　南	40.0	湖　南	58.3	河　南	33.0	山　东	62.5	宁　夏	57.1
10	湖　北	50.4	江　西	38.2	湖　北	54.0	上　海	32.3	四　川	53.2	广　东	56.7
11	四　川	50.1	四　川	36.9	山　东	50.8	江　苏	29.8	辽　宁	50.9	重　庆	56.6
12	江　苏	49.9	天　津	35.4	福　建	43.1	河　北	29.5	湖　北	43.5	福　建	56.4
13	天　津	49.3	上　海	34.4	陕　西	39.4	江　西	29.2	陕　西	42.8	湖　南	55.6
14	湖　南	48.6	湖　北	33.6	辽　宁	38.2	四　川	28.2	安　徽	41.1	辽　宁	54.7
15	重　庆	48.3	福　建	33.5	贵　州	36.3	湖　南	25.4	河　北	41.0	海　南	54.5
16	安　徽	47.7	河　北	29.0	四　川	35.3	辽　宁	24.4	河　南	40.6	浙　江	54.0

排名	速度效益 省（区、市）	指数	结构调整 省（区、市）	指数	技术创新 省（区、市）	指数	资源环境 省（区、市）	指数	两化融合 省（区、市）	指数	人力资源 省（区、市）	指数
17	海　南	46.8	贵　州	28.3	宁　夏	35.1	安　徽	21.4	湖　南	38.9	吉　林	53.6
18	云　南	46.0	辽　宁	23.7	海　南	35.0	吉　林	19.7	山　西	38.5	山　西	50.6
19	浙　江	45.4	广　西	23.3	黑龙江	34.0	湖　北	19.6	江　西	36.5	山　东	49.4
20	广　东	43.2	吉　林	22.3	河　南	33.7	山　西	18.8	宁　夏	35.1	黑龙江	48.8
21	吉　林	41.5	陕　西	22.1	河　北	33.6	云　南	16.8	吉　林	32.7	青　海	46.0
22	广　西	41.5	黑龙江	17.6	云　南	31.2	贵　州	14.3	广　西	32.5	云　南	45.9
23	山　东	40.6	云　南	16.3	江　西	30.5	黑龙江	14.1	海　南	32.2	广　西	44.9
24	河　北	37.7	山　西	16.0	甘　肃	26.3	海　南	12.8	内蒙古	32.1	江　西	44.8
25	青　海	34.0	宁　夏	14.8	山　西	26.0	甘　肃	12.1	新　疆	28.8	四　川	44.1
26	黑龙江	33.8	海　南	14.8	广　西	25.7	内蒙古	11.7	贵　州	27.6	河　南	44.0
27	宁　夏	30.9	甘　肃	14.5	内蒙古	25.0	新　疆	10.6	云　南	27.6	河　北	43.8
28	辽　宁	26.6	内蒙古	14.4	吉　林	23.9	广　西	10.4	黑龙江	26.7	贵　州	41.7
29	山　西	23.3	青　海	12.6	青　海	17.8	青　海	7.5	青　海	26.0	甘　肃	41.3
30	甘　肃	21.5	新　疆	7.8	新　疆	16.9	宁　夏	7.2	甘　肃	23.8	安　徽	39.5
离散系数	速度效益	0.26	结构调整	0.47	技术创新	0.45	资源环境	0.68	两化融合	0.42	人力资源	0.21

资料来源：赛迪智库整理，2023 年 5 月。

速度效益方面，陕西、贵州和北京位于全国前 3 位，3 个省市的速度效益指数分别为 71.0、66.8 和 62.6；辽宁、山西、甘肃位于全国最后 3 位，速度效益指数分别为 26.6、23.3 和 21.5。由计算结果可知，速度效益指数表现较好的主要为西部省份，而东部发达地区中，北京、福建、上海的速度效益指数位居前列，其他省市处于中等或中等偏下位置。同时，速度效益指数的离散系数为 0.26，在 6 个分类指数中离散程度低，表明在这方面各地区之间差距较小。

结构调整方面，浙江、江苏和广东位于全国前 3 位，其结构调整指数分别为 60.7、56.9 和 55.6；内蒙古、青海、新疆位于全国最后 3 位，结构调整指数分别为 14.4、12.6 和 7.8。可以看出，东部发达省份在结构调整方面成绩显著，中部地区结构调整的速度在加快，而西部地区的结构调整进展相对较慢。同时，结构调整指数的离散系数为 0.47，在 6 个分类指数的离散程度中排名第 2，表明在结构调整方面各地区存在一定差距。

技术创新方面，浙江、北京、广东位于全国前 3 位，3 个省市的技术创新指数分别为 82.5、79.4 和 76.8；吉林、青海和新疆位于全国最后 3 位，技术创新指数分别为 23.9、17.8 和 16.9。整体看，在技术创新方面东部省市表现较好，中部地区的安徽处于领先水平，西部省份普遍排名靠后。同时，技术创新指数的离散系数为 0.45，表明在技术创新方面各地区之间仍然有一定差距。

资源环境方面，北京、天津、山东位于全国前 3 位，3 个省市的资源环境指数分别为 99.8、50.9 和 50.2；广西、青海和宁夏位于全国最后 3 位，资源环境指数分别为 10.4、7.5 和 7.2。同时，资源环境指数的离散系数为 0.68，是分类指数中离散程度最大的，表明在资源环境方面各地区之间存在明显差距。

两化融合方面，北京、江苏和广东位于全国前 3 位，两化融合指数分别为 87.2、84.4 和 83.0；黑龙江、青海、甘肃位于全国最后 3 位，两化融合指数分别为 26.7、26.0 和 23.8。同时，两化融合指数的离散系数为 0.42，表明各地区之间在两化融合方面差距相对较大。

人力资源方面，北京、上海、内蒙古位于全国前 3 位，人力资源指数分别为 91.7、78.4 和 69.1；贵州、甘肃、安徽位于全国最后 3 位，人力资源指数分别为 41.7、41.3 和 39.5。同时，人力资源指数的离散系数为 0.21，表明在人力资源方面各地区之间差距较小。

从上述 6 个分类指数的地区分析中可以看出，各地区在资源环境、结构调整、技术创新、两化融合方面分化比较明显，差距较大，东部发达地区普遍表现较好。中部地区的安徽在结构调整、技术创新方面处于全国前列。各地区之间在速度效益、人力资源方面差距较小，其中陕西、贵州占据速度效益指数的前两位，内蒙古位于人力资源指数的第 3 位，表现突出。

第三节　地区分析

一、北京

（一）总体情况

1. 宏观经济总体情况

2022 年，北京实现地区生产总值 41610.9 亿元，同比增速为 0.7%。

其中，第一产业、第二产业、第三产业增加值分别为 111.5 亿元、6605.1 亿元和 34894.3 亿元，同比分别增长-1.6%、-11.4%和-3.4%。三类产业构成为 0.3∶15.9∶83.8，与上年相比，第一产业比重稳定，第三产业比重上升，第二产业比重下降明显。全社会固定资产投资较上年增长 3.6%，三次产业分别增长 11.6%、20.5%和 1.7%。制造业投资增长 18.4%，信息传输、软件和信息技术服务业投资增长 36.0%。全年社会消费品零售总额下降 7.2%，进出口总值为 36645.5 亿元，较上年增长 19.7%，出口 5890.0 亿元，进口 30555.5 亿元，增速分别为-3.8%和 25.7%。

2. 工业经济运行情况

2022 年，受新冠疫苗生产影响，北京实现工业增加值 5036.4 亿元，按不变价格计算，较上年下降 14.6%；规模以上工业增加值下降 16.7%，其中，电力、热力生产和供应业增长 9.8%，汽车制造业与医药制造业分别下降 2.6%和 58.3%。

（二）指标分析

1. 时序指数（见图 6-2 和表 6-5）

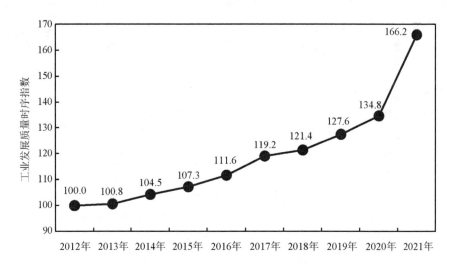

图 6-2 北京工业发展质量时序指数

（资料来源：赛迪智库整理，2023 年 4 月。）

表 6-5　2012—2021 年北京工业发展质量时序指数

	2012年	2013年	2014年	2015年	2016年	2017年	2018年	2019年	2020年	2021年	2013—2021年年均增速（%）
速度效益	100.0	97.3	105.4	113.3	113.0	126.8	110.0	113.9	113.3	167.1	5.87
结构调整	100.0	97.5	93.5	85.0	86.2	88.0	97.0	106.0	116.1	150.0	4.61
技术创新	100.0	98.8	101.8	99.6	101.3	103.8	102.6	104.3	109.8	111.8	1.24
资源环境	100.0	113.8	123.6	145.9	172.8	189.7	203.2	206.1	227.7	305.4	13.21
两化融合	100.0	100.7	102.7	104.4	105.9	113.9	126.8	136.2	153.1	164.2	5.67
人力资源	100.0	105.4	111.7	117.5	124.6	130.1	140.4	152.3	148.2	168.5	5.97
时序指数	100.0	100.8	104.5	107.3	111.6	119.2	121.4	127.6	134.8	166.2	5.81

资料来源：赛迪智库整理，2023 年 4 月。

纵向来看，北京工业发展质量时序指数从 2012 年的 100.0 上涨至 2021 年的 166.2，年均增速为 5.81%，高于全国平均增速 0.5 个百分点。

北京在资源环境、人力资源方面的年均增速均快于工业发展质量整体增速，年均增速分别达到 13.21% 和 5.97%。资源环境方面，单位工业增加值能耗和单位工业增加值用水量两项指标年均增速分别达到 13.37% 和 13.03%，均显著高于工业发展质量整体增速。人力资源方面，工业城镇单位就业人员平均工资增速和第二产业全员劳动生产率增长较快，年均增速分别达到 11.11% 和 7.70%，而就业人员平均受教育年限增速为 0.68%，低于工业发展质量整体增速。

速度效益和两化融合方面，年均增速略低于工业发展质量整体增速，分别达到 5.87% 和 5.67%。除工业企业资产负债率外，规上工业增加值增速、工业成本费用利润率、工业营业收入利润率 3 项指标的年均增速均高于工业发展质量整体增速，分别为 7.13%、6.99% 和 6.14%。两化融合方面，电子信息产业占比、宽带人均普及率两项指标年均增速分别为 7.89% 和 5.43%，均高于工业发展整体增速。

结构调整、技术创新方面，年均增速均低于工业发展质量整体增速，分别为 4.61%、1.24%。结构调整方面，新产品出口占货物出口额比重、高技术制造业主营业务收入占比年均增速高于工业发展质量整体增速，分别为 9.26%、6.06%；规上小型工业企业收入占比出现下滑。技术创新方面，工业企业 R&D 人员投入强度、工业企业新产品销售收入占比实现了正增长，年均增速分别为 1.57% 和 4.32%；工业企业 R&D 经费投入强度和单位工业企业 R&D 经费支出发明专利数则为负增长，年均增速分别为 -0.75% 和 -0.03%。

2. 截面指数（见表 6-6）

表 6-6　2012—2021 年北京工业发展质量截面指数排名

	2012年	2013年	2014年	2015年	2016年	2017年	2018年	2019年	2020年	2021年	2012—2021年均值排名
速度效益	23	22	11	2	1	1	7	8	2	1	3
结构调整	4	5	6	9	9	9	8	4	4	1	5
技术创新	1	1	1	2	4	3	5	5	5	7	2
资源环境	1	1	1	1	1	1	1	1	1	1	1
两化融合	1	1	1	3	3	3	1	1	1	1	1
人力资源	1	1	1	1	1	1	1	1	1	1	1
截面指数	1	1	1	1	1	1	1	1	1	1	1

资料来源：赛迪智库整理，2023 年 4 月。

横向来看，北京工业发展质量截面指数连续 10 年排名全国第 1，2012—2021 年截面指数均值为 73.6，排名全国第 1。

2021 年，北京在速度效益、结构调整、资源环境、两化融合和人力资源方面表现较好，均处于全国第 1 位。

速度效益方面，规上工业增加值增速、工业企业资产负债率位居全国之首。工业成本费用利润率和工业营业收入利润率指标表现较好，分别排在全国第 3 和第 2 位。结构调整方面，高技术制造业主营业务收入占比、新产品出口占货物出口额比重均排在全国第 1 位，制造业 500 强企业占比排在全国第 5 位，表现较好；规上小型工业企业收入占比表现较差，排在全国第 31 位。资源环境方面，单位工业增加值能耗和单位工业增加值用水量两项指标均表现较好，排在全国第 1 位。两化融合方面，电子信息产业占比表现较好，排在全国第 1 位，两化融合水平同样排名靠前，位居全国第 5 位，宽带人均普及率则排名靠后，仅排在全国第 18 位。人力资源方面，就业人员平均受教育年限连续 10 年位于全国第 1 位，第二产业全员劳动生产率从前两年的全国第 2 位上升至全国第 1 位，工业城镇单位就业人员平均工资增速排在全国第 6 位，也在 2021 年实现了较大跃升。

此外，北京在技术创新方面也表现不错，排在全国第 7 位。工业企业新产品销售收入占比和单位工业企业 R&D 经费支出发明专利数均排在第 3 位，且都较上一年上升明显；工业企业 R&D 人员投入强度排在全国第 7 位，工业企业 R&D 经费投入强度则处于全国第 13 位，仍有进一步提升空间。

3. 原因分析

近年来，北京深入实施创新驱动战略，创新平台、高精尖产业、数字经济快速发展，大多指标居于全国前列，其中资源环境、两化融合常年领先其他地区。

资源环境方面，北京一直将工业绿色转型发展作为推动经济高质量发展的重要抓手，近年来，万元地区生产总值能耗和二氧化碳排放量保持各省（区、市）最优水平，用水效率全国领先，绿色发展成效显著。

两化融合方面，北京不断加强数据标准化建设和大数据上云、上链共享工作，新一代信息技术成为万亿级产业集群，人工智能和智能装备产业集群也达到五千亿级，工业加速转型升级，截至 2022 年年底全市数字经济增加值占 GDP 的比重达 42% 左右。

（三）结论与展望

综合时序指数和截面指数来看，北京工业发展质量排名全国第 1。具体来看，分类指数也都处在全国领先水平，这充分体现了近年来北京完整、准确、全面贯彻新发展理念，高质量推动工业经济平稳健康发展。

未来，北京可以从以下两个方面着手，推动工业发展质量再上新台阶。一是持续推动高精尖产业快速发展。强化集成电路、生物医药、新一代信息技术产业优势，加快推动卫星互联网、储能、自动驾驶等新兴领域发展，超前规划布局未来产业。二是加快推进新型基础设施建设，加强工业互联网融合应用，促进数字经济和制造业深度融合。

二、天津

（一）总体情况

1．宏观经济总体情况

2022 年，天津地区生产总值达到 16311.34 亿元，按不变价格计算，较上年增长 1.0%。其中，第一产业、第二产业、第三产业增加值分别为 273.15 亿元、6038.93 亿元和 9999.26 亿元，分别较上年增长 2.9%、-0.5%和 1.7%。全年固定资产同比下降 9.9%，三类产业中只有第二产业实现正增长，增速为 1.7%。分领域来看，工业投资增长 1.4%，占全市投资比重达到 27.8%。

2．工业经济运行情况

2022 年，天津工业增加值为 5402.74 亿元，同比下降 0.9%。规模以上工业增加值同比下降 1.0%。分行业来看，采矿业，制造业，电力、热力、燃气及水生产和供应业增速分别为 4.7%、-2.5%和-4.6%；农副食品加工业、医药制造业、电气机械和器材制造业、专用设备制造业增长较快，同比增长分别达到 16.6%、8.8%、8.3%和 7.3%。

（二）指标分析

1．时序指数（见图 6-3 和表 6-7）

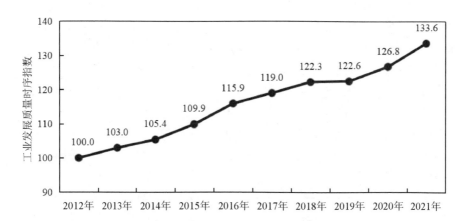

图 6-3 天津工业发展质量时序指数

（资料来源：赛迪智库整理，2023 年 4 月。）

表 6-7　2012—2021 年天津工业发展质量时序指数

	2012年	2013年	2014年	2015年	2016年	2017年	2018年	2019年	2020年	2021年	2013—2021年年均增速（%）
速度效益	100.0	100.0	101.4	104.0	107.3	100.6	103.9	103.7	96.8	108.9	0.95
结构调整	100.0	103.5	99.6	97.6	102.7	92.3	94.5	90.2	88.4	88.8	−1.32
技术创新	100.0	106.8	111.2	115.7	122.4	134.2	125.0	112.1	115.6	118.6	1.91
资源环境	100.0	102.9	108.8	116.4	127.5	135.0	139.0	140.0	158.4	166.7	5.84
两化融合	100.0	100.5	103.8	113.3	121.2	140.2	159.2	176.9	185.5	195.1	7.71
人力资源	100.0	104.9	112.6	122.4	127.6	133.5	139.1	147.7	167.3	176.6	6.52
时序指数	100.0	103.0	105.4	109.9	115.9	119.0	122.3	122.6	126.8	133.6	3.27

资料来源：赛迪智库整理，2023 年 4 月。

纵向来看，天津工业发展质量时序指数从 2012 年的 100.0 上涨至 2021 年的 133.6，年均增速仅为 3.27%，低于全国平均增速 2.02 个百分点。

天津在资源环境、两化融合和人力资源 3 个方面年均增速均高于工业发展质量整体增速，分别为 5.84%、7.71% 和 6.52%。资源环境方面，单位工业增加值用水量和单位工业增加值能耗两项指标年均增速分别为 5.62% 和 5.39%，均高于工业发展质量整体增速。两化融合方面，宽带人均普及率和电子信息产业占比增长较快，年均增速分别为 14.29% 和 4.04%；两化融合水平则有待进一步提升，年均增速仅为 2.97%。人力资源方面，第二产业全员劳动生产率和工业城镇单位就业人员平均工资增速两项指标年均增速均高于工业发展质量整体增速，分别达到 9.18% 和 6.81%；就业人员平均受教育年限为低速增长，年均增速仅为 1.01%。

其他 3 项指标则呈低速增长或负增长态势。速度效益方面，规上工业增加值增速这项指标的年均增速高于工业发展质量整体增速，达到 5.01%，但工业企业资产负债率、工业成本费用利润率和工业营业收入利润率 3 项指标表现较差，年均增速分别为 1.71%、−2.86% 和 −2.69%。结构调整方面，规上小型工业企业收入占比表现好于工业发展质量整体表现，高技术制造业主营业务收入占比、制造业 500 强企业占比和新产品出口占货物出口额比重则呈负增长状态，年均增速分别为 -0.86%、-5.89% 和 -7.06%。技术创新方面，所有指标年均增速均低于工业发展质量整体增速，工业企业 R&D 经费投入强度、工业企业 R&D 人员投入强度、单位工业企业 R&D 经费支出发明专利数和工业企业新产品销售收入占比年均增速分别为 -0.18%、2.24%、2.20% 和 0.17%。

　　2．截面指数（见表 6-8）

表 6-8　2012—2021 年天津工业发展质量截面指数排名

	2012年	2013年	2014年	2015年	2016年	2017年	2018年	2019年	2020年	2021年	2012—2021年均值排名
速度效益	6	5	5	4	6	22	21	19	21	20	13
结构调整	6	7	8	11	11	13	12	14	15	15	12
技术创新	3	3	4	3	3	2	6	9	11	11	5
资源环境	3	3	3	4	2	3	4	4	3	3	2
两化融合	7	7	8	8	8	8	8	7	7	7	7
人力资源	5	5	7	4	9	6	5	6	4	2	5
截面指数	2	2	5	6	6	7	6	8	9	10	6

资料来源：赛迪智库整理，2023 年 4 月。

　　横向来看，2021 年天津工业发展质量截面指数为 46.4，排在全国第 10 位。2012—2021 年天津截面指数均值为 55.3，排在全国第 6 位。

　　2021 年，天津的资源环境、两化融合、人力资源 3 项指标表现突出，分别排在全国第 3、第 7 和第 2 位。资源环境方面，单位工业增加值用水量表现较好，排在全国第 2 位；单位工业增加值能耗则表现较差，排在全国第 17 位。两化融合方面，电子信息产业占比、两化融合水平、宽带人均普及率排名均高于工业发展质量整体排名，2021 年分别排在全国第 6、第 8 和第 6 位。人力资源方面，工业城镇单位就业人员平均工资增速表现较差，排在全国第 14 位；第二产业全员劳动生产率、就业人员平均受教育年限分别排在全国第 9 和第 3 位，成为人力资源表现较好的主要支撑。

此外，速度效益、结构调整、技术创新 3 项指标均处于全国中游水平，分别排在第 20、第 15 和第 11 位。速度效益方面，规上工业增加值增速、工业成本费用利润率、工业营业收入利润率 3 项指标均处于全国中下游水平，分别排在第 23、第 20 和第 20 位；工业企业资产负债率指标则表现较好，排在全国第 9 位。结构调整方面，高技术制造业主营业务收入占比排名进入全国前 10，排在第 9 位；制造业 500 强企业占比、规上小型工业企业收入占比和新产品出口占货物出口额比重都处于全国中游水平，分别排在第 12、第 12 和第 13 位。技术创新方面，工业企业 R&D 人员投入强度排名进入全国前 10，排在第 9 位；工业企业 R&D 经费投入强度、单位工业企业 R&D 经费支出发明专利数和工业企业新产品销售收入占比都处于全国中游水平，分别排在第 14、第 16 和第 12 位。

3. 原因分析

近年来，天津积极开展调结构、换动能，加快构建现代工业产业体系，工业经济发展质量不断提升。

资源环境方面，天津在全国率先出台了碳达峰碳中和促进条例，天津钢铁、荣程钢铁等一批企业成为国家工业水效"领跑者"，全市单位工业增加值能耗持续下降，持续推进工业绿色低碳发展。

两化融合方面，天津出台了《推动制造业高质量发展若干政策措施》，支持工业互联网平台建设，对于促进数字化、智能化、高端化的工业技术改造项目给予资金支持，工业企业上云突破 9000 家，成功获批国家人工智能创新应用先导区。

人力资源方面，天津深入实施"海河英才"行动计划，积极搭建引才聚才平台，大力培养、引进各类人才，2017—2022 年累计引进各类人才超过 44.9 万人，其中战略性新兴产业人才占比超过 20%。

（三）结论与展望

综合时序指数和截面指数来看，天津工业发展质量多项指标处于全国前列，但也存在一些不足。未来，天津可以重点做好以下两个方面的工作。一是推进传统产业提质增效，加快制造业数字化、网络化、智能化升级，健全绿色低碳循环发展产业体系，推动制造业高端化、智能化、绿色化发展。二是推进协同创新，加强核心技术与关键环节攻关，积极布局先进材料、生物技术、细胞科学、脑机交互等新赛道。

三、河北

（一）总体情况

1. 宏观经济总体情况

2022 年，河北地区生产总值达到 42370.4 亿元，较上年增长 3.8%。其中，第一产业增加值为 4410.3 亿元，第二产业增加值为 17050.1 亿元，第三产业增加值为 20910.0 亿元，分别较上年增长 4.2%、4.6%和 3.2%。全社会固定资产投资较上年增长 7.6%，其中，第二产业增长 13.0%，工业技改投资增长 23.0%。社会消费品零售总额为 13720.1 亿元，较上年增长 1.6%，其中，城镇和乡村消费增速分别为 1.9%和-0.2%。进出口总值达到 5629.0 亿元，较上年增长 3.9%，其中出口增速达到 12.5%，进口则为负增长，增速为-7.0%。

2. 工业经济运行情况

2022 年，河北实现全部工业增加值 14675.3 亿元，较上年增长 4.2%，规模以上工业增加值增速达到 5.5%。采矿业，制造业，电力、热力、燃气及水生产和供应业增速分别达到 17.5%、4.0%和 7.7%。其中，食品制造业，石油、煤炭及其他燃料加工业，医药制造业，计算机、通信和其他电子设备制造业增长较快，增速分别达到 16.0%、15.5%、10.8%和 11.0%。

（二）指标分析

1. 时序指数（见图 6-4 和表 6-9）

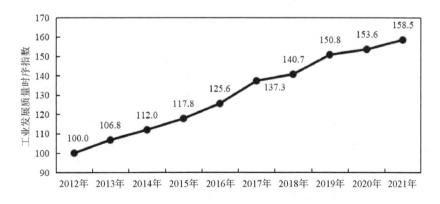

图 6-4　河北工业发展质量时序指数

（资料来源：赛迪智库整理，2023 年 4 月。）

表 6-9　2012—2021 年河北工业发展质量时序指数

	2012年	2013年	2014年	2015年	2016年	2017年	2018年	2019年	2020年	2021年	2013—2021年年均增速（%）
速度效益	100.0	103.2	101.9	100.2	109.4	113.9	109.0	105.3	105.4	102.6	0.29
结构调整	100.0	105.4	109.2	116.5	119.7	120.3	107.6	121.2	115.0	110.8	1.14
技术创新	100.0	110.8	120.5	127.2	137.0	163.1	190.0	213.3	222.7	222.3	9.28
资源环境	100.0	111.0	119.9	126.5	134.5	144.7	157.5	168.1	179.4	194.9	7.70
两化融合	100.0	109.4	118.6	132.8	145.1	169.1	166.7	178.4	174.6	202.0	8.13
人力资源	100.0	102.5	107.0	112.4	115.4	121.9	128.3	134.3	147.3	153.8	4.90
时序指数	100.0	106.8	112.0	117.8	125.6	137.3	140.7	150.8	153.6	158.5	5.25

资料来源：赛迪智库整理，2023 年 4 月。

纵向来看，河北工业发展质量时序指数从 2012 年的 100.0 上涨至 2020 年的 158.5，年均增速达到 5.25%，但低于全国平均增速 0.04 个百分点。

河北在技术创新、资源环境和两化融合方面表现较好，年均增速分别为 9.28%、7.70% 和 8.13%，均高于工业整体增速。具体来看，技术创新方面，工业企业 R&D 经费投入强度、工业企业 R&D 人员投入强度、工业企业新产品销售收入占比年均增速均高于工业发展质量整体增速，分别为 9.86%、8.26% 和 13.73%；单位工业企业 R&D 经费支出发明专利数年均增速低于工业发展质量整体增速，为 3.59%。资源环境方面，单位工业增加值用水量表现较好，年均增速为 9.31%，高于工业发展质量整体增速；单位工业增加值能耗年均增速也高于工业发展质量整体增速，为 5.87%。两化融合方面，电子信息产业占比和宽带人均普及率年均增速分别为 7.11% 和 12.29%，高于工业发展质量整体增速；两化融合水平年均增速为 3.54%，低于工业发展质量整体增速。

此外，速度效益、结构调整、人力资源 3 项指标年均增速分别为 0.29%、1.14% 和 4.90%。速度效益方面，只有规上工业增加值增速实现了正增长，为 5.33%；工业企业资产负债率、工业成本费用利润率和工业营业收入利润率均为负增长，年均增速分别为-0.45%、-2.99%和-2.99%。结构调整方面，4 项指标年均增速均低于工业发展质量整体增速，其中，高技术制造业主营业务收入占比、新产品出口占货物出口额比重两项指标实现了正增长，年均增速分别为 4.24%和 2.77%；制造业 500 强企业占比、规上小型工业企业收入占比两项指标年均增速分别为-3.15%和-0.50%，均为负增长。人力资源方面，工业城镇单位就业人员平均工资增速和第二产业全员劳动生产率两项指标表现较好，年均增速分别达到 8.16%和 6.88%；就业人员平均受教育年限则有待进一步提升，年均增速仅为 0.67%。

2. 截面指数（见表 6-10）

表 6-10　2012—2021 年河北工业发展质量截面指数排名

	2012年	2013年	2014年	2015年	2016年	2017年	2018年	2019年	2020年	2021年	2012—2021年均值排名
速度效益	21	23	26	22	18	21	22	22	18	30	24
结构调整	16	16	16	14	18	17	19	16	16	16	16
技术创新	26	24	22	20	20	18	15	13	16	16	21
资源环境	13	12	11	14	10	11	11	12	11	12	12
两化融合	13	14	14	15	14	15	16	17	16	16	15
人力资源	22	28	29	22	26	18	26	25	28	25	27
截面指数	23	22	20	17	17	17	20	18	18	24	19

资料来源：赛迪智库整理，2023 年 4 月。

横向来看，2012—2021 年，河北工业发展质量截面指数均值为 35.5，排在全国第 19 位。2021 年河北工业发展质量截面指数为 29.2，排在全国第 24 位。

具体来看，2012—2021 年，河北工业发展质量截面指数结构调整、技术创新、资源环境和两化融合 4 项指标均值排名处于全国中游水平。结构调整方面，制造业 500 强企业占比排名靠前，处于全国第 7 位；高技术制造业主营业务收入占比、规上小型工业企业收入占比和新产品出口占货物出口额比重则处于全国中下游水平，分别排在第 29、第 18 和第 17 位。技术创新方面，工业企业 R&D 经费投入强度、工业企业新产品销售收入占比两项指标均处于全国中游水平，分别排在第 15 和第 14 位；工业企业 R&D 人员投入强度、单位工业企业 R&D 经费支出发明专利数指标则分别排在全国第 21 和第 27 位，有待进一步提升。资源环境方面，单位工业增加值用水量指标处于全国前列，排在第 7 位；单位工业增加值能耗则处于全国下游水平，排在第 22 位。两化融合方面，两化融合水平和宽带人均普及率分别排在全国第 12 和第 17 位，处于中游水平；电子信息产业占比排在全国第 25 位，表现较差。

2012—2021 年，河北工业发展质量截面指数的速度效益和人力资源两项指标均值分别排在全国第 24 位和第 27 位。速度效益方面，4 项指标均处于全国下游，规上工业增加值增速、工业企业资产负债率、工业成本费用利润率和工业营业收入利润率分别排在第 29、第 26、第 31、第 30 位。人力资源方面，工业城镇单位就业人员平均工资增速和就业人员平均受教育年限处于全国中游水平，分别排在第 19 和第 17 位；第二产业全员劳动生产率表现较差，排在全国第 29 位。

3. 原因分析

近年来，河北始终坚持发展第一要务，持续深化供给侧结构性改革，传统产业转型升级不断加快，数字经济发展成效显著，工业发展质量稳步提升。结构调整方面，河北始终坚持创新驱动，钢铁等传统产业转型升级持续推进，战略性新兴产业快速发展，2017—2022 年全省国家高新技术企业从 3174 家增加到 1.24 万家。资源环境方面，推进减污降碳协同增效，绿色转型快速推进，2021 年，单位工业增加值能耗较上年下降 9.7%。

（三）结论与展望

综合时序指数和截面指数来看，河北各项指标处于全国中下游水平。未来，河北可以从以下 3 个方面着手，推动制造强省建设：一是通过实施创新驱动发展战略、人才强省战略持续推动工业转型升级，抓好产业转型升级试验区建设，提高全要素生产率；二是聚焦光电与导航、新材料、生物医药等优势领域，外引内培，积极布局新动能、新赛道，推动战略性新兴产业融合集群发展；三是加强人才队伍建设，加大对重点产业人才引培力度，健全人才评价制度，保障人才工作和生活环境，为工业高质量发展提供重要支撑。

四、山西

（一）总体情况

1. 宏观经济总体情况

2022 年，山西实现地区生产总值 25642.59 亿元，其中第一、第二、第三产业增加值分别达到 1340.4 亿元、13840.85 亿元和 10461.3 亿元，同比增速分别达到 5.1%、6.2% 和 2.7%。全省固定资产投资（不含农户、不含跨省）同比增长 5.9%。分产业看，第二产业投资同比增长 11.8%，其中工业投资增长 11.7%。全省社会消费品零售总额为 7562.7 亿元，比上年下降 2.4%，其中，城镇消费品零售额下降 2.1%，乡村消费品零售额下降 3.7%。

2. 工业经济运行情况

2022 年，山西规模以上工业增加值同比增长 8.0%，其中制造业增长 8.7%。全省规模以上工业企业营业收入比上年增长 13.8%，其中采矿业增长 17.6%，制造业增长 7.8%。在全省主要工业品产量方面，新能源汽车产量增长 1.5 倍，原铝增长 17.4%，光伏电池增长 10.2%。规模以上工业企业每百元营业收入中的成本为 80.1 元，较上年增加 0.8 元。

（二）指标分析

1. 时序指数（见图 6-5 和表 6-11）

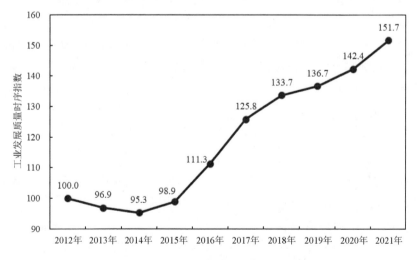

图 6-5　山西工业发展质量时序指数

（资料来源：赛迪智库整理，2023 年 5 月。）

表 6-11　2012—2021 年山西工业发展质量时序指数

	2012年	2013年	2014年	2015年	2016年	2017年	2018年	2019年	2020年	2021年	2013—2021年年均增速（%）
速度效益	100.0	80.8	63.5	46.9	68.2	106.1	120.4	106.6	103.2	150.2	4.62
结构调整	100.0	87.4	83.9	106.1	115.5	130.4	127.7	145.9	147.1	133.7	3.28
技术创新	100.0	109.6	111.2	104.6	115.6	120.6	132.1	128.0	142.1	134.1	3.31
资源环境	100.0	109.0	115.8	118.3	123.0	125.9	127.2	135.4	148.2	163.5	5.61
两化融合	100.0	105.6	117.2	143.5	161.8	168.0	177.9	184.1	199.5	198.4	7.91
人力资源	100.0	101.6	104.8	105.5	107.1	112.0	122.0	135.1	133.5	145.7	4.27
时序指数	100.0	96.9	95.3	98.9	111.3	125.8	133.7	136.7	142.4	151.7	4.74

资料来源：赛迪智库整理，2023 年 5 月。

纵向来看，山西工业发展质量时序指数自 2013 年的 96.9 上涨至 2021 年的 151.7，年均增速为 4.74%，低于全国平均增速 0.55 个百分点。

山西在两化融合、资源环境、速度效益等方面表现较好，年均增速分别达到 7.91%、5.61% 和 4.62%。两化融合方面，宽带人均普及率指标增速最快，为 12.0%；电子信息产业占比、两化融合水平年均增速分别达 6.4%、4.0%。资源环境方面，各项指标年均增速差异较大，单位工业增加值用水量年均增速最快，为 7.6%；单位工业增加值能耗年均增速为 3.3%。速度效益方面，工业成本费用利润率表现较好，年均增速达到 6.4%；工业营业收入利润率、规上工业增加值增速指标年均增速分别达到 5.6%、5.1%；工业企业资产负债率指标表现较差，为-0.23%。

山西在结构调整、技术创新和人力资源方面年均增速分别为 3.28%、3.31%、4.27%，均保持低速增长态势。结构调整方面，制造业 500 强企业占比、高技术制造业主营业务收入占比、规上小型工业企业收入占比指标年均增速分别为 5.4%、5.0%、4.3%，均稳步增长；新产品出口占货物出口额比重指标表现较差，为-7.4%。技术创新方面，单位工业企业 R&D 经费支出发明专利数、工业企业新产品销售收入占比指标表现较好，年均增速分别达到 6.6%、6.1%；工业企业 R&D 人员投入强度指标年均增速为 2.2%；工业企业 R&D 经费投入强度指标年均增速为 -0.7%。人力资源方面，第二产业全员劳动生产率、工业城镇单位就业人员平均工资增速两项指标表现较好，年均增速分别达到 6.5%、5.9%；就业人员平均受教育年限指标年均增速仅为 0.7%。

2. 截面指数（见表 6-12）

表 6-12　2012—2021 年山西工业发展质量截面指数排名

	2012年	2013年	2014年	2015年	2016年	2017年	2018年	2019年	2020年	2021年	2012—2021年均值排名
速度效益	24	30	30	30	29	25	23	25	26	10	29
结构调整	22	28	29	28	28	26	24	20	20	21	24
技术创新	21	20	20	24	24	25	22	27	27	27	25
资源环境	19	16	17	20	18	20	22	22	23	21	20
两化融合	16	17	16	16	18	18	18	18	19	19	18
人力资源	13	21	26	25	27	10	18	15	15	11	18
截面指数	26	28	30	29	29	24	24	23	24	21	28

资料来源：赛迪智库整理，2023 年 5 月。

横向来看，2012—2021 年山西工业发展质量截面指数均值为 27.5，排在全国第 28 位。2021 年山西工业发展质量截面指数为 30.4，排在全国第 21 位，较 2020 年上升 3 位。

2012—2021 年，山西工业发展质量截面指数所有指标均值排名都处于全国下游水平，速度效益、技术创新、结构调整、资源环境、两化融合、人力资源各指标分别排在第 29、第 25、第 24、第 20、第 18 和第 18 位。

速度效益方面，山西该项指标在全国排名有所提升，从 2012 年的第 24 位提升到 2021 年的第 10 位。主要是规上工业增加值增速、工业成本费用利润率、工业营业收入利润率 3 项指标表现优异，2021 年分别位列全国第 7、第 8 和第 8 位，而工业企业资产负债率排在全国第 30 位。

技术创新方面，4 项指标均处于全国下游水平，工业企业 R&D 经费投入强度、工业企业 R&D 人员投入强度、单位工业企业 R&D 经费支出发明专利数、工业企业新产品销售收入占比分别排在第 28、第 27、第 18 和第 24 位。

结构调整方面，制造业 500 强企业占比指标排名处于全国中游水平，位列第 15 位；高技术制造业主营业务收入占比、规上小型工业企业收入占比、新产品出口占货物出口额比重 3 项指标排名均靠后，分别排在全国第 26、第 25 和第 20 位。

资源环境方面，单位工业增加值用水量全国排名第 10 位；单位工业增加值能耗表现较差，排在全国第 26 位。

两化融合方面，山西整体表现有待提升，宽带人均普及率、两化融合水平、电子信息产业占比 3 项指标排名分别处于全国第 12 位、第 17 位和第 23 位。

人力资源方面，工业城镇单位就业人员平均工资增速、就业人员平均受教育年限两项指标表现较好，分别排在全国第 1 和第 6 位；第二产业全员劳动生产率排在全国第 25 位。

3. 原因分析

山西工业多年以能源和原材料工业为主，整体发展水平较低，导致山西在结构调整、技术创新、资源环境、两化融合等方面全国排名均处于下游，2021 年山西工业发展质量截面指数全国排名第 21 位。但值得关注的是，2021 年山西规上工业增加值增速、工业城镇单位就业人员平均工资增速、就业人员平均受教育年限 3 项指标表现优异，山西加快传统优势产业率先转型，加大工业技改投资，推动战略性新兴产业引领转型，信创、大数据、半导体、新能源汽车、新材料、新能源等产业逐步发展壮大，规模以上工业战略性新兴产业、高技术制造业增加值均较上年有明显增长，山西加快转型发展、推动新旧动能转换，已显成效。

（三）结论与展望

综合时序指数和截面指数来看，山西在速度效益、人力资源两方面发展相对较好，今后应着重致力于结构调整、技术创新等方面的转型提升。主要体现在：一是提升传统产业先进产能占比，进一步推动钢铁、有色、焦化等产业的改造提升，稳步提高先进产能占比，增强传统优势产业发展力；二是合理谋划布局新兴产业，持续快速发展节能与新能源汽车、数字产业、高端装备、合成生物、现代医药与大健康等产业，培育壮大潜力产业；三是提高企业技术创新能力，支持构建企业技术创新体系，加大技术、标准、政策支持力度，加快建设创新平台、国家级重点实验室及省级研发中心，发挥人才优势，攻破关键技术，引领企业高质量发展；四是积极推行产业链"链长制""链主制"，培育全产业链发展，实现集群成链。

五、内蒙古

（一）总体情况

1. 宏观经济总体情况

2022 年，内蒙古实现地区生产总值 2.3 万亿元，比上年增长 4.2%，全区经济持续回稳。其中，第一产业增加值较上年增长 4.3%，第二产业增加值较上年增长 6.5%，第三产业增加值较上年增长 2.2%。2022 年，全区实现进出口总值 1523.6 亿元，比上年增长 23.2%，其中，出口 630.3 亿元，增长 31.9%，进口 893.3 亿元，增长 17.8%。2022 年，全区 CPI 上涨 1.8%，其中，城市上涨 1.7%，农村上涨 2.0%。全区工业生产者出厂价格较上年上涨 8.6%，工业生产者购进价格较上年上涨 11.2%。

2. 工业经济运行情况

2022 年，全区全部工业增加值比上年增长 6.6%，规模以上工业增加值比上年增长 8.1%，制造业增加值比上年增长 10.9%。其中，专用设备制造业增长 14.1%，电气机械和器材制造业增长 32.1%，计算机、通信和其他电子设备制造业增长 54.8%，产业结构持续优化。2022 年，全区规模以上工业企业实现利润 4060.0 亿元，增长 18.3 倍，规模以上工业企业营业收入利润率为 14.4%，工业经济效益保持良好增势。

（二）指标分析

1. 时序指数（见图 6-6 和表 6-13）

纵向来看，2012—2021 年，内蒙古工业发展质量时序指数由 100.00 上涨至 158.41，年均增速达到 5.24%，低于全国平均增速 0.05 个百分点。

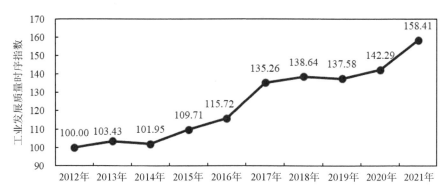

图 6-6　内蒙古工业发展质量时序指数

（资料来源：赛迪智库整理，2023 年 5 月。）

表 6-13　2012—2021 年内蒙古工业发展质量时序指数

	2012年	2013年	2014年	2015年	2016年	2017年	2018年	2019年	2020年	2021年	2013—2021年年均增速（%）
速度效益	100.00	99.24	84.76	82.34	90.65	109.57	111.20	107.85	102.85	137.50	3.60
结构调整	100.00	101.04	90.15	106.88	104.65	96.42	109.13	97.37	105.11	112.34	1.30
技术创新	100.00	111.00	110.96	122.88	132.23	182.27	159.66	158.74	172.94	160.65	5.41
资源环境	100.00	115.11	135.82	146.78	157.18	170.75	170.85	188.31	195.05	208.13	8.48
两化融合	100.00	97.25	107.08	110.74	114.14	145.25	172.71	165.64	169.03	215.01	8.88
人力资源	100.00	100.85	104.90	112.78	122.13	128.80	135.97	148.98	151.37	159.38	5.32
时序指数	100.00	103.43	101.95	109.71	115.72	135.26	138.64	137.58	142.29	158.41	5.24

资料来源：赛迪智库整理，2023 年 5 月。

　　内蒙古在两化融合、资源环境方面增长较快，年均增速分别为 8.88%和 8.48%。两化融合方面，宽带人均普及率、电子信息产业占比两项指标年均增速分别达到 13.0%、8.4%；两化融合水平年均增速为 3.7%。资源环境方面，单位工业增加值用水量指标年均增速最快，为 13.4%；单位工业增加值能耗指标年均增速仅为 0.7%。

内蒙古在技术创新、人力资源、速度效益等方面表现较好，年均增速分别达到 5.41%、5.32% 和 3.60%。技术创新方面，各指标年均增速差异较大，单位工业企业 R&D 经费支出发明专利数、工业企业新产品销售收入占比指标年均增速较快，分别为 10.5%、8.5%，工业企业 R&D 经费投入强度指标年均增速也达到 3.1%，工业企业 R&D 人员投入强度指标年均增速仅为 0.2%。人力资源方面，工业城镇单位就业人员平均工资增速、第二产业全员劳动生产率、就业人员平均受教育年限 3 项指标年均增速分别为 8.9%、7.4%、0.7%，指标表现差异较大，其中工业城镇单位就业人员平均工资增速较上年小幅回落。速度效益方面，规上工业增加值增速指标表现较好，年均增速为 6.7%；工业成本费用利润率、工业营业收入利润率、工业企业资产负债率 3 项指标年均增速相对平稳，分别为 3.1%、2.8%、0.7%。

　　结构调整方面，新产品出口占货物出口额比重、高技术制造业主营业务收入占比指标表现相对较好，年均增速分别为 3.9%、3.5%；制造业 500 强企业占比仍稳定在 2015 年基期水平；规上小型工业企业收入占比指标年均增速较差，为 -4.5%，2021 年虽较上年有所好转，但总体仍低于 2015 年基期水平，成为结构调整指数增长的主要短板。

　　2. 截面指数（见表 6-14）

表 6-14　2012—2021 年内蒙古工业发展质量截面指数排名

	2012年	2013年	2014年	2015年	2016年	2017年	2018年	2019年	2020年	2021年	2012—2021年均值排名
速度效益	4	3	14	21	15	7	3	4	14	2	4
结构调整	23	22	23	23	23	30	28	29	29	29	28
技术创新	27	26	26	23	21	19	23	28	29	28	27
资源环境	26	28	23	25	24	24	25	26	26	26	26
两化融合	22	23	23	24	24	20	20	22	22	22	24
人力资源	3	4	5	7	4	3	4	3	3	5	3
截面指数	15	18	21	22	19	18	19	20	21	18	18

　　资料来源：赛迪智库整理，2023 年 5 月。

横向来看，2012—2021 年内蒙古工业发展质量截面指数均值为 35.7，排在全国第 18 位。2021 年内蒙古工业发展质量截面指数为 34.9，排在全国第 18 位，较 2020 年排名上升 3 位。

2021 年，内蒙古在人力资源、速度效益这两项指标方面处于全国领先水平，分别位列第 5、第 2 位。人力资源方面，第二产业全员劳动生产率是促使内蒙古在人力资源方面处于全国领先地位的主要支撑指标，2015 年以来一直处于全国前 3 位；2021 年，内蒙古就业人员平均受教育年限仍然处于中游水平，排名全国第 11 位；工业城镇单位就业人员平均工资增速指标排名从上年全国第 2 位回落到全国第 25 位。2021 年内蒙古在速度效益方面排名大幅上升，从 2020 年全国第 14 位上升至全国第 2 位。其中，工业成本费用利润率与工业营业收入利润率两项指标全国领先，均位居第 1 位；工业企业资产负债率排名由 2020 年的全国第 20 位下降至 2021 年的全国第 21 位；规上工业增加值增速排名由 2020 年的全国第 27 位下降至 2021 年的全国第 28 位。

2021 年，内蒙古工业发展质量截面指数结构调整、技术创新、资源环境、两化融合指标均值排名均处于全国下游水平，分别排在第 29、第 28、第 26、第 22 位。结构调整方面，新产品出口占货物出口额比重指标处于全国中游水平，排在第 16 位；高技术制造业主营业务收入占比、规上小型工业企业收入占比、制造业 500 强企业占比 3 项指标排名均靠后，分别排在全国第 30、第 28、第 23 位。技术创新方面，工业企业 R&D 经费投入强度、工业企业 R&D 人员投入强度、单位工业企业 R&D 经费支出发明专利数、工业企业新产品销售收入占比指标排名均处于全国下游水平，分别排在第 24、第 28、第 24 和第 28 位。资源环境方面，单位工业增加值用水量排名居于全国中游，为第 16 位；单位工业增加值能耗排名全国第 28 位，成为制约资源环境指标排名的主要影响因素。两化融合方面，各项指标排名基本保持稳定，电子信息产业占比、两化融合水平、宽带人均普及率分别排在全国第 27、第 18 和第 26 位。

3. 原因分析

内蒙古的矿产资源非常丰富，拥有煤炭、稀土等高价值矿产资源，近年来矿产资源价格行情较好，带动全区经济较快发展，由此，2021 年速度效益指标全国排名第 2 位。但内蒙古产业延伸升级不足，产业链发展水平还较低，产业链短，主要处于煤炭、冶金、稀土等资源型产业前端，下游应用产业产值占比较低，新能源、大数据等新兴产业还没有形成完整的产业链条，断链、缺链问题凸显，上下游产业紧密协作发展程度不足，协作配套率、产品销售的本地化率、物料及配套的本地化率均较低，工业经济稳定增长基础不牢固，结构调整、技术创新、资源环境、两化融合指标排名均处全国下游水平，制约了内蒙古工业高质量发展。

（三）结论与展望

综合时序指数和截面指数来看，内蒙古在结构调整、技术创新、资源环境等方面处于全国弱势地位，亟待优化产业布局，加快产业转型升级，培育新的增长点，推动工业向高质量发展。主要体现在：一是推动制造业向高端化、绿色化升级，积极发展新型化工、新能源汽车装备及配套、新材料、生物医药等产业，打造先进制造业产业集群，提升制造业核心竞争力；二是开展战略性新兴产业企业创新平台建设，加快创新驱动发展，推动互联网、大数据、人工智能等新一代信息技术与制造业深度融合，加快智慧园区、智能工厂、智慧矿山等建设，加快促进产业智能化升级发展。

六、辽宁

（一）总体情况

1. 宏观经济总体情况

2022 年，辽宁全省完成地区生产总值 28975.1 亿元，比上年增长2.1%，其中，第一产业增加值增长 2.8%，第二产业增加值下降 0.1%，第三产业增加值增长 3.4%。全省固定资产投资较上年增长 3.6%。社会消费品零售总额为 9526.2 亿元，较上年下降 2.6%。进出口总额为 7907.3亿元，较上年增长 2.4%，其中出口总额为 3312.6 亿元，增长 24.9%，进口总额为 4411.4 亿元，增长 12.6%。全省一般公共预算收入为 2524.3亿元，比上年下降 8.7%，一般公共预算支出为 6253.0 亿元，比上年增长 6.4%。全省 CPI 比上年上涨 2.0%，工业生产者购进价格比上年上涨10.1%，工业生产者出厂价格比上年上涨 7.9%。

2. 工业经济运行情况

2022 年，辽宁全省规模以上工业增加值比上年下降 1.5%，制造业增加值下降 1.8%。其中，装备制造业增加值增长 2.2%，石化工业增加值下降 3.5%，冶金工业增加值下降 6.8%。2022 年，第二产业投资增长 6.1%，高技术制造业投资比上年增长 4.9%。其中，航空、航天器及设备制造业投资增长 2.4 倍，医疗仪器设备及仪器仪表制造业投资增长 13.7%，电子及通信设备制造业投资增长 9.9%，医药制造业投资下降 48.6%。

（二）指标分析

1. 时序指数（见图 6-7 和表 6-15）

纵向来看，辽宁工业发展质量时序指数自 2012 年的 100.00 上涨至 2021 年的 136.37，年均增速为 3.51%，低于全国平均增速 1.78 个百分点。

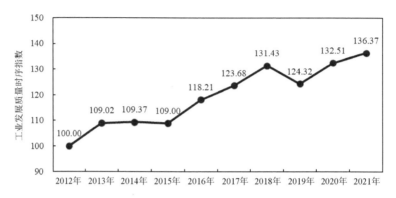

图 6-7　辽宁工业发展质量时序指数

（资料来源：赛迪智库整理，2023 年 5 月。）

表 6-15　2012—2021 年辽宁工业发展质量时序指数

	2012年	2013年	2014年	2015年	2016年	2017年	2018年	2019年	2020年	2021年	2013—2021年 年均增速（%）
速度效益	100.00	109.83	95.84	81.76	70.33	91.26	104.57	93.75	95.35	103.93	0.43
结构调整	100.00	108.09	109.86	106.48	124.22	105.17	104.78	95.43	103.51	104.45	0.48
技术创新	100.00	112.99	119.85	128.91	176.86	189.50	203.59	177.75	198.39	197.78	7.87
资源环境	100.00	111.45	116.14	116.18	105.41	111.35	119.79	124.57	126.28	129.62	2.92
两化融合	100.00	107.54	112.81	118.51	113.31	118.36	118.03	125.33	132.64	136.82	3.54
人力资源	100.00	102.20	107.11	114.37	119.01	123.84	133.47	140.55	147.30	154.47	4.95
时序指数	100.00	109.02	109.37	109.00	118.21	123.68	131.43	124.32	132.51	136.37	3.51

资料来源：赛迪智库整理，2023 年 5 月。

辽宁在技术创新方面增长较快，年均增速为 7.87%，其中工业企业 R&D 人员投入强度、工业企业新产品销售收入占比指标增速较快，年均增速分别为 11.1%、8.3%；工业企业 R&D 经费投入强度、单位工业企业 R&D 经费支出发明专利数指标年均增速分别为 5.8%、4.3%。

　　辽宁在人力资源、两化融合、资源环境、结构调整、速度效益方面年均增速分别为 4.95%、3.54%、2.92%、0.48%、0.43%，均保持低速增长态势。人力资源方面，工业城镇单位就业人员平均工资增速、第二产业全员劳动生产率指标年均增速分别为 8.2%、6.7%；就业人员平均受教育年限指标年均增速仅为 1.1%。两化融合方面，宽带人均普及率指标年均增速为 8.9%，是拉动两化融合发展的主要因素；两化融合水平指标年均增速为 3.1%；电子信息产业占比指标表现较差，年均增速为 -4.8%。资源环境方面，单位工业增加值能耗与单位工业增加值用水量年均增速分别为 -1.5% 和 6.2%，能耗问题应予以重视。辽宁在结构调整方面处于相对弱势地位，新产品出口占货物出口额比重、高技术制造业主营业务收入占比指标年均增速分别为 8.9%、3.2%；制造业 500 强企业占比、规上小型工业企业收入占比年均增速分别为 -10.6%、-6.9%，是影响结构调整发展的主要阻力。速度效益方面，规上工业增加值增速指标年均增速为 2.1%；工业企业资产负债率、工业成本费用利润率、工业营业收入利润率 3 项指标较上年均有小幅改善，年均增速分别为 -0.6%、-0.6%、-0.03%。

　　2. 截面指数（见表 6-16）

表 6-16　2012—2021 年辽宁工业发展质量截面指数排名

	2012年	2013年	2014年	2015年	2016年	2017年	2018年	2019年	2020年	2021年	2012—2021年均值排名
速度效益	28	25	27	28	30	28	19	23	28	29	28
结构调整	13	11	13	18	22	24	21	23	23	20	18
技术创新	20	19	19	18	11	11	12	18	17	18	14
资源环境	12	9	12	16	16	17	18	18	18	20	16
两化融合	9	9	9	10	10	11	11	13	14	17	11

续表

	2012年	2013年	2014年	2015年	2016年	2017年	2018年	2019年	2020年	2021年	2012—2021年均值排名
人力资源	16	13	17	12	11	12	13	17	14	15	14
截面指数	17	15	17	20	23	20	18	21	20	25	20

资料来源：赛迪智库整理，2023年5月。

横向来看，2012—2021年辽宁工业发展质量截面指数均值为35.1，排在第20位，处于全国中下游水平。2021年辽宁工业发展质量截面指数为28.1，排在全国第25位，较2020年下降5位。

2021年，辽宁在两化融合、技术创新、人力资源、资源环境方面排名均处于全国中游水平，分别排在第17、第18、第15和第20位。2021年，两化融合方面，两化融合水平、电子信息产业占比、宽带人均普及率各指标排名均较上年有所下降，分别排在全国第16、第17和第24位。技术创新方面，工业企业R&D经费投入强度、工业企业R&D人员投入强度、工业企业新产品销售收入占比3项指标排名分别位于全国第18、第17和第16位；单位工业企业R&D经费支出发明专利数表现相对较差，排名位于全国第26位。人力资源方面，就业人员平均受教育年限指标表现较好，排名位于全国第7位；工业城镇单位就业人员平均工资增速、第二产业全员劳动生产率排名分别位于全国第20、第14位。资源环境方面，单位工业增加值能耗、单位工业增加值用水量两项指标排名分别位于全国第25、第11位。

2021年，辽宁在结构调整、速度效益方面排名处于全国下游水平，分别排在第20、第29位。结构调整方面，制造业500强企业占比表现相对较好，位于全国第15位；新产品出口占货物出口额比重、高技术制造业主营业务收入占比、规上小型工业企业收入占比相对弱势，分别排在全国第18、第22、第27位。速度效益方面，规上工业增加值增速、工业成本费用利润率、工业营业收入利润率、工业企业资产负债率仍处全国下游水平，分别排在第30、第29、第29和第25位。

3. 原因分析

辽宁是东北重要的老工业基地，产业结构发展不平衡，劳动密集和加工装备密集型产业比重较大，高新技术产业发展薄弱，导致辽宁在速度效益、结构调整、资源环境等指标在全国排名均处于下游，2021 年辽宁全国排名第 25 位。从各项指标全国排名看，速度效益、技术创新、资源环境、两化融合、人力资源这 5 项指标的全国排名均出现不同程度下滑，制约了辽宁工业经济发展。但结构调整指标稳中有升，2021 年该指标在全国排名较上年提升 3 位，辽宁聚焦石化、钢铁、菱镁等特种资源、农产品深加工等"原"产业，积极调整产业结构，大力拉长产业链条，成效初显。

（三）结论与展望

综合时序指数和截面指数来看，辽宁在结构调整、两化融合、技术创新等方面还有提升空间，应以创新促进产业优化升级，推动工业经济高质量发展。主要体现在：一是持续推动传统工业升级，优化工业内部结构，大力培育发展数字经济、人工智能、先进装备制造、集成电路等高端产业，补齐短板，助推专精特新"小巨人"企业涌现，形成多点支撑、多业并举的产业发展格局，推动工业健康快速发展；二是加快科技创新，加大科研经费投入，以科技创新引领新的增长点，开拓新的产业发展领域，积极优化升级产业结构；三是培育产业龙头企业、标杆企业，并做大做强，发挥这些企业的引领带头作用，吸引上下游企业集聚，形成规模效益，弥补产业链断点、弱点，强化"链上协同"，延长产业链，提升核心竞争力，推动辽宁工业稳步、快速发展。

七、吉林

（一）总体情况

1. 宏观经济总体情况

2022 年，吉林全省实现地区生产总量 13070.24 亿元，按可比价格计算，同比下降 1.9%。分产业看，第一产业增加值为 1689.10 亿元，增长 4.0%；第二产业增加值为 4628.30 亿元，下降 5.1%；第三产业增加值为 6752.84 亿元，下降 1.2%。

2. 工业经济运行情况

2022 年，全省规模以上工业增加值同比下降 6.4%。从重点产业看，高技术制造业增加值增长 1.9%，装备制造业增加值下降 2.7%。

（二）指标分析

1. 时序指数（见图 6-8 和表 6-17）

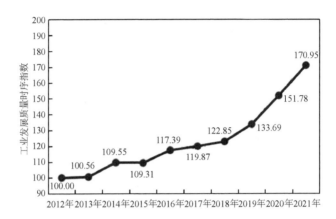

图 6-8 吉林工业发展质量时序指数

（资料来源：赛迪智库整理，2023 年 4 月。）

表 6-17 2012—2021 年吉林工业发展质量时序指数

	2012年	2013年	2014年	2015年	2016年	2017年	2018年	2019年	2020年	2021年	2013—2021年年均增速（%）
速度效益	100.00	99.05	104.83	99.41	102.50	99.69	109.73	104.14	100.80	127.56	2.74
结构调整	100.00	107.81	125.08	109.79	113.18	94.07	67.07	79.96	94.22	103.25	0.36
技术创新	100.00	84.85	94.30	94.04	106.40	115.03	111.09	157.01	168.40	188.35	7.29
资源环境	100.00	109.67	117.43	138.14	160.90	185.80	221.18	247.36	323.51	364.51	15.45
两化融合	100.00	107.04	115.19	125.72	133.75	146.61	163.24	143.07	150.92	163.27	5.60
人力资源	100.00	101.87	104.53	108.36	114.59	121.22	128.17	134.57	175.70	186.28	7.16
时序指数	100.00	100.56	109.55	109.31	117.39	119.87	122.85	133.69	151.78	170.95	6.14

资料来源：赛迪智库整理，2023 年 4 月。

纵向来看，吉林工业发展质量时序指数自 2012 年的 100.00 上涨至 2021 年的 170.95，年均增速为 6.14%，高于全国平均增速 0.85 个百分点。

吉林在资源环境、技术创新和人力资源方面增长相对较快，年均增速分别为 15.45%、7.29% 和 7.16%。资源环境方面，单位工业增加值用水量和单位工业增加值能耗改善较好，年均增速分别达到 18.67%、11.31%。技术创新方面，4 项指标表现均较好，年均增速均超过 7%。人力资源方面，工业城镇单位就业人员平均工资增速和第二产业全员劳动生产率两项指标年均增速较快，分别为 9.84% 和 10.49%，是支撑人力资源发展的有利因素。

吉林在两化融合、速度效益、结构调整方面的增速表现相对一般，年均增速分别为 5.60%、2.74% 和 0.36%。两化融合方面，人均宽带普及率增长较快，年均增速为 9.87%。速度效益方面，规上工业增加值增速指标增长相对较快，年均增速达到 5.86%；工业企业资产负债率、工业成本费用利润率和工业营业收入利润率为低速增长或负增长，年均增速分别为 -0.17%、2.06% 和 2.02%。结构调整方面，规上小型工业企业收入占比是影响结构调整发展的不利因素，年均增速为 -7.70%。

2. 截面指数（见表 6-18）

表 6-18　2012—2021 年吉林工业发展质量截面指数排名

	2012	2013	2014	2015	2016	2017	2018	2019	2020	2021	2012—2021 年均值排名
速度效益	17	24	21	20	16	23	20	26	16	19	21
结构调整	17	18	19	19	16	18	27	26	28	26	20
技术创新	25	29	28	29	28	27	29	22	22	23	28
资源环境	22	21	21	22	21	19	15	15	13	11	18
两化融合	18	18	18	20	23	22	22	25	25	26	21
人力资源	14	16	16	18	18	16	17	19	9	9	17
截面指数	21	26	22	21	20	22	25	26	22	22	22

资料来源：赛迪智库整理，2023 年 4 月。

横向来看，吉林工业发展质量截面指数连续多年处于全国中下游水平，2021 年截面指数为 30.0，排在第 22 位，与 2020 年排名持平。

2021 年，吉林在资源环境和人力资源方面表现较好，分别在全国排第 11 和第 9 位。其中，单位工业增加值能耗排在全国第 11 位，第二产业全员劳动生产率排在全国第 4 位，是支撑资源环境和人力资源发展的主要因素。

2021 年，吉林在其他 4 个方面均处于中下游或下游水平。吉林在结构调整方面排在全国第 26 位。其中，高技术制造业主营业务收入占比、制造业 500 强企业占比和规上小型工业企业收入占比分别排全国第 25、第 21 和第 30 位。吉林在技术创新方面排在全国第 23 位，与上年相比下降 1 位。其中，工业企业 R&D 经费投入强度和工业企业 R&D 人员投入强度在全国处于下游水平，影响了技术创新指标的排名。吉林在两化融合方面排在全国第 26 位，电子信息产业占比、两化融合水平、宽带人均普及率 3 项指标均处于全国中下游水平，分别排在第 24、第 23、第 29 位，影响了吉林两化融合指标的排名。吉林在速度效益方面排在全国第 19 位，其中，规上工业增加值增速排在全国第 30 位，影响了速度效益的整体表现。

3．原因分析

吉林在资源环境和人力资源方面表现较好，处于全国中上游水平。

资源环境方面，为落实习近平总书记视察吉林重要讲话重要指示精神，吉林深入实施"一主六双"高质量发展战略，加快建设生态强省，吉林颁布了《吉林省关于加快建立健全绿色低碳循环发展经济体系的实施意见》，完善了绿色低碳循环发展的生产、流通、消费、能源、政策保障五大体系，加快了基础设施绿色升级，建立健全了吉林绿色低碳循环发展的经济体系。

人力资源方面，吉林通过推动各地进一步采取措施优化资源配置、完善"职教高考"制度等夯实技能型社会建设基础，加快推动现代职业教育高质量发展；通过实施乡村振兴人才培育计划、农村创业创新带头人金融扶持计划等加快培育打造农业农村生产经营及二三产业人才，以激发人才活力、支持人才服务乡村振兴。

（三）结论与展望

整体来看，吉林在结构调整方面表现较差，未来要集中力量，着重提高规上小型工业企业收入占比和高技术制造业主营业务收入占比。主要体现在：一是实施专精特新中小企业培育计划、鼓励企业建立研发准备金制度等，进一步支持中小企业健康发展，着力解决制约民营经济和中小企业发展的突出问题；二是巩固发展汽车类主导产业、改造提升中药等优势产业、培育壮大航空航天等新兴产业、布局新兴显示材料等未来产业，推进产业基础高级化，聚焦创造形成新的产业体系和结构优势。

八、黑龙江

（一）总体情况

1. 宏观经济总体情况

2022 年，黑龙江全省实现地区生产总值 15901.0 亿元，按不变价格计算，比上年增长 2.7%。其中，第一产业增加值为 3609.9 亿元，比上年增长 2.4%；第二产业增加值为 4648.9 亿元，比上年增长 0.9%；第三产业增加值为 7642.2 亿元，比上年增长 3.8%。

2. 工业经济运行情况

2022 年，全年全省规模以上工业增加值比上年增长 0.8%。重点行业支撑有力。从产业看，装备工业增加值比上年增长 5.5%，其中，通用设备制造业和汽车制造业分别增长 10.5%、2.2%；能源工业增加值增长 2.2%，其中，煤炭开采和洗选业、石油和天然气开采业分别增长 6.5%、0.8%；食品工业增加值增长 2.9%，其中，酒、饮料和精制茶制造业增长高达 18.3%。

（二）指标分析

1. 时序指数（见图 6-9 和表 6-19）

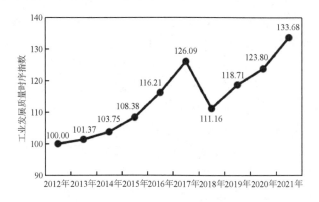

图 6-9　黑龙江工业发展质量时序指数

（资料来源：赛迪智库整理，2023 年 4 月。）

表 6-19　2012—2021 年黑龙江工业发展质量时序指数

	2012年	2013年	2014年	2015年	2016年	2017年	2018年	2019年	2020年	2021年	2013—2021年年均增速（%）
速度效益	100.00	91.19	86.48	69.36	63.64	73.99	77.90	72.52	68.20	77.08	-2.85
结构调整	100.00	97.14	94.54	100.60	119.43	119.09	79.53	88.58	83.46	87.68	-1.45
技术创新	100.00	102.85	105.24	104.95	110.77	129.65	100.31	121.71	134.85	143.31	4.08
资源环境	100.00	121.38	142.00	186.96	204.93	215.54	207.12	210.57	223.38	238.05	10.12
两化融合	100.00	105.23	113.06	127.79	138.95	152.36	138.42	145.17	149.81	165.88	5.78
人力资源	100.00	103.94	106.19	112.11	118.32	124.29	131.66	142.87	163.66	175.55	6.45
时序指数	100.00	101.37	103.75	108.38	116.21	126.09	111.16	118.71	123.80	133.68	3.28

资料来源：赛迪智库整理，2023 年 4 月。

纵向来看，黑龙江工业发展质量时序指数自 2012 年的 100.00 上涨至 2021 年的 133.68，年均增速为 3.28%，低于全国平均增速 2.01 个百分点。

黑龙江在资源环境方面增长较快，年均增速为 10.12%。其中，单位工业增加值用水量表现较好，年均增速达到 13.73%，促进了资源环境指标的增长。

黑龙江在技术创新、两化融合、人力资源方面表现一般。技术创新方面，年均增速为 4.08%。其中，单位工业企业 R&D 经费支出发明专利数和工业企业新产品销售收入占比增长较快，年均增速分别为9.25% 和 9.93%；工业企业 R&D 人员投入强度年均增速表现欠佳，为-3.89%。两化融合方面，年均增速为 5.78%。其中，人均宽带普及率年均增速为 12.35%，表现较好；电子信息产业占比表现较差，年均增速为-3.51%。人力资源方面，年均增速为 6.45%。其中，工业城镇单位就业人员平均工资增速指标增长快速，年均增速为 8.84%；第二产业全员劳动生产率也保持较快增长，年均增速为 9.29%；就业人员平均受教育年限增长较慢，年均增速仅为 1.37%。

黑龙江在速度效益和结构调整方面表现较差，年均增速均分别为

-2.85%和-1.45%。具体来看，速度效益方面，工业企业资产负债率、工业成本费用利润率和工业营业收入利润率均呈负增长，年均增速分别为-0.67%、-9.98%和-9.08%。结构调整方面，制造业500强企业占比和新产品出口占货物出口额比重为负增长，年均增速分别为-5.52%和-6.07%。

2. 截面指数（见表6-20）

表6-20 2012—2021年黑龙江工业发展质量截面指数排名

	2012年	2013年	2014年	2015年	2016年	2017年	2018年	2019年	2020年	2021年	2012—2021年均值排名
速度效益	5	18	22	25	27	27	26	29	29	28	26
结构调整	25	21	21	21	19	22	25	25	26	23	22
技术创新	13	15	15	15	16	14	24	23	23	23	19
资源环境	25	25	22	19	20	21	23	23	25	25	23
两化融合	26	26	26	28	29	29	27	29	29	30	28
人力资源	21	26	28	20	17	20	19	18	17	17	20
截面指数	18	23	25	24	25	25	28	29	29	29	27

资料来源：赛迪智库整理，2023年4月。

横向来看，2021年黑龙江工业发展质量截面指数为22.8，排在全国第29名，排名与2020年保持一致。

黑龙江在人力资源方面处于全国中游水平，2021年排在第17位。其中，第二产业全员劳动生产率排名相对较好，排在第13位。

2021年，黑龙江在其他5个方面表现均比较一般。在速度效益方面排在全国第28位，其中，工业成本费用利润率和工业营业收入利润率表现较差，分别排在全国第30和第31位。在结构调整方面排在全国第23位，其中，高技术制造业主营业务收入占比和新产品出口占货物出口额比重表现较差，分别排在全国第27和第26位。在技术创新方面排在全国第25位，其中，工业企业R&D人员投入强度表现较差，排在全国第26位。在资源环境方面排在全国第25位，单位工业增加值能耗和单位工业增加值用水量排名均比较靠后。在两化融合方面排在全国第30 位，其中，电子信息产业占比和宽带人均普及率表现较差，分别排在全国第 30 和第 27 位。

3. 原因分析

黑龙江基本没有特别突出的指标，只在人力资源方面表现较好。首先，黑龙江各地聚焦人才供给发力，将人才引进和选调生培养等列入党政考核内容；其次，省政府高度重视职业教育，不断推动职业教育快速发展，实施"双高""双优"建设，使得职业教育布局结构持续优化，人才培养质量稳步提升。

（三）结论与展望

整体来看，黑龙江工业发展质量有待提高，在技术创新、资源环境、两化融合、速度效益和结构调整方面均处于全国中下游水平，呈现出总量不大、速度不快、质量不高等特点，未来要紧紧围绕科技创新支撑引领经济高质量发展，聚焦"433"工业新体系和"百千万"工程建设，力争实现产业技术创新"十百千"目标。主要体现在：一是加快转变政府职能，努力为产业技术创新营造良好的法制环境、政策环境、市场环境和舆论环境；二是鼓励各地方因地制宜制定各类扶持政策，形成推动技术创新和科技成果产业化的政策叠加效应；三是落实促进创新人才发展的激励政策，鼓励实施股权和期权激励，并继续大力发展职业教育。

九、上海

（一）总体情况

1. 宏观经济总体情况

2022 年，上海全年实现地区生产总值 44652.80 亿元，比上年下降0.2%。其中，第一产业增加值为 96.95 亿元，下降 3.5%；第二产业增加值为 11458.43 亿元，下降 1.6%；第三产业增加值为 33097.42 亿元，增长 0.3%。第三产业增加值占上海地区生产总值的比重比上年提高 0.8个百分点，达到 74.1%。

2. 工业经济运行情况

2022 年，上海全年实现工业增加值 10794.54 亿元，比上年下降1.5%。全年完成工业总产值 42505.68 亿元，下降 2.2%。其中，规模以上工业总产值为 40473.68 亿元，下降 1.1%。在规模以上工业总产值中，国有控股企业总产值为 14600.90 亿元，增长 0.4%。全年新能源、高端装备、节能环保、生物、新一代信息技术、新能源汽车、新材料、数字创意等工业战略性新兴产业完成规模以上工业总产值为 17406.86 亿元，比上年增长 5.8%，占全市规模以上工业总产值比重达到 43.0%。全年规模以上工业品销售率为 99.6%。在规模以上工业企业主要产品中，全年太阳能电池产量 36.19 万千瓦，增长 1.2 倍；发电机组产量 2618.08 万千瓦，增长 70.3%；汽车产量 302.45 万辆，增长 6.8%，其中新能源汽车产量 98.86 万辆，增长 56.5%；工业机器人产量 7.67 万套，增长 7.1%；笔记本计算机产量 1994.18 万台，增长 2.1%；服务器产量 37.68 万台，下降 21.0%；智能手机 3203.99 万台，增长 10.8%；集成电路圆片产量 981.32 万片，增长 5.5%。全年规模以上工业企业实现利润总额 2788.19 亿元，比上年下降 11.7%；实现税金总额 1841.67 亿元，增长 0.5%。规模以上工业企业亏损面为 25.3%。

（二）指标分析

1. 时序指数（见图 6-10 和表 6-21）

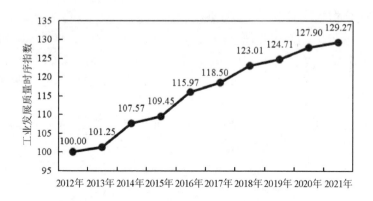

图 6-10　上海工业发展质量时序指数

（资料来源：赛迪智库整理，2023 年 5 月。）

表 6-21　2012—2021 年上海工业发展质量时序指数

	2012年	2013年	2014年	2015年	2016年	2017年	2018年	2019年	2020年	2021年	2013—2021年年均增速（%）
速度效益	100.00	106.88	113.14	117.29	123.07	125.84	128.06	116	116.12	116.78	1.74

续表

	2012年	2013年	2014年	2015年	2016年	2017年	2018年	2019年	2020年	2021年	2013—2021年年均增速（%）
结构调整	100.00	90.80	93.84	91.18	98.86	96.65	101.66	105.86	112.17	112.82	1.35
技术创新	100.00	108.03	114.61	114.63	125.33	123.09	125.27	125.13	136.18	131.65	3.10
资源环境	100.00	99.77	117.38	119.79	122.68	136.08	144.23	145.45	151.81	154.01	4.92
两化融合	100.00	98.52	101.49	106.19	110.86	114.07	121.37	129.95	135.24	140.28	3.83
人力资源	100.00	101.25	107.51	111.67	116.08	124.06	129.50	147.61	133.83	142.26	3.99
时序指数	100.00	101.25	107.57	109.45	115.97	118.50	123.01	124.71	127.90	129.27	2.89

资料来源：赛迪智库整理，2023 年 5 月。

纵向来看，上海工业发展质量时序指数自 2012 年的 100.00 增长到 2021 年的 129.27，年均增速达到 2.89%，低于全国平均增速 2.4 个百分点。从细分指标来看，上海在资源环境、人力资源、两化融合和技术创新方面增长较快，年均增速分别达到 4.92%、3.99%、3.83% 和 3.10%。资源环境方面，单位工业增加值用水量和单位工业增加值能耗年均增速分别达到 5.31% 和 4.51%，成为促进资源环境指标快速增长的主要因素。人力资源方面，各指标差距较大，其中，工业城镇单位就业人员平均工资增速指标年均增速为 9.58%，第二产业全员劳动生产率年均增速为 3.66%，而就业人员平均受教育年限年均增速仅为 1.28%，前两项指标成为促进人力资源指标增长的主要因素。两化融合方面，宽带人均普及率年均增速达到 6.48%，成为促进两化融合指标快速增长的主要原因。技术创新方面，工业企业 R&D 人员投入强度和工业企业 R&D 经费投入强度年均增速分别为 5.44% 和 3.90%，成为促进技术创新指标快速增长的主要原因。

结构调整方面，规上小型工业企业收入占比和新产品出口占货物出口额比重年均增速分别达到 3.02% 和 2.09%，高技术制造业主营业务收入占比首次出现下降，年均增速为-1.22%，成为拉低结构调整指标的主要原因。速度效益方面，仅规上工业增加值增速指标年均增速达到 3.75%；工业企业资产负债率、工业成本费用利润率和工业营业收入利润率 3 项指标年均增速均较慢，分别为 0.40%、1.21% 和 1.12%。

2. 截面指数（见表 6-22）

表 6-22 2012—2021 年上海工业发展质量截面指数排名

	2012 年	2013 年	2014 年	2015 年	2016 年	2017 年	2018 年	2019 年	2020 年	2021 年	2012—2021 年均值排名
速度效益	29	26	16	5	2	3	4	16	4	8	9
结构调整	8	10	9	12	13	15	14	15	14	12	13
技术创新	4	2	2	4	2	5	7	6	6	10	4
资源环境	7	8	8	8	11	10	10	13	14	15	10
两化融合	2	3	3	4	4	4	4	4	4	4	4
人力资源	2	2	2	2	2	2	3	2	2	3	2
截面指数	5	5	2	5	3	4	5	5	5	6	5

资料来源：赛迪智库整理，2023 年 5 月。

横向来看，上海工业发展质量截面指数近年来在全国均处于领先地位，10 年来各项指标均排名全国前列，且均值排名为全国第 5 位。

从分项指标来看，上海在人力资源方面表现突出，2021 年排在全国第 3 位。其中，就业人员平均受教育年限和第二产业全员劳动生产率两项指标分别位列全国第 2 和第 10 位。

上海在两化融合和技术创新方面表现较为突出，2021 年分别位列全国第 4 和第 10 位。两化融合方面，电子信息产业占比和宽带人均普及率两项指标表现突出，10 年来基本位列全国前 10 位，2021 年排名分别为全国第 4 和第 10 位。技术创新方面，上海近年来增速有所下降，工业企业 R&D 经费投入强度和工业企业 R&D 人员投入强度排名分别位于全国第 7 和第 10 位。

上海在速度效益和资源环境方面表现一般，近 10 年均值排名分别为全国第 9 和第 10 位。其中，2021 年，单位工业增加值用水量指标排名全国第 29 位，工业成本费用利润率和工业营业收入利润率均落到全国第 18 位，成为拖累两项指标排名的主要原因。

此外，结构调整方面，上海在新产品出口占货物出口额比重上表现较差，2021 年排名仅为全国第 23 位。

3．原因分析

2012—2021 年，上海在全国工业发展质量排名中始终保持在靠前位置，总体保持平稳，但个别指标略有下降，经济增长动力略显不足。受到全球疫情冲击影响，我国内外部需求面临较大变化，上海经济也遭受了前所未有的冲击，消费水平和投资需求均受到较大影响，随着疫情影响逐步消退，经济呈现了回升趋势。目前，上海新产业、新业态较快发展，全市人工智能、生物医药、集成电路三大先导产业制造业产值快速增长。上海经济新动能正在加速形成，创新型经济、服务型经济、总部型经济、开放型经济、流量型经济"五型经济"全面发力。

（三）结论与展望

从时序指数和截面指数两方面的测算结果来看，上海整体上延续了此前的优秀表现，大部分指标在全国仍处于领先位置，但是，部分指标已经出现下降。上海工业发展动力不足，制造业投资增长后劲不够，关键核心技术自主可控等问题仍然存在。上海已经提出要"在新起点上推动高质量发展"，包括绿色低碳、元宇宙、智能终端、数字经济和未来健康在内的五大未来产业发展将成为带动上海产业发展的新动能。上海将加快建设具有世界影响力的社会主义现代化国际大都市，在新征程上奋力创造新奇迹、展现新气象。

十、江苏

（一）总体情况

1．宏观经济总体情况

2022 年，江苏实现地区生产总值 122875.6 亿元，首次迈上 12 万亿元台阶，比上年增长 2.8%，规模持续位列全国第二位。从产业看，第二产业规模与增速显著提升，分别达到 55888.7 亿元和 3.7%，在国民经济中的占比进一步提升，经济增长的"压舱石"作用更为凸显；第三产业规模与增速分别达到 62027.5 亿元和 1.9%；第一产业增速有所提升，规模与增速分别达到 4959.4 亿元和 3.1%。至此，江苏全省产业结构不断调整，三次产业比例优化为 4∶45.5∶50.5。从所有制性质来看，全省非公有制经济发展活力持续增强，实现增加值92402.5亿元，占全部GDP比重达75.2%，其中民营经济占GDP比重达到57.7%，增加0.4个百分点。从区域协调发展来看，扬子江城市群对全省经济增长的贡献率略有下降，为72%；沿海经济带对全省经济增长的贡献率有所上升，为18.4%。

2．工业经济运行情况

2022年，江苏工业经济较快恢复，全年规模以上工业增加值比上年增长5.1%，显著高出全国平均水平。先进制造业增长势头良好，其中高技术、装备制造业增加值比上年分别增长10.8%、8.5%，对规模以上工业增加值增长贡献率分别为48.6%、85.2%，占规模以上工业比重分别为24.0%、52.6%，比上年均提高1.5个百分点。分行业来看，电子、医药、汽车、电气、专用设备等先进制造业增加值分别增长6.3%、11.0%、14.8%、16.3%和6.0%。新能源、新型材料、新一代信息技术相关产品产量增长较快，其中新能源汽车、锂离子电池、太阳能电池、工业机器人、碳纤维及其复合材料、智能手机、服务器产量分别增长93.2%、23.4%、36.2%、11.3%、64.6%、49.5%和114.3%。全年工业战略性新兴产业、高新技术产业产值占规模以上工业比重分别为40.8%、48.5%，均比上年提高1.0个百分点。规模以上高技术服务业营业收入比上年增长10.1%，对规模以上服务业增长贡献率达62.2%，其中互联网和相关服务增长14.2%。全年数字经济核心产业增加值占GDP比重达11%。

（二）指标分析

1．时序指数（见图6-11和表6-23）

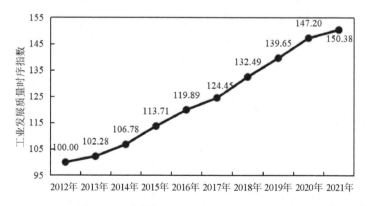

图6-11　江苏工业发展质量时序指数

（资料来源：赛迪智库整理，2023年5月。）

表 6-23   2012—2021 年江苏工业发展质量时序指数

	2012 年	2013 年	2014 年	2015 年	2016 年	2017 年	2018 年	2019 年	2020 年	2021 年	2013—2021 年年均增速（%）
速度效益	100.00	104.87	109.42	114.69	119.38	121.89	122.68	117.72	123.02	130.07	2.96
结构调整	100.00	94.72	95.84	98.23	105.08	100.95	104.68	109.31	115.10	109.20	0.98
技术创新	100.00	104.01	112.15	114.58	120.82	128.52	151.66	174.58	187.04	180.99	6.81
资源环境	100.00	102.18	105.28	113.12	117.98	126.80	135.75	143.26	152.53	166.16	5.80
两化融合	100.00	101.24	105.67	125.44	134.49	145.65	150.60	158.41	165.14	172.22	6.23
人力资源	100.00	108.40	113.62	122.03	127.29	133.30	140.37	147.58	153.76	166.46	5.83
时序指数	100.00	102.28	106.78	113.71	119.89	124.45	132.49	139.65	147.20	150.38	4.64

资料来源：赛迪智库整理，2023 年 5 月。

纵向来看，近年来江苏工业发展质量时序指数增长较快，略低于全国平均水平，数值从 2012 年的 100.00 增长到 2021 年的 150.38，年均增速为 4.64%，略低于全国平均增速。

江苏在技术创新和两化融合这两方面表现优异，年均增速分别为 6.81% 和 6.23%，成为支撑江苏工业高质量发展的主要原因。技术创新方面，工业企业 R&D 人员投入强度、工业企业 R&D 经费投入强度和工业企业新产品销售收入占比这 3 项指标均实现了较快增长，年均增速分别达到 8.92%、7.70% 和 7.08%，这表明江苏在企业层面的产品开发、研发投入和人力投入较多。两化融合方面，宽带人均普及率和两化融合水平两项指标年均增速较快，分别为 12.15% 和 2.81%，这表明江苏在两化融合方面发展较好，宽带基础设施建设进一步推动信息化带动工业化较快发展。

江苏在人力资源、资源环境及速度效益这 3 方面表现一般，年均增速分别为 5.83%、5.80% 和 2.96%。人力资源方面，工业城镇单位就业人员平均工资增速及第二产业全员劳动生产率两项指标年均增速较快，分别为 9.88% 和 7.77%；就业人员平均受教育年限指标有待进一步提升。资源环境方面，单位工业增加值能耗年均增速为 6.89%，单位工业增加值用水量年均增速为 4.62%，江苏工业发展面临的资源环境约束日益明显。速度效益方面，分项指标差异较大，规上工业增加值增速指标增长仍然较快，年均增速为 8.32%；工业企业资产负债率、工业成本费用利润率和工业营业收入利润率年均增速分别仅为 0.70%、0.23% 和 0.27%，企业经营效益和盈利能力亟待提升。

结构调整方面，2021 年江苏整体表现有待恢复，其中，新产品出口占货物出口额比重和高技术制造业主营业务收入占比两项指标增长较快，年均增速分别为 1.81% 和 0.98%。

2．截面指数（见表 6-24）

表 6-24　2012—2021 年江苏工业发展质量截面指数排名

	2012 年	2013 年	2014 年	2015 年	2016 年	2017 年	2018 年	2019 年	2020 年	2021 年	2012—2021 年均值排名
速度效益	20	17	10	7	7	11	16	15	10	17	12
结构调整	1	2	2	3	3	4	3	2	2	3	2
技术创新	6	6	6	6	6	7	3	3	2	3	6
资源环境	9	11	13	11	12	13	14	14	15	14	11
两化融合	4	4	4	1	1	1	3	2	2	2	2
人力资源	6	3	11	5	5	7	7	7	7	6	7
截面指数	4	4	6	4	5	5	4	3	3	2	4

资料来源：赛迪智库整理，2023 年 5 月。

横向来看，江苏工业发展质量截面指数的排名始终靠前，位于第一方阵，2021 年全国排名为第 2 位，2012—2021 年江苏截面指数均值排名为全国第 4 位。

从各细分指标排名来看，结构调整、两化融合、技术创新这 3 项指标表现优异，2012—2021 年均值排名分别为全国第 2、第 2 和第 6 位，是支撑江苏工业发展质量全国排名靠前的主要原因。具体来说，结构调整方面，制造业 500 强企业占比与高技术制造业主营业务收入占比两项指标排名靠前，2021 年分列全国第 4 和第 5 位，江苏工业发展依旧依靠高科技制造业龙头企业为主要支撑，龙头企业的全球影响力不断扩大，恒力等 4 家江苏公司入围世界 500 强；规上小型工业企业收入占比指标排名一般，2021 年位列全国第 10 位，中小企业发展活力有待增强。两化融合方面，两化融合水平指标连续多年全国排名第 1；宽带人均普及率和电子信息产业占比两项指标全国排名靠前，2021 年分列全国第 1 和第 5 位，这与苏州、无锡等地电子信息制造产业发展较快及制造业数字化转型成效明显相关。技术创新方面，工业企业 R&D 经费投入强度、工业企业 R&D 人员投入强度及工业企业新产品销售收入占比 3 项指标排名表现较好，2021 年分别排在全国第 1、第 1 和第 6 位。

人力资源指标表现尚可，2012—2021 年均值排名第 7 位。其中，就业人员平均受教育年限指标 2021 年排名全国第 5，这与江苏教育资源相对丰富有关；第二产业全员劳动生产率指标表现有所提升，位列全国第 7 位；工业城镇单位就业人员平均工资增速指标排名上升较快，位列全国第 8 位，体现出制造业人员收入水平进一步提高。

资源环境和速度效益两项指标成为制约江苏工业发展质量进一步提升的主要因素，两项指标 2012—2021 年均值排名分别为全国第 11 和第 12 位。资源环境方面，单位工业增加值能耗指标改善较大，上升至全国第 4 位。速度效益方面，工业成本费用利润率和工业营业收入利润率表现较差，2021 年排名均为全国第 23 位，排名较上年下降；此外，规上工业增加值增速指标排名与上年基本持平，位于全国第 6 位。

3. 原因分析

整体来看，2012—2021 年江苏工业发展质量整体排名继续位于全国第一方阵，这与江苏工业经济总量大、制造业龙头企业数量多、产业结构丰富、配套完整有关。2022 年，面对疫情反复冲击和外部环境超预期变化，江苏认真落实"疫情要防住、经济要稳住、发展要安全"的要求，工业经济持续回稳向好。

从工业发展的优势来看，江苏制造业独特优势明显。2022 年，制造业集群化优势不断扩大，新增苏州市生物医药及高端医疗器械，南通市、泰州市、扬州市海工装备和高技术船舶，泰州市、连云港市、无锡市生物医药，苏州市、无锡市、南通市高端纺织 4 个国家先进制造业集群，累计达 10 个，均居全国第 1 位。产业创新能力实现跃升，集成电路特色工艺及封装测试创新中心等实现关键共性技术突破，新增橡胶资源绿色循环利用、海洋信息技术与装备两家省级制造业创新中心。产业数字化和数字产业化加速发展，数字经济新动能得到进一步释放。江苏入选国家级智能制造标准应用试点项目 6 个，居全国首位。

（三）结论与展望

从时序指数和截面指数两方面的测算结果来看，江苏工业发展质量继续保持优异，但在发展中也存在瓶颈和桎梏。江苏未来应加大企业创新能力提升、大规模技术改造、自主品牌本土企业培育力度，推动制造业高端化、智能化、绿色化发展；加快数实深度融合，提升产业链供应链韧性和安全水平，建设现代化产业体系，加快建设全国制造业高质量发展示范区和具有国际竞争力的先进制造业基地。

十一、浙江

（一）总体情况

1. 宏观经济总体情况

2022 年，浙江实现地区生产总值 77715 亿元，较上年增长 3.1%。从三次产业看，第一产业增加值为 2325 亿元，较上年增长 3.2%；第二产业增加值为 33205 亿元，较上年增长 3.4%；第三产业增加值为 42185 亿元，较上年增长 2.8%，三次产业结构比例进一步优化为 3.0：47.7：54.3。从人均 GDP 来看，2021 年达到 118496 元，较上年增长 2.2%。

从经济发展质量来看，浙江近年来通过加快培育新动能，以新产业、新业态、新模式为主要特征的"三新"经济在国民经济发展中的重要地位不断巩固，占 GDP 比重达到 28.1%。尤其是数字经济发展迅猛，2022年数字经济核心产业增加值达到 8977 亿元，增长 6.3%。此外，从战略性新兴产业发展情况看，生物、新一代信息技术、新能源、新能源汽车产业呈现良好发展态势，产业增加值较上年分别增长 10.0%、9.3%、24.8%和 9.4%。

2. 工业经济运行情况

2022 年，浙江实现规模以上工业增加值 21900 亿元，增长 4.2%，增速有所下降。从不同所有制性质来看，外商投资企业增加值较去年增长 2.9%；港澳台商投资企业增加值较去年下降 1.3%；国有及国有控股企业增加值较去年增长 4.2%。从工业不同行业来看，17 个传统制造业增加值增长较快，平均增速为 2.4%。在 38 个工业行业大类中，19 个行业较上年实现了增长，8 个行业呈现两位数增长。

（二）指标分析

1. 时序指数（见图 6-12 和表 6-25）

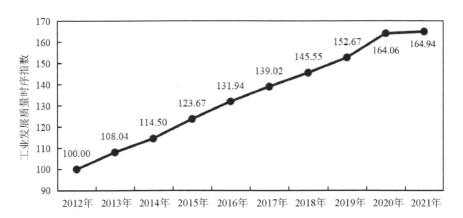

图 6-12　浙江工业发展质量时序指数

（资料来源：赛迪智库整理，2023 年 4 月。）

表 6-25　2012—2021 年浙江工业发展质量时序指数

	2012年	2013年	2014年	2015年	2016年	2017年	2018年	2019年	2020年	2021年	2013—2021 年年均增速（%）
速度效益	100.00	106.44	108.69	113.54	123.84	128.44	125.49	129.25	139.68	141.46	3.93
结构调整	100.00	106.87	113.48	115.85	119.97	122.92	121.63	123.93	132.72	129.05	2.87
技术创新	100.00	112.39	119.42	130.98	138.27	145.91	164.54	170.96	180.02	171.60	6.18
资源环境	100.00	108.32	121.86	135.40	147.23	157.75	173.29	195.67	223.66	232.46	9.83
两化融合	100.00	107.68	115.03	135.27	146.62	160.08	167.67	178.23	191.10	196.46	7.79
人力资源	100.00	106.04	112.40	119.67	125.76	132.70	141.43	147.19	152.99	162.98	5.58
时序指数	100.00	108.04	114.50	123.67	131.94	139.02	145.55	152.67	164.06	164.94	5.72

资料来源：赛迪智库整理，2023 年 4 月。

近年来，浙江工业发展质量始终保持平稳增长，2013—2021 年年均增速为 5.72%，高于全国平均增速。

从分项指标来看，资源环境方面的优异表现是支撑浙江工业发展质量不断提升的主要原因，该项指标的年均增速达到 9.83%；结构调整、速度效益与人力资源 3 项指标表现较为落后，成为拖累工业发展质量提升的主要原因，这 3 项指标年均增速仅为 2.87%、3.93% 和 5.58%。

工业发展质量的优势方面，从资源环境指标来看，单位工业增加值用水量指标表现较好，年均增速达到 13.41%；单位工业增加值能耗指标表现不太理想，年均增速为 4.96%，这表明浙江绿色发展仍有较大提升空间。从两化融合指标来看，电子信息产业占比和宽带人均普及率表现均较好，年均增速分别达到 9.80% 和 9.51%，这充分表明浙江近年来是全国数字经济发展的主力军。

工业发展质量的短板方面，从结构调整指标来看，高技术制造业主营业务收入占比指标表现较好，年均增速为 7.62%；而制造业 500 强企业占比、规上小型工业企业收入占比、新产品出口占货物出口额比重这 3 项指标近年来增长都不尽理想，年均增速分别为 -3.96%、0.67% 和 4.16%。从速度效益指标来看，规上工业增加值增速指标近年来保持了较快增长，年均增速为 7.36%；而工业成本费用利润率、工业营业收入利润率及工业企业资产负债率 3 项指标的年均增速相对较慢，分别为 3.09%、2.93% 和 1.04%，这说明浙江工业企业发展在速度效益方面有待进一步提升。

2. 截面指数（见表 6-26）

表 6-26　2012—2021 年浙江工业发展质量截面指数排名

	2012年	2013年	2014年	2015年	2016年	2017年	2018年	2019年	2020年	2021年	2012—2021年均值排名
速度效益	30	28	23	19	11	10	14	13	3	15	19
结构调整	2	1	1	1	1	1	1	1	1	4	1
技术创新	5	4	3	1	1	1	1	1	1	2	1
资源环境	6	6	5	5	5	5	3	2	2	2	5

续表

	2012年	2013年	2014年	2015年	2016年	2017年	2018年	2019年	2020年	2021年	2012—2021年均值排名
两化融合	6	6	6	5	5	5	6	5	3	3	5
人力资源	18	18	14	13	12	17	12	16	19	12	16
截面指数	6	6	4	2	2	2	2	2	2	3	2

资料来源：赛迪智库整理，2023 年 4 月。

从全国各省（区、市）的工业发展质量排名来看，浙江始终处于全国前列，2012—2021 年均值排名为第 2 位。

从分项指标来看，技术创新与结构调整两项指标近年来始终表现突出，成为支撑浙江工业发展的重要因素，自 2012 年以来排名始终靠前；与此同时，资源环境和两化融合两项指标表现也比较突出，2012—2021 年均值排名均为全国第 5 位；而人力资源和速度效益两项指标表现相对落后，2012—2021 年均值排名分别仅为全国第 16 和第 19 位。

技术创新方面，工业企业新产品销售收入占比和工业企业 R&D 人员投入强度这两项指标 2021 年分别位列全国第 1 和第 2 位，工业企业 R&D 经费投入强度位列全国第 5 位；而单位工业企业 R&D 经费支出发明专利数指标 2021 年排名仅为全国第 14 位，这说明浙江企业专项成果增长较慢，有进一步提升空间。

结构调整方面，制造业 500 强企业占比始终处于领先地位，2021 年排名全国第 3 位；而高技术制造业主营业务收入占比指标处于中游水平，2021 年排名全国第 11 位。

资源环境方面，单位工业增加值能耗和单位工业增加值用水量两项指标 2021 年分别位列全国第 7 和第 6 位，表现平稳较好。两化融合方面，宽带人均普及率和两化融合水平两项指标 2021 年分别位列全国第 2 和第 3 位。

人力资源方面，工业城镇单位就业人员平均工资增速指标表现较为突出，2021 年排名全国第 2 位；第二产业全员劳动生产率表现较为落后，2021 年排名全国第 23 位，严重制约了人力资源指标的整体表现。

速度效益方面，工业企业资产负债率、工业营业收入利润率及工业成本费用利润率这 3 项指标均处于全国上游水平，2021 年分别位列第 11、第 17 和第 19 位。

3. 原因分析

近年来，浙江一直高度重视发展以新产业、新业态、新模式为主要特征的"三新"经济，大力发展数字经济，同时，重点发展高新技术产业和战略性新兴产业，从而在技术创新及结构调整方面走在了全国前列。

从发展优势看，浙江近年来努力推进技术创新工作，以激发内生发展动力为目标，全面推动科技创新和数字化改革：一是以数字化改革为引领，不断加快数字经济、数字政府等建设步伐；二是狠抓科技自主创新工作，大幅提升全社会研发投入强度；三是加强科技载体和平台建设，持续提升全国重点实验室、省实验室、省技术创新中心等数量。

（三）结论与展望

2012—2021 年，浙江工业发展质量整体保持全国上游水平，未来需要从以下几个方面做出努力：一是持续推进一批工业相关的重大工程建设，如"千项万亿"工程、"415X"先进制造业集群培育工程等，发挥大工程、大项目对浙江工业发展的拉动作用；二是以建设数字经济与实体经济、先进制造业和现代服务业等深度融合的现代产业体系为契机，大力推进工业向高端化、智能化、绿色化发展，持续打造高端装备、新一代信息技术、新材料和绿色石化等万亿先进制造业集群，以及前沿新材料、第三代半导体等百亿新星产业集群；三是持续培育创新发展新动能，在工业领域大力打造科技创新生态，鼓励和支持产业链链主企业、科技领军企业等与高校、科研院所合作，组建技术创新中心等，促进产业链与创新链深度融合，提升工业技术创新水平。

十二、安徽

（一）总体情况

1. 宏观经济总体情况

2022 年，安徽全年实现地区生产总值 45045 亿元，增长 3.5%。从产业来看，第一产业实现增加值 3513.7 亿元，较上年增长 4%；第二产业实现增加值 18588 亿元，较上年增长 5.1%；第三产业实现增加值

22943.3 亿元，较上年增长 2.2%。从三次产业结构及增速来看，第二产业对全省经济增长的支撑作用显著。从人均 GDP 水平来看，全省人均 GDP 达到 73603 元。

从全年投资看，安徽 2022 年固定资产投资总规模较上年增长 9%。其中，基础设施投资较上年增长 19.6%，民间投资较上年增长 3.2%。分产业看，第一产业投资较上年增长 22.5%，第二产业投资较上年增长 21.8%，第三产业投资较上年增长 2.5%。工业投资较上年增长 21.8%，其中，制造业投资较上年增长 21.5%。

2. 工业经济运行情况

2022 年，安徽规模以上工业增加值较上年增长 6.1%。从不同经济类型来看，外商及港澳台商投资企业较上年增长 1.8%，国有及国有控股企业比上年增长 4.8%，股份制企业实现增长 6.3%。

分门类来看，制造业增长 5.6%，采矿业增长 4.2%，电力、热力、燃气及水生产和供应业增长 14.4%。分行业看，计算机、通信和其他电子设备制造业增长 8.7%，汽车制造业增长 22%，电气机械和器材制造业增长 21.1%。

（二）指标分析

1. 时序指数（见图 6-13 和表 6-27）

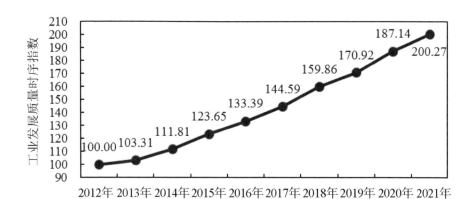

图 6-13　安徽工业发展质量时序指数

（资料来源：赛迪智库整理，2023 年 4 月。）

表 6-27　2012—2021 年安徽工业发展质量时序指数

	2012年	2013年	2014年	2015年	2016年	2017年	2018年	2019年	2020年	2021年	2013—2021年年均增速（%）
速度效益	100.00	101.78	97.68	99.37	104.41	109.30	118.88	120.99	126.91	131.27	3.07
结构调整	100.00	94.12	109.49	128.42	141.11	147.70	160.01	161.00	173.85	186.85	7.19
技术创新	100.00	104.55	115.24	121.33	129.50	141.61	160.82	179.59	197.58	212.41	8.73
资源环境	100.00	113.93	127.82	136.91	148.19	160.68	177.52	193.12	200.60	213.04	8.77
两化融合	100.00	110.10	125.28	159.46	177.98	207.38	234.67	262.40	298.50	325.89	14.03
人力资源	100.00	102.14	106.84	110.31	114.48	120.09	128.31	135.87	156.96	166.98	5.86
时序指数	100.00	103.31	111.81	123.65	133.39	144.59	159.86	170.92	187.14	200.27	8.02

资料来源：赛迪智库整理，2023 年 4 月。

从历年发展情况来看，安徽工业发展质量增长态势较好，2013—2021 年年均增速为 8.02%，高出全国平均增速 2.73 个百分点。

从各分项指标来看，安徽在两化融合和技术创新方面表现较为突出，年均增速分别为 14.03% 和 8.73%，是支撑全省工业经济发展质量不断提升的主要驱动力；在速度效益与人力资源方面则表现相对落后，年均增速分别仅为 3.07% 和 5.86%，成为制约浙江工业发展质量提升的短板。

工业发展质量的优势方面，从两化融合指标看，宽带人均普及率和电子信息产业占比指标年均增速分别高达 18.23% 和 16.01%，成为支撑两化融合指标不断快速提升的重要因素，这表明近年来安徽在信息基础设施建设和引入电子信息类重大项目方面成效显著。从技术创新指标看，工业企业 R&D 人员投入强度、工业企业 R&D 经费投入强度和工业企业新产品销售收入占比这 3 项指标表现较好，年均增速分别高达 9.91%、9.41% 和 11.06%，是提升安徽自主创新快速发展的主要因素；而单位工业企业 R&D 经费支出发明专利数指标则表现不好，年均增速仅为 1.78%。

工业发展质量的短板方面，从速度效益指标看，规上工业增加值增速指标年均增速为 9.18%，表现良好；而工业企业资产负债率、工业成本费用利润率及工业营业收入利润率3项指标表现相对较差,年均增速分别为0.70%、-0.39%和-0.28%。人力资源方面,就业人员平均受教育年限表现较差,年均增速仅为0.99%,是拉低人力资源指标整体表现的主要原因。

2. 截面指数(见表6-28)

表6-28 2012—2021年安徽工业发展质量截面指数排名

	2012年	2013年	2014年	2015年	2016年	2017年	2018年	2019年	2020年	2021年	2012—2021年均值排名
速度效益	12	9	15	17	21	19	12	14	12	22	16
结构调整	10	15	12	8	8	7	7	7	8	7	8
技术创新	9	7	7	7	7	6	4	4	4	1	7
资源环境	17	18	18	17	17	16	16	17	17	17	17
两化融合	20	21	20	18	16	13	14	11	11	11	14
人力资源	28	30	30	30	30	27	29	29	26	23	30
截面指数	13	13	14	14	13	11	11	9	7	7	12

资料来源:赛迪智库整理,2023年4月。

从与全国各省(区、市)的对比情况来看,安徽工业发展质量始终处在全国中游水平,2012—2021年均值排名第12位。从分项指标来看,安徽在技术创新和结构调整方面表现均较好,2012—2021年均值排名分别为全国第7和第8位,处于上游水平;但在人力资源方面表现较落后,2012—2021年均值仅列全国第30位。

技术创新方面,安徽该项指标全国排名近年来提升明显,从2012年的第9位提升到2021年的第1位。这主要得益于工业企业新产品销售收入占比这项指标表现优异,2021年位列全国第2位。此外,单位工业企业R&D经费支出发明专利数、工业企业新产品销售收入占比和工业企业R&D人员投入强度3项指标也排名靠前,2021年上述指标均位列全国第4位。

资源环境方面,安徽近年来表现一般,始终处在全国中等偏下水平,

2021年排名为第17位。单位工业增加值用水量指标排名较靠后，2021年排名第28位；单位工业增加值能耗指标2021年排名第10位。以上表明安徽工业发展的综合能耗水平仍有待改善。

人力资源方面，就业人员平均受教育年限和第二产业全员劳动生产率这两项指标均位列全国相对靠后的位置，2021年的排名分别仅为第25和第26位；工业城镇单位就业人员平均工资增速2021年排名为第12位。这表明安徽工业发展仍缺少大量高素质产业工人，相关产业工人的劳动效率、收入仍有待提升。

3. 原因分析

安徽近年来在科技创新方面表现很好，其采取的多项措施包括科技创新"栽树工程"等有效推动了科技创新水平提升。主要体现在：一是推动和加快科技创新载体建设，如认知智能、压塑机及系统技术实验室建设等，同时推动合肥先进光源、空地一体量子精密测量设施建设；二是不断加大对科技创新的经费投入，鼓励有效发明专利的申请；三是努力打造科技体制改革"试验田"，有效推动科技与制造业融合发展；四是持续强化专业人才对外建设，采取多项优惠政策吸引外部人才的同时，加强对本地区各类专业人才的培训。

（三）结论与展望

为加速推进安徽新型工业化进程，促进工业高质量发展，建议安徽未来做好以下几个方面的工作：一是推动优势产业融合化、集群化发展，提升集成电路产业、人工智能产业等在设备、材料、软件等环节的自主可控能力；二是加快对专精特新企业的发展与培育步伐，为其发展壮大提供财税金融、土地、用能等多方面的支持；三是大力发展生产性服务业，为制造业快速发展及做大做强提供有力支撑。

十三、福建

（一）总体情况

1. 宏观经济总体情况

2022年，福建实现地区生产总值53109.85亿元，增长4.7%。分产业看，第一产业、第二产业和第三产业增加值分别达到3076.20亿元、25078.2亿元和24955.45亿元，分别较上年增长3.7%、5.4%和4.0%。三次产业增加值的占比分别为5.8%、47.2%和47.0%。

2022 年，福建固定资产投资较上年增长 7.5%。分产业来看，第一产业投资增长 10.4%，第二产业和第三产业投资分别增长 17.0%、2.7%。2022 年，福建农村居民和城镇居民家庭人均可支配收入分别为 24987 元和 53817 元，分别增长 7.6% 和 5.2%，扣除价格因素以后，分别实际增长 5.7% 和 3.3%。

2．工业经济运行情况

2022 年，福建全部工业增加值达到 19628.83 亿元，比上年增长 4.9%。规模以上工业增加值同比增长 5.7%。从细分行业来看，规模以上工业的 38 个行业大类中，有 25 个行业增加值实现增长。其中，计算机、通信和其他电子设备制造业增长 7.8%，电气机械和器材制造业增长 40.6%，汽车制造业增长 5.4%，电力、热力生产和供应业增长 11.5%。

（二）指标分析

1．时序指数（见图 6-14 和表 6-29）

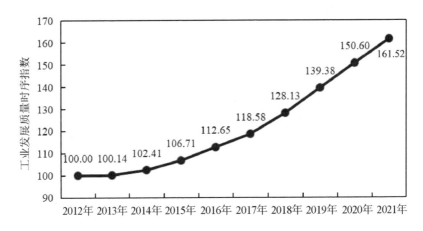

图 6-14　福建工业发展质量时序指数

（资料来源：赛迪智库整理，2023 年 4 月。）

表 6-29　2012—2021 年福建工业发展质量时序指数

	2012 年	2013 年	2014 年	2015 年	2016 年	2017 年	2018 年	2019 年	2020 年	2021 年	2013—2021 年年均增速（%）
速度效益	100.00	101.45	101.95	102.53	112.14	117.33	120.15	129.31	127.38	135.12	3.40

续表

	2012年	2013年	2014年	2015年	2016年	2017年	2018年	2019年	2020年	2021年	2013—2021年年均增速（%）
结构调整	100.00	84.56	79.69	90.02	85.89	85.60	96.62	122.43	126.57	122.15	2.25
技术创新	100.00	102.94	105.15	100.56	106.45	109.36	118.18	116.29	132.42	146.05	4.30
资源环境	100.00	109.67	120.44	133.62	148.75	164.16	183.63	202.49	249.81	294.77	12.76
两化融合	100.00	103.11	108.06	115.53	122.25	134.04	145.73	151.12	149.65	158.17	5.23
人力资源	100.00	107.25	114.51	119.39	126.45	133.97	144.27	158.18	183.98	196.66	7.80
时序指数	100.00	100.14	102.41	106.71	112.65	118.58	128.13	139.38	150.60	161.52	5.47

资料来源：赛迪智库整理，2023年4月。

纵向来看，福建工业发展质量时序指数从2012年的100.00上涨到2021年的161.52，年均增速达到了5.47%，高于全国平均增速。

从各分项指标来看，福建在资源环境方面表现较为突出，年均增速为12.76%，成为支撑全省工业发展质量不断提升的重要驱动力；但在结构调整与速度效益两方面表现相对落后，年均增速分别为2.25%和3.40%，成为制约全省工业发展质量提升的短板。

工业发展质量的优势方面，从资源环境指标看，资源环境方面提升最快，单位工业增加值用水量有较大改善，年均增速达到17.67%，促进了资源环境指数的增长；单位工业增加值能耗年均增速为5.15%。

工业发展质量的短板方面，从结构调整方面看，制造业500强企业占比指标表现很好，年均增速高达4.61%，是提升该项指标的主要动力；而高技术制造业主营业务收入占比、规上小型工业企业收入占比和新产品出口占货物出口额比重表现相对较差，年均增速分别为1.73%、1.50%和-0.41%。从速度效益指标看，规上工业增加值增速表现相对较好，年均增速达到8.76%；工业企业资产负债率、工业成本费用利润率和工业营业收入利润率表现均相对较差，年均增速分别为0.28%、1.09%和0.99%。

2. 截面指数（见表 6-30）

表 6-30 2012—2021 年福建工业发展质量截面指数排名

	2012年	2013年	2014年	2015年	2016年	2017年	2018年	2019年	2020年	2021年	2012—2021年均值排名
速度效益	10	7	6	10	8	8	6	2	9	9	6
结构调整	9	14	18	13	17	16	15	13	12	14	15
技术创新	11	12	12	13	13	13	14	16	15	13	12
资源环境	10	10	9	9	9	9	9	9	10	10	8
两化融合	5	5	5	6	6	7	7	8	8	8	6
人力资源	15	17	15	15	14	14	14	11	6	4	12
截面指数	8	9	9	9	9	10	9	7	11	11	9

资料来源：赛迪智库整理，2023 年 4 月。

横向来看，福建工业发展质量截面指数连续多年处于全国中上游水平，2012—2021 年截面指数均值为 49.0，排在第 9 位。

速度效益和两化融合方面，2012—2021 年均值排名为第 6 位，处于全国前列。其中工业企业资产负债率表现较好，2021 年排在全国第 5 位。两化融合方面，2021 年，人均宽带普及率排在全国第 3 位，处于上游水平，是推动两化融合指数排名提升的主要因素。

资源环境方面，2012—2021 年均值排名为第 8 位，处于全国上游水平。其中，单位工业增加值能耗处于上游水平，排在全国第 8 位。

福建在结构调整方面表现相对较差，2012—2021 年均值排在全国第 15 位，处于中游水平。其中，规上小型工业企业收入占比和制造业500 强企业占比分别排在全国第 5 和第 11 位，分别处于上游水平和中游水平；高技术制造业主营业务收入占比和新产品出口占货物出口额比重这两项指标分别排在全国第 13 和第 14 位，处于中游水平。

福建在技术创新和人力资源方面表现相对一般，2012—2021 年均值均排在全国第 12 位，处于中游水平。技术创新方面，工业企业 R&D

经费投入强度和工业企业 R&D 人员投入强度 2021 年分别排在全国第 11 和第 12 位。人力资源方面，就业人员平均受教育年限排名全国第 12 位，处于中游水平。

3．原因分析

福建近年来在速度效益方面表现较好，支撑其工业发展质量总体处于全国上游水平。主要体现在：一是积极落实国家工业经济稳增长的相关政策，出台了一系列减税降费政策，发放了纾困专项贷款等，帮助广大工业企业，特别是中小企业渡过难关；二是发挥政策性开发金融工具的作用，积极发行地方专项债，狠抓大项目大工程建设，有效扩大工业投资，拉动地区工业经济增长；三是通过大力开展"全闽乐购"活动及举办第一届福品博览会等举措，拉动家电、汽车等大宗工业消费品的需求，以带动本地区工业经济增长。

（三）结论与展望

2012—2021 年，福建工业发展质量整体表现不错。未来要推动福建工业高质量发展，应从以下几个方面做出努力：一是以高端化、智能化、绿色化为发展方向，推进先进装备制造、电子信息、现代纺织服装和石油化工等优势产业稳步发展，提升产业核心竞争力；二是抓住新一轮科技革命和产业变革机遇，利用先进适用技术加快对建材、冶金、食品等传统产业的改造升级；三是以集群化、融合化为方向，推进新能源、新材料、生物医药等战略性新兴产业做大做强，打造世界级先进制造业产业集群。

十四、江西

（一）总体情况

1．宏观经济总体情况

2022 年，江西地区生产总值达到 32074.7 亿元，比上年增长 4.7%。分产业来看，第一、二、三产业增加值分别为 2451.5 亿元、14359.6 亿元和 15263.7 亿元，分别比上年增长 3.9%、5.4% 和 4.2%。三次产业增加值占比分别为 7.6%、44.8% 和 47.6%，对 GDP 增长的贡献率分别为 6.9%、49.9% 和 43.2%。人均 GDP 为 65560 元，比上年增长 8.8%。

2022 年，江西全社会固定资产投资同比增长 8.6%。社会消费品零售总额为 12853.5 亿元，比上年增长 5.3%。全省货物贸易进出口总值为

6713.0 亿元，比上年增长 34.9%。其中，出口值为 5088.4 亿元，增长 38.7%。城镇居民和农村居民家庭人均可支配收入分别为 43697 元和 19936 元，分别增长 4.8%和 6.7%。

2. 工业经济运行情况

2022 年,江西全部工业增加值实现 11770.3 亿元，比上年增长 5.5%。全年规模以上工业增加值增长 7.1%。规模以上工业中，化学原料和化学制品制造业比上年增长 17.2%，化学纤维制造业增长 13.3%，黑色金属冶炼和压延加工业增长 13.2%，专用设备制造业增长 14.9%，电气机械和器材制造业增长 17.1%，计算机、通信和其他电子设备制造业增长 32.1%，电力、热力生产和供应业增长 14.9%。战略性新兴产业、高新技术产业、装备制造业增加值分别增长 20.6%、16.9%、17.3%，占规模以上工业比重分别为 27.1%、40.5%、30.9%，比上年分别提高 3.9、2.0、2.9 个百分点。

（二）指标分析

1. 时序指数（见图 6-15 和表 6-31）

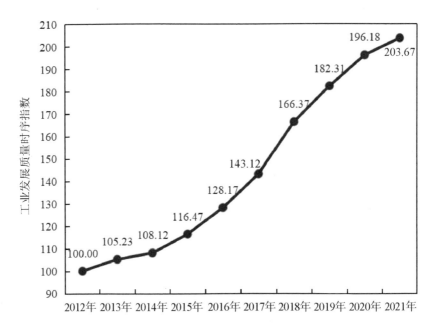

图 6-15 江西工业发展质量时序指数

（资料来源：赛迪智库整理，2023 年 5 月。）

表 6-31 2012—2021 年江西工业发展质量时序指数

	2012年	2013年	2014年	2015年	2016年	2017年	2018年	2019年	2020年	2021年	2013—2021年年均增速（%）
速度效益	100.00	103.40	108.97	109.65	116.74	120.44	121.83	123.41	130.67	137.50	3.60
结构调整	100.00	99.15	92.33	102.58	115.06	124.70	140.15	158.09	160.53	155.88	5.06
技术创新	100.00	109.23	112.30	113.16	130.52	161.13	219.77	256.74	284.83	288.30	12.48
资源环境	100.00	108.77	117.45	126.44	138.34	150.22	166.89	177.75	201.01	219.57	9.13
两化融合	100.00	104.47	109.83	138.87	153.93	181.29	215.48	232.72	246.50	266.40	11.50
人力资源	100.00	110.16	115.96	121.88	127.36	133.62	144.62	152.35	166.45	177.46	6.58
时序指数	100.00	105.23	108.12	116.47	128.17	143.12	166.37	182.31	196.18	203.67	8.22

资料来源：赛迪智库整理，2023 年 5 月。

纵向来看，江西工业发展质量时序指数自 2012 年的 100.00 上涨至 2021 年的 203.67，年均增速达到 8.22%，高出全国平均增速 2.93 个百分点。

江西在技术创新方面表现最好，年均增速高达 12.48%，显著高于全国平均水平。其中，工业企业 R&D 人员投入强度和工业企业新产品销售收入占比增长较快，年均增速分别为 15.55% 和 15.75%，是提升江西技术创新指标增长的主要驱动力。两化融合年均增速也实现两位数增长，为 11.50%。相对而言，速度效益、结构调整和人力资源表现一般，年均增速分别为 3.60%、5.06% 和 6.58%。

2. 截面指数（见表 6-32）

表 6-32 2012—2021 年江西工业发展质量截面指数排名

	2012年	2013年	2014年	2015年	2016年	2017年	2018年	2019年	2020年	2021年	2012—2021年年均值排名
速度效益	11	8	3	3	3	5	8	5	5	13	5

续表

	2012年	2013年	2014年	2015年	2016年	2017年	2018年	2019年	2020年	2021年	2012—2021年均值排名
结构调整	12	12	17	16	14	10	9	6	5	6	10
技术创新	28	27	27	28	27	23	16	12	12	14	23
资源环境	11	13	14	12	13	12	12	11	12	13	13
两化融合	25	25	25	21	20	16	15	16	17	18	19
人力资源	30	10	23	23	24	24	21	26	23	24	24
截面指数	24	19	18	16	16	16	16	13	12	15	16

资料来源：赛迪智库整理，2023 年 5 月。

横向来看，江西工业发展质量截面指数稳定在全国中游水平，2021年截面指数为 40.7，全国排名第 15 位。

2021 年，江西在结构调整方面表现最好，排名全国第 6 位。速度效益、资源环境和技术创新排名也均领先于截面指数排名，分别为全国第 13、第 13 和第 14 位。而两化融合和人力资源方面表现一般，处于中下游水平，分别排在全国第 18 和第 24 位。两化融合方面，电子信息产业占比增速表现较好，2021 年全国排名第 11 位，处于中上游水平。人力资源方面，工业城镇单位就业人员平均工资增速表现较差，2021年排名全国第 30 位，拉低了人力资源整体位次。

3．原因分析

江西经济规模和工业发展质量在全国均处于中游水平，其中工业发展质量有明显提升，在结构调整、速度效益和资源环境方面发展水平较高。

结构调整方面，江西大力推进数字经济做优做强"一号发展工程"，南昌国家级互联网骨干直联点开通，全国唯一锂电标识解析二级节点上线，电子信息产业营业收入跃居全国第 4 位，算力整体规模居全国第 11 位，数字经济核心产业增加值占 GDP 比重有望达 7.5%，南昌入选2022 年度建设信息基础设施和推进产业数字化成效明显市推荐名单。新增国家级制造业单项冠军企业 5 家、专精特新"小巨人"企业 70 家。

速度效益方面，江西出台降本增效"30 条"、纾困解难"28 条"、稳经济"43 条"及接续措施"24 条"，为市场主体减负超 2000 亿元。开展六大领域"项目大会战"和项目建设"四大攻坚行动"，实行节假日"重大项目不停工、重点企业不停产"，专项债项目支出进度、政策性开发性金融工具项目签约投放额居全国前列。

资源环境方面，江西完成"三区三线"划定，制定碳达峰实施方案，完善分时电价机制，施行《江西省生活垃圾管理条例》。在全国率先出台矿山生态修复与利用条例，开展跨省流域突发水污染事件联防联控专项检查行动，率先推出"碳足迹"披露支持贷款。部省共建长江江豚保护基地开工。

（三）结论与展望

综合看，江西工业发展质量逐年稳步上升，未来应在技术创新方面着重发力，全面提升工业发展质量。一是实施"创新四率"提升工程。纵深推进鄱阳湖国家自主创新示范区建设，大力开展国家级创新平台、加大全社会研发投入、创新成果转化等攻坚行动，提高创新驱动发展效能。二是实施市场主体培育工程。健全政策扶持体系，为市场主体提供全生命周期服务。三是实施开发区改革创新工程。以聚焦主责主业为导向，以管理制度改革为突破口，以"小管委会+大公司"为主要模式，以全面从严治党为保障，进一步明确职能定位，理顺体制机制，创新运营模式，完善监督体系，加快打造全省改革开放的试验田、创新发展的示范区、经济增长的主引擎。

十五、山东

（一）总体情况

1. 宏观经济总体情况

2022 年，山东实现地区生产总值 87435.1 亿元，比上年增长 3.9%。从三次产业看，第一产业、第二产业和第三产业增加值分别为 6289.6 亿元、35014.2 亿元、46122.3 亿元，分别增长 4.3%、4.2%和 3.6%。三次产业增加值占比分别为 7.2%、40.0%和 52.8%。

2022 年，全省固定资产投资（不含农户）比上年增长 6.1%。其中制造业投资增长 11.2%。三次产业投资构成比例为 1.7∶34.4∶63.9。在重点投资领域，基础设施投资增长 11.7%，占固定资产投资的比重为

20.2%，比上年提高 1.0 个百分点；高新技术产业投资增长 19.2%，高于工业投资增速 6.4 个百分点。社会消费品零售总额为 33236.2 亿元，比上年下降 1.4%。货物进出口总额为 33236.2 亿元，比上年下降 1.4%。城镇居民和农村居民家庭人均可支配收入分别为 49050 元和 22110 元，分别增长 4.2% 和 6.3%。

2. 工业经济运行情况

2022 年，山东全部工业增加值达到 28739.0 亿元，比上年增长 4.4%。规模以上工业增加值增长 5.1%。分门类看，规模以上采矿业增加值增长 27.3%，制造业增加值增长 2.9%，电力、热力、燃气及水生产和供应业增加值增长 11.5%。规模以上工业企业营业收入增长 4.2%，利润总额下降 12.6%。

（二）指标分析

1. 时序指数（见图 6-16 和表 6-33）

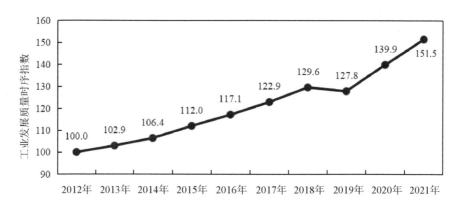

图 6-16　山东工业发展质量时序指数

（资料来源：赛迪智库整理，2023 年 5 月。）

表 6-33　2012—2021 年山东工业发展质量时序指数

	2012年	2013年	2014年	2015年	2016年	2017年	2018年	2019年	2020年	2021年	2013—2021年年均增速（%）
速度效益	100.0	100.8	100.9	101.5	103.2	104.5	100.7	93.8	101.3	106.8	0.74

续表

	2012年	2013年	2014年	2015年	2016年	2017年	2018年	2019年	2020年	2021年	2013—2021年年均增速（%）
结构调整	100.0	96.3	100.0	108.0	111.8	109.7	97.9	92.1	99.2	95.6	-0.50
技术创新	100.0	104.8	105.2	109.6	116.2	133.3	170.4	163.7	191.7	225.6	9.46
资源环境	100.0	106.2	114.2	116.0	120.1	132.4	130.0	133.5	136.3	142.3	4.00
两化融合	100.0	107.2	115.2	131.3	142.8	145.9	156.7	163.7	172.7	189.6	7.37
人力资源	100.0	106.8	112.0	115.4	119.6	126.1	135.8	143.4	157.5	166.7	5.84
时序指数	100.0	102.9	106.4	112.0	117.1	122.9	129.6	127.8	139.9	151.5	4.72

资料来源：赛迪智库整理，2023年5月。

纵向来看，山东工业发展质量时序指数由2012年的100.0上涨至2021年的151.5，年均增速为4.72%，落后于全国平均增速0.57个百分点。

山东在技术创新方面表现最好，年均增速达9.46%，高于全国平均水平。其中，工业企业R&D人员投入强度和工业企业新产品销售收入占比两项指标均实现两位数增长，年均增速分别达12.08%和10.35%，是提升山东技术创新增长的主要驱动力。

山东在结构调整和速度效益方面表现较差，年均增速分别为-0.50%和0.74%，拉低了山东工业发展质量时序指数年均增速。结构调整方面，高技术制造业主营业务收入占比表现相对较好，年均增速为1.86%，是细分指标中唯一实现正增长的；规上小型工业企业收入占比年均增速为-2.70%，拖累了整体指标增速。速度效益方面，规上工业增加值增速表现较好，年均增速为6.97%，是细分指标中唯一实现正增长的。

2. 截面指数（见表6-34）

表6-34　2012—2021年山东工业发展质量截面指数排名

	2012年	2013年	2014年	2015年	2016年	2017年	2018年	2019年	2020年	2021年	2012—2021年均值排名
速度效益	19	14	13	11	14	20	25	30	20	26	23

续表

	2012年	2013年	2014年	2015年	2016年	2017年	2018年	2019年	2020年	2021年	2012—2021年均值排名
结构调整	3	4	4	2	2	2	5	8	6	5	4
技术创新	12	14	14	11	12	12	10	11	10	5	11
资源环境	2	2	2	3	3	2	5	5	7	8	3
两化融合	8	8	7	7	9	9	9	9	9	9	9
人力资源	20	19	19	19	19	19	22	20	18	20	19
截面指数	7	7	7	8	7	8	10	16	8	8	8

资料来源：赛迪智库整理，2023 年 5 月。

横向来看，山东工业发展质量截面指数基本处于全国中游水平，2021 年截面指数为 46.9，全国排名第 8 位。

2021 年，山东在资源环境和结构调整方面表现较为突出，分别在全国排名第 8 和第 5 位，处于领先水平。资源环境方面，单位工业增加值用水量指标排名全国第 4 位，位于第一方阵，处于领先水平；而单位工业增加值能耗则排名全国第 18 位，处于中下游水平。结构调整方面，制造业 500 强企业占比指标排名遥遥领先，位列全国第 1 位；而高技术制造业主营业务收入占比和规上小型工业企业收入占比指标排名较靠后，均为全国第 20 位。

山东在速度效益和人力资源方面表现较差，处于下游水平，在全国排名分别为第 23 位和第 19 位。速度效益方面，规上工业增加值增速表现较好，排名全国第 14 位，对速度效益指数的提升具有重要拉动作用；工业成本费用利润率和工业营业收入利润率表现较差，均排名全国第 27 位，拖累了速度效益指数的提升。人力资源方面，工业城镇单位就业人员平均工资增速表现较好，排名全国第 15 位。

3. 原因分析

山东工业发展质量和经济规模在全国排名较为领先，尤其是在结构调整和资源环境方面表现较为突出。

结构调整方面，山东推动传统产业加快升级，突出绿色低碳转型，

"十强产业"集聚发展。落实"十强产业"行动计划，做实"链长制"，启动标志性产业链突破工程，大尺寸晶圆制造、高端封测、新型显示等加快发展，潍坊动力装备入选国家先进制造业集群。滚动实施"万项技改、万企转型"，技改投资增长6%。严控"两高"、优化其他，率先出台"两高"行业碳排放减量替代办法。济南、青岛国家级互联网骨干直联点开通运行，国家移动物联网应用典型案例、信息技术与制造业融合发展试点示范、产业数字化指数均居全国首位。

资源环境方面，"三区三线"划定成果启用。主要环境指标连创有监测记录以来最优水平，PM2.5浓度下降33.3%，重污染天数下降71.8%。地表水国考断面历史性消除五类及以下水体，近岸海域水质稳中向好。节能减排目标全面完成，新能源、可再生能源发电装机占比39.3%。黄河三角洲、东平湖、南四湖、泰山、长岛等生态保护修复扎实有效，一幅岱青海蓝、山清水秀的生态画卷徐徐展开。

（三）结论与展望

综合看，山东工业发展质量在全国处于领先地位，但在人力资源和速度效益方面未来还需持续深化。

人力资源方面，山东扎实落实科教强鲁、人才兴鲁战略。打造济青人才集聚平台，建立用好顶尖人才引进"直通车"机制。深入推进泰山、齐鲁人才工程，开展青年人才集聚专项行动，吸引青年人才70万人以上。深入实施高水平大学和高水平学科建设计划，实施一流学科建设"811"项目，打造5家科教融合协同育人联合体，加大工程硕博联合培养力度。深化百万工匠培育行动。完善科技人才分类评价机制，让各类人才放开手脚、创新创造。

速度效益方面，一是大力推进重大产业项目建设。聚焦绿色低碳高质量发展重点领域，谋划实施15000个左右省、市、县三级重点项目。发挥政府专项债券等撬动作用，鼓励和吸引民间资本参与重大工程和补短板项目建设。二是推动高端化提升。深化"万项技改、万企转型"，一业一策推动钢铁、化工、有色、轻纺等行业改造提升。深化标志性产业链突破工程，培优塑强一批"链主"企业，建强智能家电、轨道交通装备、动力装备3个国家先进制造业集群，培育首批6个省级先进制造业集群，打造10个百亿级战略性新兴产业集群。三是推动智能化发展。纵深推进"工赋山东"，实施工业互联网平台培优工程，新打造50个以上省级工业互联网平台。

十六、河南

（一）总体情况

1. 宏观经济总体情况

2022 年，河南地区生产总值为 61345.05 亿元，比上年增长 3.1%。从三次产业来看，第一、二、三产业增加值分别为 5817.78 亿元、25465.04 亿元和 30062.23 亿元，与上年相比分别增长 4.8%、4.1% 和 2.0%。三次产业结构比例分别为 9.5%、41.5% 和 49.0%。

2. 工业经济运行情况

2022 年，全省规模以上工业增加值比上年增长 5.1%。从经济类型看，国有控股企业增加值增长 5.2%，股份制企业增长 5.2%，外商及港澳台商投资企业增长 2.6%，私营企业增长 1.2%。从经济门类看，采矿业增加值增长 7.9%，制造业增长 4.7%，电力、热力、燃气及水生产和供应业增长 7.0%。从重点产业看，高技术制造业增加值增长 12.3%，工业战略性新兴产业增长 8.0%，能源原材料工业增长 5.4%，传统产业增长 4.7%，高耗能工业增长 4.3%，消费品制造业增长 3.9%。

（二）指标分析

1. 时序指数（见图 6-17 和表 6-35）

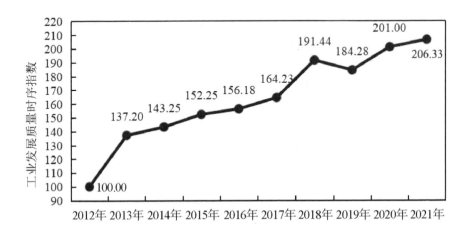

图 6-17　河南工业发展质量时序指数

（资料来源：赛迪智库整理，2023 年 4 月。）

表 6-35　2012—2021 年河南工业发展质量时序指数

	2012年	2013年	2014年	2015年	2016年	2017年	2018年	2019年	2020年	2021年	2013—2021年年均增速（%）
速度效益	100.00	103.57	105.36	104.00	105.76	109.38	108.09	115.39	106.45	104.42	0.48
结构调整	100.00	250.71	256.87	278.65	276.42	276.95	288.72	223.47	244.65	244.75	10.46
技术创新	100.00	117.49	116.78	114.89	116.21	128.41	209.37	202.61	230.62	231.30	9.77
资源环境	100.00	110.53	135.95	152.29	169.79	185.32	201.23	235.37	267.11	285.40	12.36
两化融合	100.00	109.69	117.26	138.73	148.68	166.28	207.67	212.24	231.03	252.00	10.82
人力资源	100.00	101.95	109.18	113.20	117.04	121.06	130.78	142.94	167.44	173.02	6.28
时序指数	100.00	137.20	143.25	152.25	156.18	164.23	191.44	184.28	201.00	206.33	8.38

资料来源：赛迪智库整理，2023 年 4 月。

纵向来看，河南工业发展质量时序指数自 2012 年的 100.00 上涨至 2021 年的 206.33，年均增速达到 8.38%，高出全国平均增速 3.09 个百分点。

河南在结构调整、资源环境、技术创新和两化融合方面表现均较好，年均增速分别为 10.46%、12.36%、9.77% 和 10.82%，均显著高于全国平均水平。其中，结构调整方面，新产品出口占货物出口额比重、高技术制造业主营业务收入占比和制造业 500 强企业占比均保持较高增速，年均增速分别为 17.86%、11.29% 和 8.01%。资源环境方面，单位工业增加值能耗和单位工业增加值用水量保持较高增速，分别为 5.02% 和 17.14%，是支撑河南资源环境指标增长的重要因素。技术创新方面，工业企业新产品销售收入占比、工业企业 R&D 经费投入强度和工业企业 R&D 人员投入强度增长较快，年均增速分别达到 13.51%、12.13% 和 8.53%。两化融合方面，电子信息产业占比和宽带人均普及率呈较快增长，年均增速分别达到 11.08% 和 15.28%，是拉动两化融合指标增长的重要动力。

河南在人力资源方面表现一般，年均增速为 6.28%。其中，第二产业全员劳动生产率和工业城镇单位就业人员平均工资增速是支持人力资源指标增长的主要因素，年均增速分别达到 9.89% 和 7.31%。

河南在速度效益方面表现较差，年均增速为 0.48%，低于全国平均水平。其中，除规上工业增加值增速增长较快外，工业成本费用利润率、工业营业收入利润率和工业企业资产负债率均呈负增长，年均增速分别为 -4.73%、-4.40% 和 -1.20%。

2. 截面指数（见表 6-36）

表 6-36　2012—2021 年河南工业发展质量截面指数排名

	2012年	2013年	2014年	2015年	2016年	2017年	2018年	2019年	2020年	2021年	2012—2021年均值排名
速度效益	8	6	2	1	4	6	13	7	19	27	7
结构调整	18	6	5	5	5	6	6	9	9	9	6
技术创新	23	22	23	25	25	24	13	14	13	12	20
资源环境	14	14	10	10	8	8	8	7	8	9	9
两化融合	17	16	17	17	17	17	12	14	15	14	16
人力资源	29	29	24	24	28	28	20	23	21	21	26
截面指数	19	14	12	12	14	15	13	14	16	16	14

资料来源：赛迪智库整理，2023 年 4 月。

横向来看，河南工业发展质量截面指数始终处于全国中游水平，2021 年截面指数为 37.6，排名第 16 位。

2021 年，河南在结构调整和资源环境方面表现较好，处于全国上游水平，排名均为第 9 位，是拉动河南工业发展质量截面指数的重要动力。结构调整方面，新产品出口占货物出口额比重排在全国第 3 位，是推动河南结构调整发展的主要驱动力。资源环境方面，单位工业增加值能耗和单位工业增加值用水量均处于全国中上游水平，分别排在第 15 和第 5 位。

2021 年，河南在技术创新和两化融合方面处于全国中游水平，分别排在第 12 和第 14 位。技术创新方面，工业企业 R&D 经费投入强度、工业企业 R&D 人员投入强度和工业企业新产品销售收入占比表现相对较好，分别排在全国第 10、第 14 和第 15 位。两化融合方面，电子信息产业占比和两化融合水平两项指标均处于全国中游水平，分别排在第 15 和第 13 位。

2021 年，河南在速度效益和人力资源方面表现相对较差，分别排在全国第 27 和第 21 位。速度效益方面，规上工业增加值增速、工业成本费用利润率和工业营业收入利润率表现最差，排名分别为全国第 27、第 28 和第 28 位，拉低了速度效益的整体排名。人力资源方面，第二产业全员劳动生产率和就业人员平均受教育年限两项指标均处于全国中下游水平，均为第 24 位。

3．原因分析

河南工业发展质量处于全国中游水平，在结构调整和资源环境方面表现优秀。

结构调整方面，河南锚定高质量发展主攻方向，深化供给侧结构性改革，调结构促发展，优化升级第二产业，不断调整优化产业结构，三大产业协同向中高端迈进，推进河南现代产业体系加快形成。大力推进制造业绿色、智能、技术三大改造，推动传统装备向高端化、智能化转型，同时加快新兴产业重点培育，目前已初步形成装备制造、现代食品 2 个万亿级及 19 个千亿级产业集群。注重对未来产业的布局。围绕氢能与储能、量子通信等领域，培育壮大一批特色明显、发展潜力大的优质企业和产业集群。

资源环境方面，河南在推动绿色低碳转型方面开展了很多工作，如印发实施《河南省人民政府关于加快建立健全绿色低碳循环发展经济体系的实施意见》《河南省推进碳达峰碳中和工作方案》《实施绿色低碳转型战略工作方案》等；推动能源、产业、交通运输、建筑、碳汇能力提升等重点领域绿色转型取得成效；把关产业政策、"三线一单"、空间规划、能耗"双控"、煤炭消费替代、碳排放、区域污染物削减等因素，坚决遏制"两高"项目盲目发展。

（三）结论与展望

整体来看，河南在速度效益方面，未来还有较大的提升空间。应继续实施产业基础再造和产业链现代化提升工程、战略性新兴产业跨越发展工程，拓展数字赋能和智能制造覆盖面，同时通过持续合理降低税费负担、着力降低制度性交易成本、合理降低企业人工成本、降低企业用能用地用气等成本、推进物流降本增效、提高企业资金周转效率等降低显性成本和隐性成本。

十七、湖北

（一）总体情况

1. 宏观经济总体情况

2022 年，湖北完成地区生产总值 53734.92 亿元，比上年增长 44.3%。其中，第一产业完成增加值 4986.72 亿元，按不变价计算，比上年增长 3.8%；第二产业完成增加值 21240.61 亿元，比上年增长 6.6%；第三产业完成增加值 27507.59 亿元，比上年增长 2.7%。三次产业结构比例由 2021 年的 9.32：37.90：52.78 调整为 9.3：39.5：51.2。在第三产业中，金融业、其他服务业增加值分别增长 6.3% 和 3.2%。交通运输仓储和邮政业、批发和零售业、住宿和餐饮业、金融业、其他服务业增加值分别增长 0.1%、1.7%、0.9%、5.6%、4.6%。

2. 工业经济运行情况

2022 年，湖北全省规模以上工业增加值增长 7.0%。具体看，采矿业增长 15.4%，制造业增长 6.6%，电力、热力、燃气及水生产和供应业增长 5.5%。高技术制造业增长 21.7%，高于规模以上工业 14.7 个百分点。其中，制造业中增速较快的行业是计算机、通信和其他电子设备制造业，同比增长 26.2%。

（二）指标分析

1. 时序指数（见图 6-18 和表 6-37）

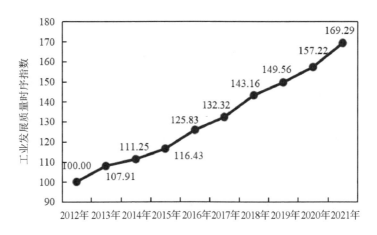

图 6-18　湖北工业发展质量时序指数

（资料来源：赛迪智库整理，2023 年 4 月。）

表 6-37 2012—2021 年湖北工业发展质量时序指数

	2012年	2013年	2014年	2015年	2016年	2017年	2018年	2019年	2020年	2021年	2013—2021年年均增速（%）
速度效益	100.00	104.90	103.36	105.19	110.43	114.30	122.59	127.12	122.20	147.38	4.40
结构调整	100.00	103.57	107.08	110.99	117.73	116.23	113.28	118.03	119.08	123.38	2.36
技术创新	100.00	103.19	103.62	106.84	118.29	131.33	154.65	160.15	188.51	198.69	7.93
资源环境	100.00	123.31	136.08	144.51	157.01	171.53	184.65	187.27	197.64	201.14	8.07
两化融合	100.00	116.00	123.05	135.41	153.11	160.57	177.99	192.26	208.69	219.42	9.12
人力资源	100.00	105.87	110.58	115.91	121.31	127.29	135.13	142.64	137.70	149.62	4.58
时序指数	100.00	107.91	111.25	116.43	125.83	132.32	143.16	149.56	157.22	169.29	6.02

资料来源：赛迪智库整理，2023 年 4 月。

纵向来看，湖北工业发展质量时序指数从 2012 年的 100.00 上涨至 2021 年的 169.29，年均增速达 6.02%，高出全国平均水平 0.73 个百分点。

湖北在技术创新、资源环境和两化融合方面表现较好，年均增速分别为 7.93%、8.07% 和 9.12%。其中，技术创新方面，工业企业 R&D 经费投入强度、工业企业 R&D 人员投入强度、单位工业企业 R&D 经费支出发明专利数和工业企业新产品销售收入占比均表现较好，年均增速分别为 6.31%、8.38%、7.41% 和 9.89%。资源环境方面，单位工业增加值用水量表现较好，年均增速为 11.26%。两化融合方面，人均宽带普及率实现快速发展，年均增速为 12.62%。

湖北在速度效益、结构调整和人力资源方面表现一般，年均增速分别为 4.40%、2.36% 和 4.58%，拉低了湖北总体工业质量发展时序指数年均增速。其中，在速度效益方面，规上工业增加值增速表现较好，年均增速为 7.65%。在结构调整方面，制造业 500 强企业占比近年来逐年下滑，年均增速为 -6.03%，是影响结构调整总体指数的主要不利因素。在人力资源方面，就业人员平均受教育年限增长缓慢，年均增速仅为 0.67%，显著低于其他两项指标。

2. 截面指数（见表 6-38）

表 6-38　2012—2021 年湖北工业发展质量截面指数排名

	2012年	2013年	2014年	2015年	2016年	2017年	2018年	2019年	2020年	2021年	2012—2021 年均值排名
速度效益	18	12	12	13	12	16	9	6	24	6	10
结构调整	14	17	15	15	15	12	13	12	13	13	14
技术创新	10	10	11	10	10	10	11	10	7	8	10
资源环境	18	19	19	18	19	18	19	19	21	22	19
两化融合	12	12	12	13	13	14	13	12	12	13	12
人力资源	7	8	4	10	8	8	9	13	16	14	8
截面指数	12	12	12	13	12	13	12	11	15	9	13

资料来源：赛迪智库整理，2023 年 4 月。

横向来看，2021 年湖北工业发展质量截面指数为 46.7，排名全国第 9 位，较 2020 年上升 6 位。

2021 年，湖北在速度效益、技术创新方面表现相对突出，处于全国上游水平。速度效益方面，排在全国第 6 位。其中规上工业增加值增速成为主要的支撑因素，排在全国第 2 位。技术创新方面，排在全国第 8 位。其中，工业企业 R&D 经费投入强度、工业企业 R&D 人员投入强度和工业企业新产品销售收入占比排名均比较靠前，分别排在全国第 9、第 8 和第 7 位，是支撑技术创新的主要指标。

2021 年，湖北在结构调整、两化融合和人力资源 3 个方面表现相对中等，2021 年分别排在全国第 13、第 13 和第 14 位。其中，结构调整方面，规上小型工业企业收入占比和新产品出口占货物出口额比重表现较好，分别排名全国第 3 和第 11 位。两化融合方面，电子信息产业占比和两化融合水平排名相对较好，均排在全国第 14 位。人力资源方面，工业城镇单位就业人员平均工资增速和第二产业全员劳动生产率表现较好，分别排在全国第 13 和第 11 位。

湖北在资源环境方面表现一般，处于全国中下游，为第 22 位。其中，单位工业增加值用水量表现较差，排在第 26 位。

3．原因分析

湖北在速度效益和技术创新两个方面表现相对较好，处于全国中上游水平。主要有以下3个方面的原因：一是持续推进科创平台建设，组建光谷实验室、江夏实验室、珞珈实验室等10家湖北实验室，布局脉冲强磁场、精密重力测量等3个重大科技基础设施，为新兴产业发展提供创新策源动力；二是聚焦战略性新兴产业，支柱产业及产业链供应链关键环节，出台《省级隐形冠军培育三年行动方案》《制造业优质企业梯队培育方案》及"小进规"奖励、国家级试点示范奖补等政策措施，推动优质企业加快成长，加快提升企业创新能力；三是聚焦"光芯屏端网"、生物医药、人工智能、高端装备等重点领域，实施"揭榜挂帅"攻关项目29个，重点突破一批关键核心技术；四是启动实施支持企业技术创新发展专项245项，总经费12250万元，着力提升湖北"51020"产业集群技术创新能力。

（三）结论与展望

整体来看，湖北要在保持当前发展势头基础上，进一步进行结构调整、优化资源环境，向高质量发展迈进。主要体现在：一是实现从要素驱动向创新驱动的转变，突破关键核心技术、行业共性技术，显著提升战略性新兴产业占比；二是加快发展先进制造业、现代农业、应急产业等关键产业，规范发展房地产业和金融业，有序退出产能过剩产业和低端落后产业，遏制"两高"项目盲目发展，推动国有经济向产业链、供应链、价值链高端集聚；三是坚持先立后破，大力发展非化石能源，建设以新能源为主体的新型电力系统，推进化石能源清洁高效利用，加快终端用能清洁替代，提高能源综合利用效率。优化完善能耗"双控"制度，加快形成节能提效降碳的激励约束机制。

十八、湖南

（一）总体情况

1．宏观经济总体情况

2022年，湖南实现地区生产总值48670.4亿元，比上年增长4.5%。其中，第一产业增加值为4602.7亿元，增长3.6%；第二产业增加值为19182.6亿元，增长6.1%，两年平均增长5.7%；第三产业增加值为24885.1亿元，增长3.5%。三次产业结构比例为9.5∶39.4∶51.1。第一、

二、三产业增加值对经济增长的贡献率分别为 8.2%、51.3% 和 40.5%。

2. 工业经济运行情况

2022 年，湖南规模以上工业增加值比上年增长 7.2%。高技术制造业增加值增长 18.0%，占规模以上工业的比重为 13.9%，比上年提高 0.9 个百分点。装备制造业增加值增长 9.9%，占规模以上工业的比重为 31.7%。民营企业增加值增长 7.5%，占规模以上工业的比重为 69.8%。

（二）指标分析

1. 时序指数（见图 6-19 和表 6-39）

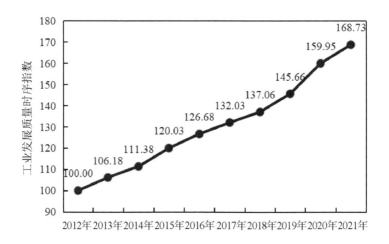

图 6-19　湖南工业发展质量时序指数

（资料来源：赛迪智库整理，2023 年 4 月。）

表 6-39　2012—2021 年湖南工业发展质量时序指数

	2012年	2013年	2014年	2015年	2016年	2017年	2018年	2019年	2020年	2021年	2013—2021年年均增速（%）
速度效益	100.00	102.62	95.04	98.77	101.45	106.93	105.15	117.11	124.67	124.27	2.44
结构调整	100.00	105.67	120.59	133.71	147.13	132.87	126.20	116.58	121.25	125.68	2.57
技术创新	100.00	99.58	103.21	109.22	109.13	120.49	141.82	144.83	156.00	173.80	6.33
资源环境	100.00	121.09	137.04	147.42	158.59	171.83	161.30	179.63	245.12	250.62	10.75

	2012年	2013年	2014年	2015年	2016年	2017年	2018年	2019年	2020年	2021年	2013—2021年年均增速（%）
两化融合	100.00	111.69	117.32	132.37	141.66	156.52	171.12	196.31	216.45	237.46	10.09
人力资源	100.00	105.51	112.18	117.72	124.86	134.23	145.59	158.62	157.02	163.13	5.59
时序指数	100.00	106.18	111.38	120.03	126.68	132.03	137.06	145.66	159.95	168.73	5.99

资料来源：赛迪智库整理，2023年4月。

纵向来看，湖南工业发展质量时序指数由2012年的100.00增长到2021年的168.73，年均增速为5.99%，低于全国平均水平0.69个百分点。

湖南在技术创新、资源环境、两化融合3个方面发展较快，年均增速分别为6.33%、10.75%和10.09%。其中，技术创新方面，工业企业R&D经费投入强度和工业企业R&D人员投入强度增长较快，年均增速分别为8.84%和7.86%，成为技术创新指标发展的重要拉动因素。资源环境方面，单位工业增加值用水量呈较快增长，年均增速为13.37%。两化融合方面，人均宽带普及率实现较快增长，年均增速为16.17%。

湖南在速度效益、人力资源两个方面表现一般，年均增速分别为2.44%和5.59。其中，速度效益方面，工业成本费用利润率和工业营业收入利润率均为负增长，年均增速分别为-0.92%和-0.72%。人力资源方面，工业城镇单位就业人员平均工资增速和第二产业全员劳动生产率表现较好，年均增速分别为8.40%和8.23%；就业人员平均受教育年限表现较差，年均增速为0.56%。

湖南在结构调整方面表现较差，年均增速为2.57%。其中，制造业500强企业占比和规上小型工业企业收入占比年均增速分别为-1.47%和0.56%，是影响结构调整发展的主要不利因素。

2. 截面指数（见表6-40）

表6-40 2012—2021年湖南工业发展质量截面指数排名

	2012年	2013年	2014年	2015年	2016年	2017年	2018年	2019年	2020年	2021年	2012—2021年均值排名
速度效益	14	11	18	14	17	15	18	10	6	18	14

续表

	2012年	2013年	2014年	2015年	2016年	2017年	2018年	2019年	2020年	2021年	2012—2021年均值排名
结构调整	7	8	7	7	6	8	10	10	10	10	9
技术创新	8	8	8	9	9	9	9	7	9	6	9
资源环境	15	15	15	13	14	15	17	16	16	16	15
两化融合	15	15	15	14	15	19	19	19	18	15	17
人力资源	12	14	8	14	15	15	10	10	8	19	13
截面指数	10	11	11	10	11	12	15	10	10	13	11

资料来源：赛迪智库整理，2023 年 4 月。

横向来看，2021 年湖南工业发展质量截面指数为 43.4，排名全国第 13 位。

2021 年，湖南在结构调整、技术创新方面表现较好，处于上游水平，排名全国第 10 和第 6 位。结构调整方面，规上小型工业企业收入占比表现亮眼，排在全国第 2 位，新产品出口占货物出口额比重表现也较好，排在全国第 7 位。技术创新方面，工业企业 R&D 经费投入强度和工业企业新产品销售收入占比表现较好，排名分别为全国第 2 和第 5 位，是支撑技术创新发展的主要有利因素。

湖南在速度效益、资源环境、两化融合、人力资源方面处于中游水平，分别为全国第 18、第 16、第 15 和第 19 位。速度效益方面，工业企业资产负债率位于全国前列，排在第 3 位，是支撑速度效益的有利因素。资源环境方面，单位工业增加值用水量排名一直比较靠后，排在全国第 23 位，是拖累资源环境发展的主要因素。两化融合方面，宽带人均普及率排在全国第 23 位，拖累了两化融合的表现。人力资源方面，工业城镇单位就业人员平均工资增速排在全国第 29 位，位次下滑明显，是影响人力资源发展的主要不利因素。

3. 原因分析

湖南在结构调整、技术创新等方面表现较好。主要得益于以下几点：一是部署首批十大技术攻关项目，攻克大型掘进机主轴承等关键核心技术 53 项，开发硅基量子点激光器等新产品 48 件，建立国际、国家及企业标准 16 个；二是出台充分释放创新活力的方案——《湖南省科研项目经费"包干制"试点实施方案》；三是高新技术产业稳中有进，实施省科技创新重大项目 11 个、重大种业创新项目 12 个、高新技术产业科技创新引领计划项目 128 个，为实现高质量发展注入强有力科技动能。

（三）结论与展望

整体来看，湖南各项指标表现不错，未来需要进一步提升发展质量。主要体现在：一是加强科技领军人才引育、加大产业领军人才和企业家的引育、加强高技能人才队伍建设，并继续实施"芙蓉人才"行动计划，打造人才高地；二是继续推进产业数字化、数字产业化，推动数字经济发展；三是继续推进大气污染治理，强化污染物排放控制，如加强 PM2.5 和臭氧协同控制、氮氧化物和挥发性有机物协同减排。

十九、广东

（一）总体情况

1. 宏观经济总体情况

2022 年，广东实现地区生产总值 129118.58 亿元，比上年增长 1.9%。第一、二、三产业增加值分别为 5340.36 亿元、52843.51 亿元和 70934.71 亿元，分别增长 5.2%、2.5%和 1.2%，三次产业结构比例调整为 4.1：40.9：55.0。人均地区生产总值达 101905 元，增长 1.7%。

2022 年，广东全社会固定资产投资同比下降 2.6%。其中，第一、二、三产业投资同比分别增长-21.2%、10.4%和-6.9%。基础设施投资同比增长 2.0%，占固定资产投资的比重为 27.6%。其中，电力、热力生产和供应业投资增长 1.6%，铁路运输业投资增长 23.5%。高技术制造业投资增长 25.5%，占固定资产投资的比重为 7.8%。

2022 年，广东实现货物进出口总额 83102.9 亿元，同比增长 0.5%。对"一带一路"沿线地区进出口额为 22519.7 亿元，增长 10.3%。实现社会消费品零售总额 44882.92 亿元，增长 1.6%。

2. 工业经济运行情况

2022 年，广东全部工业增加值比上年增长 2.6%，规模以上工业增加值增长 1.6%。分经济类型看，国有控股企业、外商及港澳台商投资企业、股份制企业、集体企业工业增加值同比增速分别为 4.7%、0.9%、

2.2%、−41.8%。先进制造业增加值同比增长 2.5%，占规模以上工业增加值比重为 55.1%。其中，高端电子信息制造业、生物医药及高性能医疗器械业、先进装备制造业、先进轻纺制造业、新材料制造业、石油化工业增加值增速分别为 1.6%、12.5%、9.6%、−2.5%、−4.6%、−2.5%。高技术制造业增加值同比增长 3.2%，占规模以上工业增加值比重为 29.9%。其中，计算机及办公设备制造业、医药制造业增长最快，增速分别达到 12.6%、15.1%，航空、航天器及设备制造业增长 7.1%，医疗仪器设备及仪器仪表制造业增长 8.3%，电子及通信设备制造业增长 1.0%。装备制造业增加值同比增长 3.5%，占规模以上工业增加值的比重为 44.7%。其中，汽车制造业、电气机械和器材制造业增长最快，增速分别为 20.8%、5.0%。传统优势产业增加值同比下降 1.8%。其中，食品饮料业增长最快，同比增速达到 9.9%。2022 年，广东规模以上工业实现利润总额 9460.95 亿元，同比下降 14.0%。分门类看，制造业利润总额为 8241.17 亿元，同比下降 18.4%。采矿业实现利润 635.01 亿元，同比增长 51.2%。电力、热力、燃气及水生产和供应业实现利润 584.77 亿元，同比增长 20.0%。规模以上工业企业每百元营业收入中的成本为 84.07 元，增加 0.94 元。营业收入利润率为 5.26%，降低 1.09 个百分点。

（二）指标分析

1. 时序指数（见图 6-20 和表 6-41）

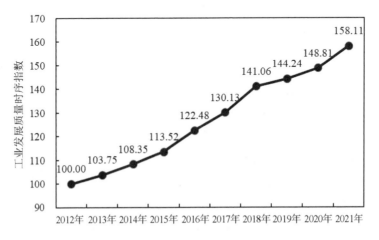

图 6-20　广东工业发展质量时序指数

（资料来源：赛迪智库整理，2023 年 4 月。）

表 6-41　2012—2021 年广东工业发展质量时序指数

	2012年	2013年	2014年	2015年	2016年	2017年	2018年	2019年	2020年	2021年	2013—2021年年均增速（%）
速度效益	100.00	104.92	106.92	113.20	116.00	119.66	117.48	120.12	122.26	126.67	2.66
结构调整	100.00	103.42	109.07	112.01	133.02	138.66	152.37	150.68	150.03	183.57	6.98
技术创新	100.00	99.79	102.16	101.93	111.30	124.48	151.04	151.98	161.44	158.25	5.23
资源环境	100.00	108.03	119.41	130.31	141.01	149.97	163.87	175.63	194.36	198.98	7.94
两化融合	100.00	104.24	108.09	116.59	119.89	129.83	137.78	141.93	144.60	148.94	4.53
人力资源	100.00	104.46	111.31	118.15	123.72	129.28	135.82	143.55	143.95	153.10	4.85
时序指数	100.00	103.75	108.35	113.52	122.48	130.13	141.06	144.24	148.81	158.11	5.22

资料来源：赛迪智库整理，2023 年 4 月。

纵向来看，广东工业发展质量自 2012 年的 100.00 上涨至 2021 年的 158.11，年均增速为 5.22%。

广东在资源环境与结构调整方面质量提升较快，年均增速分别为 7.94%、6.98%。资源环境方面，单位工业增加值用水量优化显著，年均下降 10.78%。结构调整方面，制造业 500 强企业占比明显提高，年均增速达到 13.19%，是推动结构调整优化的主要因素。

广东在技术创新、两化融合、人力资源发展方面均平稳增长，年均增速分别为 5.23%、4.53% 和 4.85%。技术创新方面，工业企业 R&D 人员投入强度、工业企业新产品销售收入占比年均增速分别为 6.69%、6.37%；工业企业 R&D 经费投入强度平稳增长；单位工业企业 R&D 经费支出发明专利数年均增速仅为 2.97%，影响了技术创新的提升步伐。两化融合方面，宽带人均普及率年均增速实现 7.25%，为居民的工作、生活信息化带来极大便利；电子信息产业占比与两化融合水平提高较慢，年均增速仅为 3.09%、2.74%。人力资源方面，工业城镇单位就业人员平均工资增速为主要动力，年均增速实现 9.02%。

广东在速度效益方面表现一般，年均增速为 2.66%。其中，规上工业增加值增速指标年均增速达到 6.61%，表现最好；工业企业资产负债率、工业成本费用利润率、工业营业收入利润率指标年均增速较慢，分别为 0.18%、1.21% 和 1.22%，影响了速度效益的提高。

2. 截面指数（见表 6-42）

表 6-42　2012—2021 年广东工业发展质量截面指数排名

	2012年	2013年	2014年	2015年	2016年	2017年	2018年	2019年	2020年	2021年	2012—2021年均值排名
速度效益	26	27	20	12	13	14	17	18	17	21	20
结构调整	5	3	3	4	4	3	2	3	3	2	3
技术创新	2	5	5	5	5	4	2	2	3	4	3
资源环境	4	4	4	2	4	4	2	3	4	5	4
两化融合	3	2	2	2	2	2	2	3	5	6	3
人力资源	10	11	6	8	6	11	11	14	20	13	10
截面指数	3	3	3	3	4	3	3	4	4	4	3

资料来源：赛迪智库整理，2023 年 4 月。

横向来看，2021 年广东工业发展质量截面指数为 57.1，排在全国第 4 位，处于上游水平。

2021 年，广东在结构调整、技术创新、资源环境和两化融合方面表现出色，均排在全国前 6 位。结构调整方面，高技术制造业主营业务收入占比和制造业 500 强企业占比均位居全国第 2 位，表现较为优异。技术创新方面，各项指标均居全国前列，显示出强大的创新能力。资源环境方面，单位工业增加值能耗、单位工业增加值用水量指标分别排名全国第 2 和第 9 位。两化融合方面，电子信息产业占比和两化融合水平分别居全国第 2 和第 6 位，显示出电子信息产业强省的实力。

2021 年，广东在速度效益和人力资源方面表现一般，分别排名全国第 21 和第 13 位。速度效益方面，规上工业增加值增速、工业企业资产负债率分别位列全国第 16 和第 19 位；工业成本费用利润率和工业营业收入利润率均位列全国第 21 位。人力资源方面，就业人员平均受教育年限表现最好，排名全国第 4 位；工业城镇单位就业人员平均工资增速排名全国第 10 位；第二产业全员劳动生产率仅排名全国第 16 位，处于中下游水平。

3．原因分析

广东工业发展质量较为稳定，从 2012 到 2021 年排名始终保持在全国前 4，处于领先水平，这主要得益于广东在技术创新、资源环境、结构调整、两化融合方面做出的重要努力。广东强化战略科技力量和关键核心技术攻关，扎实推进国家级创新中心建设，推动鹏城实验室和广州实验室两大高能级实验室顺利运行。实施"广东强芯"工程和核心软件攻关工程，打造集成电路创新发展高地。在湛江等地布局若干大型产业集聚区。出台"制造业投资十条"，实施产业链"链长制"，推动若干高技术制造业重大项目落地。累计 2 万家规模以上工业企业实施了数字化转型升级。广东还坚持打好污染防治攻坚战，大力推动绿色低碳发展，在水、大气和土壤等重点领域持续深入推进环境治理攻坚。近岸海域水质优良率达到 90.2%，空气质量优良天数比率达到 94.3%，完成造林和生态修复 192 万亩。大力推进能源结构调整，实施绿色制造和清洁生产，新投产海上风电 549 万千瓦、光伏发电 225 万千瓦、抽水蓄能 70 万千瓦。

（三）结论与展望

综合时序指数和截面指数来看，广东工业发展质量长期处于全国领先水平，综合经济实力持续领跑，经济规模连续 34 年蝉联全国第一。目前，广东处在新格局建设重要期，产业体系成熟完备、创新实力强劲、营商环境良好，拥有 1500 多万市场主体、7000 万劳动者、1.27 亿常住人口，叠加"双区"和横琴、前海两个合作区建设等国家重大发展战略优势条件。面向未来，一是着力推进粤港澳大湾区、深圳先行示范区建设，高水平打造横琴、前海和南沙三大平台，加快建设世界级大湾区。二是立足实体经济，把发展重点放在实体经济上，坚持制造业立省强省，大力推进 20 个战略性产业集群建设，推动现有的 8 个万亿元级产业集群全面发展壮大，加快实施超高清视频显示、生物医药与健康、新能源等新的万亿元级产业集群培育工程，在战略性新兴产业和未来产业抢占制高点，推动传统优势产业转型升级。三是坚持科教优先发展，发挥人才关键支撑作用，提升自主创新能力，以科技创新推动新供给发展和扩大内需，积极服务和融入新发展格局。

二十、广西

（一）总体情况

1. 宏观经济总体情况

2022 年，广西实现地区生产总值 26300.87 亿元，同比增长 2.9%。第一、二、三产业增加值分别为 4269.81 亿元、8938.57 亿元和 13092.49 亿元，增速分别为 5.0%、3.2%和 2.0%。其中，第一、二、三产业占 GDP 比重分别为 16.2%、34.0%和 49.8%，对 GDP 增长贡献率分别为 28.6%、35.6%和 35.8%。全区固定资产投资增长 0.1%。分产业看，第一、二、三产业投资增速分别为 2.2%、28.5%和-10.2%。工业投资同比增长 30.0%。

2022 年，全区社会消费品零售总额实现 8539.09 亿元，同比持平。进出口总值为 6603.53 亿元，同比增长 11.3%。其中，对东盟国家进出口总值为 2811.13 亿元，同比下降 0.4%。城镇居民人均可支配收入为 39703 元,实际增速 1.2%;农村居民人均可支配收入为 17433 元,实际增速 4.3%。

2. 工业经济运行情况

2022 年，全区规模以上工业增加值增长 4.2%。分门类看，采矿业增长 5.5%，制造业增长 4.0%，电力、热力、燃气及水生产和供应业增长 5.3%。分行业看，计算机、通信和其他电子设备制造业，电气机械及器材制造业，石油、煤炭及其他燃料加工业，有色金属冶炼及压延加工业，黑色金属冶炼及压延加工业，专用设备制造业，非金属矿物制品业，汽车制造业增加值增速分别为 12.9%、33.4%、-1.1%、1.9%、-0.6%、-16.7%、-4.2%、0.2%。

（二）指标分析

1. 时序指数（见图 6-21 和表 6-43）

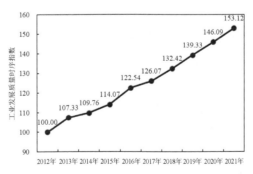

图 6-21 广西工业发展质量时序指数

（资料来源：赛迪智库整理，2023 年 4 月。）

表 6-43　2012—2021 年广西工业发展质量时序指数

	2012年	2013年	2014年	2015年	2016年	2017年	2018年	2019年	2020年	2021年	2013—2021 年年均增速（%）
速度效益	100.00	100.12	102.07	109.23	112.27	119.18	112.82	109.66	112.77	120.50	2.09
结构调整	100.00	115.79	112.00	114.49	128.37	125.03	138.53	132.77	139.16	131.26	3.07
技术创新	100.00	109.79	106.48	95.58	104.16	98.46	114.46	132.56	141.29	164.33	5.67
资源环境	100.00	97.07	104.71	108.99	121.32	129.77	129.56	131.82	160.29	163.19	5.59
两化融合	100.00	110.94	123.21	142.25	151.35	166.78	174.47	201.31	212.71	220.48	9.18
人力资源	100.00	106.96	113.60	122.49	128.18	133.04	139.57	147.20	134.36	140.75	3.87
时序指数	100.00	107.33	109.76	114.07	122.54	126.07	132.42	139.33	146.09	153.12	4.85

资料来源：赛迪智库整理，2023 年 4 月。

纵向来看，广西工业发展质量自 2012 年的 100.00 上涨至 2021 年的 153.12，年均增速为 4.85%，略低于全国平均增速。

广西在技术创新、两化融合、资源环境方面增长较快，年均增速分别为 5.67%、9.18%、5.59%。技术创新方面，单位工业企业 R&D 经费支出发明专利数是主要增长动力，年均增速为 8.99%。两化融合方面，人均宽带普及率增长较快，年均增速达到 14.38%，是带动两化融合水平不断提高的主要动力。资源环境方面，单位工业增加值用水量优化较快，年均下降 9.20%，加速了资源环境的改善。

广西在结构调整、人力资源方面平稳增长，年均增速分别为 3.07%、3.87%。结构调整方面，新产品出口占货物出口额比重增速明显，年均增速为 3.64%。人力资源方面，工业城镇单位就业人员平均工资增速表现突出，年均增速为 10.13%。广西在速度效益方面表现较弱，年均增速为 2.09%，其中，规上工业增加值增速指标增长较快，年均增速为 7.18%；工业企业资产负债率、工业成本费用利润率、工业营业收入利润率指标表现不佳，年均增速分别为 -0.10%、-0.32% 和 -0.51%，影响了速度效益水平的提高。

2. 截面指数（见表 6-44）

表 6-44　2012—2021 年广西工业发展质量截面指数排名

	2012年	2013年	2014年	2015年	2016年	2017年	2018年	2019年	2020年	2021年	2012—2021年均值排名
速度效益	16	16	17	16	19	18	24	24	25	24	22
结构调整	21	20	20	20	20	20	18	19	17	18	19
技术创新	22	21	24	26	26	28	25	25	24	24	26
资源环境	20	26	26	27	28	27	28	28	28	28	28
两化融合	23	22	21	22	22	23	24	21	21	23	22
人力资源	25	23	18	17	20	25	24	24	27	29	23
截面指数	25	24	23	23	22	23	26	25	25	27	24

资料来源：赛迪智库整理，2023 年 4 月。

横向来看，2021 年广西工业发展质量截面指数为 25.4，排在全国第 27 位，处于下游水平。

2021 年，广西在各项考核指标中均处于全国下游水平。结构调整方面，居全国第 18 位。其中，规上小型工业企业收入占比位列全国第11。两化融合方面位列全国第 23 位。其中，电子信息产业占比、两化融合水平、宽带人均普及率分别居全国第 18、第 26 和第 19 位。速度效益方面居全国第 24 位。其中，规上工业增加值增速、工业企业资产负债率、工业成本费用利润率、工业营业收入利润率分别居全国第 21、第 28、第 25 和第 24 位。人力资源方面居全国第 29 位。其中，工业城镇单位就业人员平均工资增速、第二产业全员劳动生产率、就业人员平均受教育年限均处于全国下游水平，排名分别为全国第 27、第 30 和第 23 位。资源环境方面居全国第 28 位。其中，单位工业增加值用水量全国垫底。技术创新方面居全国第 24 位。其中，单位工业企业 R&D 经费支出发明专利数表现突出，位居全国第 6 位；工业企业新产品销售收入占比、工业企业 R&D 人员投入强度、工业企业 R&D 经费投入强度处于中下游水平，分别位列全国第 17、第 24 和第 25 位。

3. 原因分析

广西工业发展质量相对于全国平均水平来说，仍相对薄弱，各项指标截面数据表现欠佳，尤其是在技术创新、资源环境、人力资源、速度效益方面，但从时序指数来看，广西在技术创新、资源环境等方面进步明显，这表明广西工业发展处于转型升级阶段，在人力资源、速度效益等方面需要进一步提升。广西着力振兴工业经济，把工业稳增长放在十分突出的位置，实施工业强桂战略和工业振兴三年行动，从产量和质量两方面推进工业稳定复苏和发展。推进产业链水平提升项目 500 个，提升重点汽车制造企业本地配套率。统筹推进重大项目投资，打好投资增速硬仗。加大力度优化生态环境，推动绿色发展，完成左右江流域生态保护与修复试点工程。

（三）结论与展望

未来，广西应大力推动制造业高端化、智能化、绿色化转型升级。着力锻造产业链长板，补齐短板，培育新兴产业，壮大传统产业，畅通经济循环。在核心基础零部件、关键基础材料、关键基础软件、先进基础工艺、产业技术基础水平等方面着力提升，形成制造业竞争新优势。积极引进高新技术产业项目，扩大有效投资，增强投资增长后劲。增强创新驱动发展能力，推动科教优先发展。发挥好政府创新资源统筹作用，着力推动关键核心技术攻关，强化企业创新主体地位。推动产业、教育、科技融合发展，强化科教与产业对接。依托龙头企业，设立制造业技术创新引导基金，发挥对科技创新的重要支撑作用。

二十一、海南

（一）总体情况

1. 宏观经济总体情况

2022 年，面对超预期压力，海南成功处置 4 轮突发疫情，开展两轮超常规稳住经济大盘行动，经济实现正增长，全省地区生产总值达到 6818.22 亿元，比上年增长 0.2%，人均 GDP 为 66602 元，比上年增长

4.54%。分产业看，第一、二、三产业增加值分别达到 1417.79 亿元、1310.94 亿元和 4089.49 亿元，分别比上年增长 3.1%、-1.3%和-0.2%。三次产业结构比例为 20.8：19.2：60.0，工业占地区生产总值比重较上年提高 0.6 个百分点。从投资看，全省固定资产投资比上年下降 4.2%。其中，第一产业投资增长 12.9%，第二产业投资增长 31.0%，第三产业投资下降 10.3%。非房地产开发投资增长 2.5%，房地产开发投资比上年下降 16.0%。

从创新发展看，科技创新取得较大突破。崖州湾实验室挂牌运行；"深海勇士"号成功布设海底原位科学实验站；中国空间站系列重大发射任务顺利完成；全国首个商业航天发射场开工。全社会研发投入增长近五成。新认定高新技术企业 630 家，有效期内高新技术企业总数超 1500 家，营业收入达 1258 亿元。认定领军企业、瞪羚企业、种子企业合计 107 家。入库培育高新技术企业 170 家、科技型中小企业 1061 家，"琼科贷"支持 74 家高新技术企业融资近 4 亿元。

从协调发展看，推动构建海口经济圈、三亚经济圈、儋洋经济圈，滨海城市带，中部生态保育区"三极一带一区"区域协调发展新格局。产业结构更加优化，旅游业、现代服务业、高新技术产业、热带特色高效农业四大主导产业占全省地区生产总值比重由 2017 年的 53%提升至 2022 年的 70%。"旅游+"新业态全域拓展。产业园区布局整合优化，集聚效应凸显，13 个重点园区贡献了全省超三成的投资和超五成的税收。

从绿色发展看，全省万元 GDP 能耗较上年下降 1.1%。规模以上工业综合能源消费量为 1265 万吨标准煤，比上年下降 3.6%。其中，有色金属矿采选业、金属制品业、非金属矿物制品业、石油加工业综合能源消费量分别下降 15.5%、55.3%、15.2%、22.8%。全省环境空气质量优良率达 98.7%，PM2.5 浓度降至 12 微克/立方米。重点行业场所生物降解塑料替代品占有率达 81.6%。近岸海域水质优良，地表水水质优良率达 94.9%。

从开放发展看，自由贸易港建设"蓬勃兴起"，经济外向度达 34.7%，较上年提高 7.6 个百分点。全年货物、服务进出口总额分别为 2009.47 亿元、353.62 亿元，分别较上年增长 36.8%、22.9%。其中，货物出口额 722.60 亿元，增长 120.7%；货物进口额 1286.87 亿元，增长 12.8%。

货物进出口逆差 564.27 亿元。从地区看，东盟、欧盟货物进口额占比 32.9%，出口额占比 50.2%。实际使用外资超 40 亿美元，同比增长 15%。实际对外投资 17 亿美元，同比翻倍。

从共享发展看，全年全省居民人均可支配收入达 30957 元，比上年增长 1.6%。其中，城镇居民人均可支配收入达 40118 元，下降 0.2%；农村居民人均可支配收入达 19117 元，增长 5.8%。CPI 涨幅低于全国平均水平。居民人均消费支出为 21500 元，比上年下降 3.3%。其中，城镇居民人均消费支出为 26418 元，下降 4.2%；农村居民人均消费支出为 15145 元，下降 2.2%。社会消费品零售总额为 2268.35 亿元，比上年下降 9.2%。商品零售额、餐饮收入分别达到 2007.31 亿元、261.04 亿元，分别下降 9.3%、8.4%。限额以上企业商品零售中，粮油食品类零售额、通信器材类、新能源汽车、石油及制品类分别同比增长 12.6%、18.3%、24.8%、7.1%。

2．工业经济运行情况

2022 年海南经济增速、投资、消费等指标不及预期，工业增加值总体略有下降，全年全省工业增加值为 770.11 亿元，比上年下降 0.5%，规模以上工业增加值下降 0.4%。但总体来看，重点产业发展势头良好，结构质量效益指标相对提升。

从投资看，全省工业投资增长 33%。其中采矿业投资增长 34.9%，制造业投资增长 21.1%，电力、燃气及水生产和供应业投资增长 49.8%。工业投资占全省投资的比重同比提高 5.2 个百分点，高技术制造业投资占比同比提高 0.5 个百分点。

从产业看，规模以上工业中，轻工业增加值增长 2.9%，重工业增加值下降 2.0%，装备制造业和高技术制造业增加值分别增长 19.5%、1.6%，石油和天然气开采业增加值同比增长 248.8%，农副食品加工业、造纸及纸制品业、汽车制造业、医药制造业分别增长 13.3%、6.3%、35.9%、1.2%。数字经济、石化新材料产业产值均超千亿元，生物医药"医疗+医药+医械"产业架构初现雏形，"核风光气"清洁能源装机比重和新能源汽车保有量占比远超全国平均水平，在全国率先建成运行新能源汽车充换电"一张网"。

从企业看，2022 年全省规模以上工业企业营业收入达 2944.26 亿元，同比增长 9.1%。2022 年 1—11 月，工业企业营业收入达 2395.89 亿元，同比增长 10.4%,电气机械和器材制造业、化学原料和化学制品制造业、汽车制造业增长较快。工业企业利润总额为 178.95 亿元,同比下降 25%,金属制品业,石油、煤炭及其他燃料加工业,非金属矿物制品业下降较多。海口江东新区、三亚崖州湾科技城等 13 个重点园区建设如火如荼,营业收入、税收分别增长 20%、18%。

(二)指标分析

1. 时序指数(见图 6-22 和表 6-45)

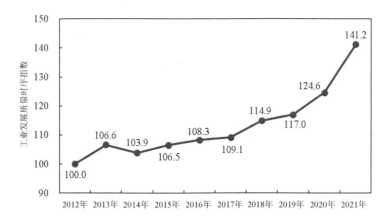

图 6-22 海南工业发展质量时序指数

(资料来源:赛迪智库整理,2023 年 5 月。)

表 6-45 2012—2021 年海南工业发展质量时序指数

	2012年	2013年	2014年	2015年	2016年	2017年	2018年	2019年	2020年	2021年	2013—2021年年均增速(%)
速度效益	100.0	100.7	94.1	94.0	93.8	94.2	100.7	106.5	96.8	111.2	1.18
结构调整	100.0	97.8	88.8	92.2	95.5	102.3	96.5	89.2	93.5	97.4	-0.30
技术创新	100.0	118.8	128.3	117.4	107.7	92.1	85.0	78.1	96.4	123.8	2.40
资源环境	100.0	103.1	109.2	124.4	127.8	130.1	140.8	149.4	221.4	240.1	10.22

续表

	2012年	2013年	2014年	2015年	2016年	2017年	2018年	2019年	2020年	2021年	2013—2021年年均增速（%）
两化融合	100.0	116.6	100.1	114.4	128.8	141.7	175.5	188.3	169.6	196.2	7.78
人力资源	100.0	102.7	107.4	111.6	116.8	119.4	125.5	131.9	140.2	149.3	4.56
时序指数	100.0	106.6	103.9	106.5	108.3	109.1	114.9	117.0	124.6	141.2	3.91

资料来源：赛迪智库整理，2023 年 5 月。

纵向来看，以 2012 年为基期，2021 年海南工业发展质量时序指数为 141.2，年均增速为 3.91%，比全国平均水平低 1.38 个百分点。总体看，海南在资源环境、两化融合、人力资源方面表现相对较好，在速度效益，特别是结构调整和技术创新方面与其他省份相比还存在不小差距。

在资源环境方面，海南一直高于全国平均水平，2021 年发展指数为 240.1，比全国高 37%；年均增速为 10.22%，比全国高 3.79 个百分点。单位工业增加值能耗略低于全国平均水平，年均增速为 1.19%，比全国低 1.3 个百分点，还需继续加大节能减排力度。单位工业增加值用水量表现较为突出，2020 年和 2021 年比全国平均水平高 60%，年均增速达 15.61%，高出全国 6.15 个百分点。

在两化融合方面，海南总体高于全国平均水平，2018 年以来优势更加凸显。2021 年发展指数为 196.2，比全国高 1%；年均增速为 7.78%，比全国高 0.14 个百分点。特别是宽带人均普及率指数 2021 年达 409.59，高出全国 40%，年均增速为 17.04%，高于全国 4.25 个百分点。两化融合水平与全国持平。其中，电子信息产业占比近两年下降较为明显，2021 年仅为全国的 30%，年均增速低于全国 12.62 个百分点。

在人力资源方面，海南基本与全国平均水平持平，部分领域有一定优势。2021 年发展指数为 149.3，比全国低 5%；年均增速为 4.56%，比全国低 0.58 个百分点。工业城镇单位就业人员平均工资增速指数表现较好，比全国高出 12%，年均增速为 10.83%，高出全国 1.88 个百分点。就业人员平均受教育年限年均增速与全国持平，第二产业全员劳动生产率年均增速略低于全国。

在速度效益方面，海南发展较为稳定。2021 年发展指数为 111.2，是全国的 89%；年均增速为 1.18%，比全国低 1.3 个百分点。规上工业增加值增速、工业企业资产负债率与全国平均水平之间的差距有拉大趋

势，2021 年分别是全国平均水平的 83%、88%，年均增速分别比全国低
2.14、1.38 个百分点。工业成本费用利润率、工业营业收入利润率与全
国平均水平之间的差距较小，发展指数和年均增速与全国基本持平。

在结构调整方面，海南还有较大提升空间。2021 年发展指数为 97.4，
是全国的 66%；年均增速为 -0.3%，比全国平均增速低 4.71 个百分点。
在细分指标上，高技术制造业主营业务收入占比从全国的 85% 下降至
75%；制造业 500 强企业占比从全国的 79% 下降至 54%，与其他省份之
间的差距有拉大趋势；2021 年，新产品出口占货物出口额比重仅为全
国平均水平的 26%；规上小型工业企业收入占比基本高于全国平均水
平，年均增速高于全国 3.21 个百分点，2021 年比全国高 33%。

在技术创新方面，海南还需进一步加大力度。2021 年发展指数为
123.8，是全国的 70%；年均增速为 2.4%，比全国低 4.13 个百分点。单
位工业企业 R&D 经费支出发明专利数表现较为突出，2021 年高出全国
平均水平的 25%，年均增速比全国高 2.62 个百分点。工业企业 R&D 经
费投入强度、工业企业 R&D 人员投入强度、工业企业新产品销售收入
占比这 3 项指标均低于全国平均水平，2017 年以来为全国平均水平的
60% 左右。

2. 截面指数（见表 6-46）

表 6-46　2012—2021 年海南工业发展质量截面指数排名

	2012年	2013年	2014年	2015年	2016年	2017年	2018年	2019年	2020年	2021年	2012—2021 年均值排名
速度效益	15	20	4	15	20	24	11	12	23	11	17
结构调整	26	23	26	26	27	25	23	27	25	25	26
技术创新	14	11	10	12	15	22	26	29	26	22	18
资源环境	21	22	24	24	26	26	26	26	24	24	24
两化融合	21	19	22	24	21	24	23	23	23	21	23
人力资源	9	9	9	9	16	22	16	22	13	16	15
截面指数	20	20	15	18	21	27	22	24	26	20	21

资料来源：赛迪智库整理，2023 年 5 月。

横向来看，海南 2012—2021 年工业发展质量截面指数均值排名为第 21 位，2021 年截面指数排名第 20 位，比 2020 年进步 6 位，正在加快向全国中上游水平迈进。分领域看，2021 年海南在速度效益、人力资源方面分别排在全国第 11、第 16 位，在结构调整、技术创新、资源环境、两化融合方面分别排在全国第 25、第 22、第 24 和第 21 位。

在速度效益方面，海南在全国基本处于中上游水平。2021 年海南排在全国第 11 位，2012—2021 年均值排在第 17 位。其中，规上工业增加值增速排名大幅提升，从 2019 年的第 24 位提升至 2021 年的第 11 位。工业成本费用利润率和工业营业收入利润率排名较为稳定，2021 年排在第 11 位。工业企业资产负债率排名有一定下降，从 2020 年的第 10 位下降到 2021 年的第 17 位。

在人力资源方面，海南的优势有一定下降。2020 年和 2021 年海南分别排在全国第 13 位、第 16 位，2012—2021 年均值排在第 15 位，均不及 2012—2015 年的第 9 位。其中，2021 年工业城镇单位就业人员平均工资增速、就业人员平均受教育年限分别位居第 5 位、第 9 位，均处于全国靠前水平；第二产业全员劳动生产率排名亟待提升，2020 年和 2021 年均排在第 21 名，远低于 2012 年的第 10 名。

在结构调整方面，海南与其他省份之间的差距较大，基本处于下游水平。2021 年排在全国第 25 位，2012—2021 年均值排在第 26 位。除高技术制造业主营业务收入占比在全国排在前 20 名外，制造业 500 强企业占比、新产品出口占货物出口额比重排名均处于 25 名之后，规上小型工业企业收入占比近两年排名虽略有提升，但 2021 年仍在第 23 名。

在技术创新方面，海南在全国排名有回升趋势。2012—2021 年均值排在第 18 位，2021 年排在第 22 位，虽不及 2012—2016 年的前 15 名，但与 2018—2020 年排名相比已有一定进步。特别是单位工业企业 R&D 经费支出发明专利数一直位居全国前列，2021 年更是独占鳌头。然而，工业企业 R&D 经费投入强度、工业企业 R&D 人员投入强度、工业企业新产品销售收入占比等其他技术创新指标仍排在靠后位置，2021 年均排在第 23 位，需加大力度、加快赶超。

在资源环境方面，海南在全国排名靠后，2014 年以来稳定在第 24～26 位。单位工业增加值用水量排名近年来有小幅提升，但 2021 年仍然排在第 18 位；单位工业增加值能耗指数排名一直排在 20 名之后。

在两化融合方面，海南在全国排名需进一步提升。2012—2021 年均值排在第 23 位，2021 年排在第 21 位。2021 年，除宽带人均普及率排名跃升为第 4 位外，其他细分指标排名较靠后，电子信息产业占比和两化融合水平分别排在第 29、第 27 位。

3. 原因分析

海南紧抓党中央和习近平总书记赋予海南的历史机遇，面对加快建设具有世界影响力的中国特色自由贸易港的新使命、新任务，紧扣全面深化改革开放试验区、国家生态文明试验区、国际旅游消费中心、国家重大战略服务保障区"三区一中心"目标定位，实施一系列开创性举措，促成一系列转折性变化。

一是推进全面深化改革开放和自贸港建设的 180 多个政策文件落地实施，自由贸易港实现从"顺利开局"到"蓬勃展开"到"进展明显"再到"蓬勃兴起"，"一本三基四梁八柱"战略框架深入人心，自由贸易港建设进入不可逆转的发展轨道。

二是印发《海南省创新型省份建设实施方案》《海南省人民政府关于完善科技成果评价机制的实施意见》，打造"陆海空"三大科技创新高地，加快发展战略性新兴产业及特色产业，"1+2+5"国家级科创平台立柱架梁，国家技术转移海南中心落地，创新创业环境逐步改善，科技创新能力持续提升，科技创新与产业融合发展成效较为显著。

三是出台统筹区域协调发展意见，明确区域协调发展为高质量发展"两大引擎"之一，明确"全省一盘棋、全岛同城化"理念，明确"三极一带一区"区域协调发展新格局，区域发展特色更鲜明。

四是印发《海南省深入打好污染防治攻坚战行动方案》《海南省"十四五"节能减排综合工作方案》，推动产业绿色低碳发展，深入打好空气质量对标攻坚战、"六水共治"水污染治理攻坚战、农业农村污染治理攻坚战、净土保卫战，开展跨流域生态补偿机制创新试点，一批标志性工程取得新成效，8 个案例入选生态环境部制度创新成果推广清单。

五是重视基础设施建设，"1 日联通全球、4 小时通达全国、3 小时畅行全岛"逐步成为现实，首条国际海底光缆建成商用，千兆光网和 5G 网络覆盖率持续攀升，智能电网综合示范省基本建成，天然气环岛主干网投入使用，城乡用气基本实现全覆盖。

六是成立全国首个营商环境建设厅，实施海南创一流营商环境行动计划，加快"一码通"在政务服务领域贯穿应用，建立市场导向的人才机制，"4·13"以来引进人才50.9万，"百万人才进海南"目标完成过半。截至2022年年底，海南市场主体增速连续34个月保持全国第一。

但海南在经济发展中还存在一些问题，产业、基础设施、公共服务、人才等短板仍较突出，经济结构性、素质性问题尚未根本解决，推进高质量发展还有许多堵点、卡点，如产业结构还需进一步调整优化，企业特别是小微企业生产经营面临多重困难，营商环境还需进一步改善；自由贸易港制度集成创新能级还不够高，政策落地见效需进一步加大力度等。

（三）结论与展望

整体来看，海南站在全国改革开放的最前沿，经济社会发展机遇和势头良好，高质量发展取得积极成效，人力资源优势持续巩固，技术创新驶入快车道，在速度效益、两化融合、资源环境方面发展潜力巨大。下一步海南应坚持以加快建设具有世界影响力的中国特色自由贸易港为总抓手，充分发挥试验最高水平开放政策的独特优势，加快补足短板弱项，闯出一条以高水平开放服务国家战略大局、引领海南高质量发展的新路子，打造中国式现代化的海南样板。

一是在全国高水平开放中发挥引领作用。深层次谋划和打造一批影响力大的制度集成创新成果，打造国内国际双循环的重要交汇点。积极参与"一带一路"共建，用好RCEP与自由贸易港政策叠加优势，先行先试CPTPP、DEPA等国际高标准经贸规则，成为国内企业走出国门桥头堡、外商外资进入中国市场重要门户，更好服务和融入新发展格局。

二是加快构建开放型、生态型、创新型产业体系。咬定四大主导产业不放松，坚持"项目为王"理念，优化产业链、创新链、产业创新生态，构筑"两区、三城、六园"产业空间格局，打造一流园区，推动数字经济、石油化工、新材料和现代生物医药等战略性新兴产业集群发展，培育壮大以"陆海空"为主的三大未来产业，促进大中小企业融通创新发展，筑牢实体经济根基。

三是持续推进创新型省份建设。充分利用国家科研平台开展原创性、引领性科技攻关，引进培育一批新型研发机构，谋划大科学装置，加快建设种业、深海、航天科技创新高地。先行探索科技成果产权制度改革、知识产权全链条保护，加强国际科技合作，成为科技体制改革高地。全方位集聚"高精尖缺"创新人才，优化人才培养体系，强化人才政策和服务，为高质量发展注入强大人才支撑。

二十二、重庆

（一）总体情况

1. 宏观经济总体情况

2022 年，重庆面对抗疫三年来最严峻疫情、有完整气象记录以来最极端高温干旱天气、近年来最严重电力资源紧张等各种超预期因素冲击，全力稳投资、促消费、稳外贸，经济发展保持了多重压力下的恢复态势。全年实现地区生产总值 29129.03 亿元，比上年增长 2.6%，人均地区生产总值达到 90663 元，比上年增长 2.5%。分产业看，第一产业增加值为 2012.05 亿元，增长 4.0%；第二产业增加值为 11693.86 亿元，增长 3.3%；第三产业增加值为 15423.12 亿元，增长 1.9%。三次产业结构比例为 6.9∶40.1∶53.0。从投资看，全年固定资产投资总额比上年增长 0.7%，其中，基础设施投资增长 9.0%，工业投资增长 10.4%，社会领域投资增长 27.6%。全年房地产开发投资为 3467.60 亿元，比上年下降 20.4%。

从创新发展看，技术创新能力稳步提升。截至 2022 年年底，重庆市级及以上重点实验室 220 个，其中国家重点实验室 10 个。市级及以上工程技术研究中心 364 个，其中国家级中心 10 个。新型研发机构 179 个，其中高端研发机构 82 个。有效期内高新技术企业 6348 家。全年技术市场签订成交合同 6919 项，成交金额 630.4 亿元。全年专利授权数 6.65 万件，其中发明专利授权数 1.22 万件，有效发明专利数 5.19 万件。

从协调发展看，成渝地区双城经济圈建设重大战略深入实施，全年实现地区生产总值 77587.99 亿元，同比增长 3.0%。推动"一区两群"区县协同发展，主城都市区产业能级持续提升，"两群"清洁能源、绿色制造、生态旅游产业规模不断壮大。全年主城都市区实现地区生产总值 22352.42 亿元，同比增长 2.3%；渝东北三峡库区城镇群实现地区生产总值 5152.87 亿元，同比增长 4.1%；渝东南武陵山区城镇群实现地区生产总值 1628.68 亿元，同比增长 3.2%。

从绿色发展看，全年全市万元地区生产总值能耗同比下降 2.7%。全市环境空气质量优良天数 332 天。PM2.5 平均浓度 31 微克/立方米。地表水总体水质为优，Ⅰ—Ⅲ类水质的断面比例为 96.4%，集中式生活饮用水源地水质达标率为 100%。全市自然保护区 58 个，其中国家级自然保护区 7 个。完成营造林面积 33.33 万公顷。全市森林覆盖率 55.0%。

从开放发展看，全年货物进出口总额达到 8158.35 亿元，比上年增长 2.0%。其中，出口 5245.32 亿元，增长 1.5%；进口 2913.03 亿元，增长 2.9%。全市对东盟、欧盟、美国三大贸易伙伴进出口总额分别为 1266.32 亿元、1247.58 亿元、1134.78 亿元，增速分别为 -2.0%、0.7%、-5.4%；对"一带一路"沿线国家进出口总额为 2214.02 亿元，比上年增长 0.3%。全年实际使用外资金额为 18.57 亿美元，同比下降 16.9%。截至 2022 年年底，累计有 316 家世界 500 强企业落户重庆。

从共享发展看，全市居民人均可支配收入 35666 元，比上年增长 5.5%。按常住地分，城镇居民人均可支配收入 45509 元，同比增长 4.6%；农村居民人均可支配收入 19313 元，同比增长 6.7%。按收入水平分，高收入组人均可支配收入占比 42.33%，低收入组占比 6.09%，其他收入组占比 51.58%。城镇新增就业 70.7 万人，CPI 上涨 2.1%。全市居民人均消费支出 25371 元，比上年增长 3.1%。其中，城镇居民人均消费支出 30574 元，增长 2.4%；农村居民人均消费支出 16727 元，增长 3.9%。全年社会消费品零售总额 13926.08 亿元，同比下降 0.3%。其中，商品零售额与上年持平，餐饮收入下降 1.9%。限额以上企业商品零售中，粮油食品类、饮料类、中西药品类、石油及制品类、汽车类商品分别比上年增长 10.1%、9.9%、7.5%、5.9%、4.0%。

2. 工业经济运行情况

2022 年，重庆全年实现工业增加值 8275.99 亿元，比上年增长 2.9%。规模以上工业增加值比上年增长 3.2%。总体看，工业经济保持增长态势，新动能保持较快发展。

从投资看，全省工业投资增长 10.4%。汽车、摩托车、消费品、能源产业投资增长较快，分别同比增长 25.8%、11.3%、19.8%、18.6%，电子和医药、装备产业投资同比分别增长 7%、3.4%。高技术产业投资同比增长 16.6%，占固定资产投资的比重为 9.8%。

从产业看，6 个支柱产业产值规模均迈上千亿级台阶，汽车、电子产业分别达到 4500 亿、7000 亿级规模。从增加值看，有色金属冶炼和压延加工业、电气机械和器材制造业、汽车制造业、能源工业增速较快，分别增长 28.2%、12.3%、10.2%、11.3%。医药产业、材料产业、消费品产业分别增长 6.1%、3.9%、2.1%。通用设备制造业，铁路、船舶、航空航天和其他运输设备制造业，计算机、通信和其他电子设备制造业分别下降 6.0%、5.7%、8.4%。新兴产业增长较快，新能源汽车产业、生物产业、新材料产业、高端装备制造产业增加值分别比上年增长

136.3%、7.5%、12.3%和 6.5%。全年规模以上工业增加值中，战略性新兴产业和高技术制造业增加值占比分别为 31.1%和 19.0%。

从企业看，企业利润出现一定下降，但企业发展潜力和成长性较好。全年规模以上工业企业利润总额比上年下降 9.1%。分门类看，采矿业利润比上年增长 62.6%，制造业下降 11.7%，电力、热力、燃气及水生产和供应业增长 14.1%。大中小企业协调发展取得新成效，科技型企业、高新技术企业、国家专精特新"小巨人"企业分别达到 42989 家、6348家、255 家，上市公司达到 90 家。

（二）指标分析

1. 时序指数（见图 6-23 和表 6-47）

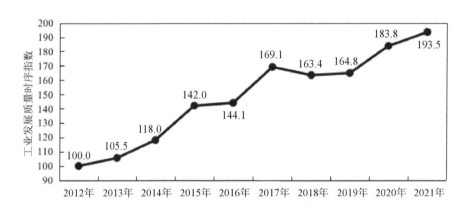

图 6-23　重庆工业发展质量时序指数

（资料来源：赛迪智库整理，2023 年 5 月。）

表 6-47　2012—2021 年重庆工业发展质量时序指数

	2012年	2013年	2014年	2015年	2016年	2017年	2018年	2019年	2020年	2021年	2013—2021 年年均增速（%）
速度效益	100.0	111.8	124.2	129.8	136.7	143.7	133.2	130.9	143.2	162.1	5.51
结构调整	100.0	100.8	120.8	194.7	178.5	238.6	182.9	173.9	183.5	184.6	7.05
技术创新	100.0	96.8	106.3	121.2	113.4	136.6	152.4	149.3	161.1	174.0	6.35

续表

	2012年	2013年	2014年	2015年	2016年	2017年	2018年	2019年	2020年	2021年	2013—2021年年均增速（%）
资源环境	100.0	108.2	125.4	146.6	170.6	184.5	188.9	202.9	298.9	295.4	12.79
两化融合	100.0	112.2	119.9	131.6	145.4	173.6	195.6	206.9	217.2	229.5	9.67
人力资源	100.0	105.1	112.3	121.0	128.2	137.3	145.0	156.1	162.8	171.3	6.16
时序指数	100.0	105.5	118.0	142.0	144.1	169.1	163.4	164.8	183.8	193.5	7.61

资料来源：赛迪智库整理，2023年5月。

纵向来看，以2012年为基期，2021年重庆工业发展质量时序指数为193.5，年均增速为7.61%，比全国平均水平高2.32个百分点。总体看，重庆各方面指数表现相对较好，在资源环境、两化融合方面优势较为明显，但在速度效益、结构调整、技术创新等领域存在一些短板。

在速度效益方面，重庆有一定优势。2021年发展指数为162.1，是全国的1.3倍；年均增速为5.51%，比全国平均水平高3.03个百分点。规上工业增加值增速、工业企业资产负债率发展较为平稳，2021年这两项指数分别是全国的1.2倍、1.1倍，年均增速分别比全国平均水平高2.07、1.08个百分点。工业成本费用利润率、工业营业收入利润率明显高于全国平均水平，发展指数高出一半，年均增速高出全国平均水平约4个百分点。

在结构调整方面，重庆在部分领域优势较大，在部分领域与其他省份之间存在差距。2021年发展指数为184.6，是全国的1.25倍；2012—2021年总体呈上升趋势，比全国高2.63个百分点，但波动较为明显。新产品出口占货物出口额比重优势明显，2021年发展指数高出全国1.7倍。高技术制造业主营业务收入占比、规上小型工业企业收入占比指数高出全国20%～30%。制造业500强企业占比2021年仅为全国的46%，年均增速比全国低8.82个百分点。

在技术创新方面，重庆基本与全国平均水平持平。2021年发展指数为174.0，是全国的98%；年均增速为6.35%，与全国平均水平基本持平。工业企业R&D人员投入强度高于全国平均水平，2017年以来优势逐步明显，2021 年该项指数高出全国 27%，年均增速比全国高 2.95 个百分点。工业企业 R&D 经费投入强度一直处于全国平均水平。单位工业企业 R&D 经费支出发明专利数、工业企业新产品销售收入占比指数低于全国平均水平，2017 年以来差距有扩大趋势，2021 年分别是全国的 69% 和 71%，年均增速比全国低 4 个百分点。

在资源环境方面，重庆综合优势最为明显。2021 年发展指数为 295.4，比全国高 69%；年均增速为 12.79%，比全国高 6.37 个百分点。单位工业增加值能耗指数高于全国 30% 左右；年均增速为 5.62%，比全国高 3.12 个百分点。单位工业增加值用水量指数表现更为突出，2020 年和 2021 年比全国分别高出 112%、90%；年均增速为 17.51%，高出全国 8.06 个百分点。

在两化融合方面，海南总体高于全国平均水平。2021 年发展指数为 229.5，比全国高 18%；年均增速为 9.67%，比全国高 2.04 个百分点。特别是电子信息产业占比指数 2021 年达 218.34，高出全国 38%；年均增速为 9.06%，高于全国 3.8 个百分点。两化融合水平、宽带人均普及率略高于全国平均水平，2021 年分别比全国高 19%、8%；年均增速分别比全国高 2.02、0.94 个百分点。

在人力资源方面，重庆一直与全国平均水平持平。2021 年发展指数为 171.3，比全国高 9%；年均增速为 6.16%，比全国高 1.03 个百分点。第二产业全员劳动生产率指数略高于全国，2021 年高出全国 16%；年均增速高于全国 1.76 个百分点。工业城镇单位就业人员平均工资增速、就业人员平均受教育年限均与全国持平。

2. 截面指数（见表 6-48）

表 6-48　2012—2021 年重庆工业发展质量截面指数排名

	2012年	2013年	2014年	2015年	2016年	2017年	2018年	2019年	2020年	2021年	2012—2021 年均值排名
速度效益	22	13	9	9	10	9	27	17	11	12	15
结构调整	15	13	10	6	7	5	4	5	7	8	7
技术创新	7	9	9	8	8	8	8	8	8	9	8

续表

	2012年	2013年	2014年	2015年	2016年	2017年	2018年	2019年	2020年	2021年	2012—2021年均值排名
资源环境	8	7	7	7	7	7	7	8	6	6	7
两化融合	10	10	10	9	9	6	5	6	6	5	8
人力资源	17	15	12	11	13	13	15	9	10	7	11
截面指数	11	10	8	7	8	6	8	6	6	5	7

资料来源：赛迪智库整理，2023年5月。

横向来看，2012—2021年重庆工业发展质量截面指数均值排在第7位，2021年截面指数排名为第5位，位于全国前列。分领域看，2021年重庆除速度效益处于全国第12位外，其他5项指标均在全国位列前10。

在速度效益方面，重庆排名基本处于全国中游。2021年排在全国第12位，2012—2021年均值排在第15位，个别年份排名波动较大，2012年和2018年分别位于第22、第27位。其中，规上工业增加值增速排名在2018年之后下降较多，从2012—2017年的前3位下降到2019年的第14位、2020年的第7位、2021年的第10位。工业企业资产负债率排名提升较多，从2017年之前的20位之后提升到近几年的第15位左右。工业成本费用利润率和工业营业收入利润率排名波动较大，从2015—2017年的前10位下降到2019年的第20位，2020年和2021年又分别提升到第12和第13位。

在结构调整方面，重庆部分指标全国领先，部分处于中游水平。2021年排在全国第8位，2012—2021年均值排在第7位。高技术制造业主营业务收入占比、新产品出口占货物出口额比重在全国名列前茅，2021年分别处于第3、第5位；制造业500强企业占比、规上小型工业企业收入占比基本处于全国中游水平，2021年分别位于第12、第16位。

在技术创新方面，重庆在全国总体处于前列，但个别细分指标排名靠后。2012—2021年均值排在第8位，2021年排在第9位，排名基本较为稳定。工业企业新产品销售收入占比一直位于全国前10；工业企业R&D经费投入强度、工业企业R&D人员投入强度排名近几年提升较快，2021年分别位于全国的第6、第5位；而单位工业企业R&D经费支出发明专利数全国排名下降较多，从 2012—2016 年的前 15 位，下降到 2017 年之后的 20 位之后，2019—2021 年甚至处于第 28 和第 29位，亟须加大工作力度。

在资源环境方面，重庆稳居全国前 10。2012—2021 年排名稳定在第 6～8 位。单位工业增加值能耗指数排名一直处于全国领先水平，除2014 年位列第 6 外，其余均在前 5 位，2021 年位列第 3。单位工业增加值用水量排名 2020 年以来有一定提升但仍处于中游，2021 年位列第14，比 2012 年上升 6 位。

在两化融合方面，重庆一直处于全国前列，2018 年以来优势更加明显。2012—2016 年排在第 10 位左右，2017—2021 年排在第 5 位左右，2012—2021 年均值排在第 8 位。电子信息产业占比一直处于全国领先位置，2019 年和 2021 年均位列第 3；两化融合水平和宽带人均普及率排名2017 年以来提升较快，从 2012 年的第 13 位提升到 2021 年的第 7 位。

在人力资源方面，重庆近年来提升较快，目前处于全国上游。2013—2018 年，重庆排在全国第 11～15 位，2019—2021 年跻身全国前 10，2021 年排在第 7 位。第二产业全员劳动生产率一直处于全国上游，2017—2021 年位于第 6 位或第 7 位；工业城镇单位就业人员平均工资增速波动较大，排名从 2013—2015 年的第 6 位，下降到 2017 年的第 29 位，2021 年大幅提升至第 4 位；就业人员平均受教育年限 2012—2018 年一直排在第 20 位之后，2019—2021 年分别提升至第 15、14、18 位。

3. 原因分析

近年来，重庆紧紧围绕"把习近平总书记殷殷嘱托全面落实在重庆大地上"这条主线，认真落实党中央、国务院决策部署，立足新发展阶段，完整、准确、全面贯彻新发展理念，积极服务和融入新发展格局，坚决打好三大攻坚战，大力实施"八项行动计划"，推动高质量发展取得积极成效。

一是全力保市场主体、推动经济稳定恢复。组建稳住经济大盘工作专班，对接落实国家稳经济一揽子政策和接续措施，动态梳理发布稳经济政策包，开展抓项目稳投资专项行动，出台促进消费持续恢复30条等专项政策，落实新的组合式税费支持政策，出台工业经济稳增长 39条、服务业恢复发展 56 条、财政金融联动服务实体经济 27 条，为市场主体减负超过 1500 亿元，为实体企业节省融资成本达 83 亿元。

二是全力抓科技创新、促产业升级。提速建设西部（重庆）科学城等科创载体，启动实施专精特新企业高质量发展专项行动和科技型中小企业创新发展行动，实施汽车软件、生物医药等 12 个重大专项，推出"促进科技成果转化 24 条"，一批科技成果实现产业化。实施支柱产业提质工程、战略性新兴产业集群发展工程和产业链供应链现代化水平提升工程，"一链一策"建设 33 条重点产业链，加快布局卫星互联网、硅基光电子等产业新赛道，多措并举增强产业链稳定性和竞争力。实施重庆英才计划，举办重庆英才大会，人才资源总量突破 600 万人。

三是全力唱好"双城记"、共建经济圈。重庆都市圈发展规划获批实施，双核联动联建工作机制实质运行，双城"1+5"合作协议加快落地，全国首个跨省域电子信息先进制造集群获批共建。开展外债便利化、数字人民币等试点，设立双城种业投资基金，滚动实施"一区两群"区县协同项目，成渝地区发展驶入快车道。

四是全力稳外贸外资、推进降碳减污扩绿增长。出台《高质量实施〈区域全面经济伙伴关系协定〉（RCEP）行动计划》，启动实施外贸高质量发展三年行动计划和建设高质量外资集聚地三年行动计划，建设国家级服务出口基地，100 项营商环境创新试点事项取得阶段性成效，内陆开放能级加速提升。构建碳达峰碳中和政策体系，制定实施制造业高质量绿色发展行动计划、川渝能源绿色低碳高质量发展协同行动方案，开展提升污水"三率"专项行动和"散乱污"企业整治，全面淘汰锰行业落后产能，建设绿色园区、绿色工厂，产业绿色发展取得明显成效。

虽然重庆经济社会发展整体较好，但在部分领域存在短板，例如，市场主体特别是中小微企业和个体工商户生产经营仍然比较困难，营商环境还有一定的提升空间，产业发展水平有待提高，传统产业转型升级任务较重，新兴产业尚未形成有效支撑，科技创新能力还需提高，城乡区域发展差距仍然较大等，需要采取有效措施加以解决。

（三）结论与展望

综合来看，重庆各方面发展基本位于全国前列，但在技术创新、结构调整等部分领域还需巩固提升。下一步，重庆应深入贯彻习近平总书记关于重庆发展的重要指示批示精神，落实《成渝地区双城经济圈建设规划纲要》，推动经济实力、科技实力、城市综合实力、人民生活水平实现显著提升。

一是加快建设现代化产业体系。坚持把制造业高质量发展放到更加突出的位置，实施传统支柱产业提升行动和先进制造业产业集聚提升培育行动，"链群并重"促进电子信息产业向上下游延伸，"整零协同"推动燃油汽车向高端化、智能化、新能源化转型，打造更具韧性和竞争力的产业链。建设智能网联新能源汽车、电子信息制造业两大万亿级产业集群，发展集成电路、新型显示、智能装备、先进材料、生物医药、新能源等特色产业集群，培育人工智能、卫星互联网、绿色低碳等未来产业集群，加快制造业数字化转型，培育壮大数字经济，全力打造国家重要先进制造业中心，培育更多具有竞争力的"重庆智造""重庆创造"品牌。

二是强化科技创新人才战略支撑。深入实施科教兴市、人才强市行动，实施创新链、产业链、资金链、人才链深度融合发展行动，促进科技、产业、金融、人才良性循环，全面提升体系化创新力和整体效能。加强企业主导的产学研深度融合，加速各类创新要素向企业集聚，加大研发投入强度，优化创新组织体系，集中优质资源开展关键核心技术攻关。打造高效能科创体系，推动产教融合发展。加快科技成果商业化、产业化，构建综合性、专业化、全链条、贯通式科技成果转化和产业化体系。统筹推进产才融合发展、人才引进攻坚、人才培养强基、人才生态创优等六大工程，建设世界重要人才中心和创新高地的重要承载区。

三是推动协调、绿色、开放、共享发展。优化区域经济布局，全面增强中心城区发展能级和综合竞争力，培育发展现代化都市圈，推动双城合作、双核联建走深走实，辐射带动川渝全域和"一区两群"协调发展。完善支持绿色发展的政策和标准体系，遏制"两高一低"项目盲目发展，推动产业、能源、交通运输等绿色低碳转型，鼓励建设资源循环利用基地，发展循环经济、清洁生产和清洁能源，促进生产、生活方式绿色低碳转型。培育壮大开放型经济，加快建设国际性综合交通枢纽城市，实施自贸试验区提升战略，促进各类开放平台提档升级、协同发力。实施"就在山城·渝创渝新"就业创业促进计划，促进高质量充分就业，持续增进民生福祉。

二十三、四川

（一）总体情况

1. 宏观经济总体情况

2022 年，四川实现地区生产总值 56749.8 亿元，同比增长 2.9%，

增速比全国平均水平低 0.1 个百分点。其中，第一产业增加值为 5964.3
亿元，增长 4.3%；第二产业增加值为 21157.1 亿元，增长 3.9%；第三
产业增加值为 29628.4 亿元，增长 2.0%。2022 年全社会固定资产投资
同比增长 8.4%，其中，工业投资增长 10.7%，高技术产业投资增长 27.5%。

2. 工业经济运行情况

2022 年，四川实现工业增加值 16412.2 亿元，比上年增长 3.3%，
对经济增长的贡献率为 31.2%。分行业看，规模以上工业的 41 个行业
大类中有 19 个行业增加值增长。其中，电气机械和器材制造业增加值
比上年增长 41.1%，石油和天然气开采业增长 15.6%，电力、热力生产
和供应业增长 13.0%，化学原料和化学制品制造业增长 12.0%，计算机、
通信和其他电子设备制造业增长 11.3%，黑色金属冶炼和压延加工业增
长 5.0%，酒、饮料和精制茶制造业增长 3.4%，非金属矿物制品业增长
1.8%。高技术制造业增加值增长 11.4%，占规模以上工业增加值的比重
为 14.7%。

（二）指标分析

1. 时序指数（见图 6-24 和表 6-49）

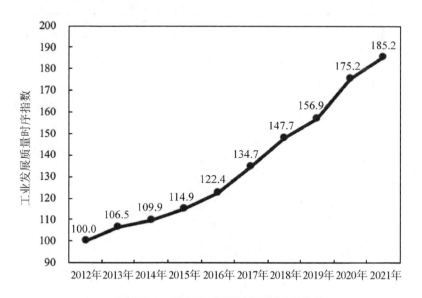

图 6-24　四川工业发展质量时序指数

（资料来源：赛迪智库整理，2023 年 4 月。）

表 6-49 2012—2021 年四川工业发展质量时序指数

	2012 年	2013 年	2014 年	2015 年	2016 年	2017 年	2018 年	2019 年	2020 年	2021 年	2013—2021 年年均增速（%）
速度效益	100.0	96.5	94.6	95.6	99.1	110.6	113.9	119.0	124.0	136.8	3.5
结构调整	100.0	113.3	101.2	101.7	108.7	103.7	110.1	120.5	124.2	129.5	2.9
技术创新	100.0	109.5	120.4	121.8	126.3	150.5	165.6	168.6	185.0	187.4	7.2
资源环境	100.0	110.1	136.0	143.5	153.6	172.6	203.7	229.1	316.7	343.8	14.7
两化融合	100.0	105.3	110.5	132.0	150.1	171.9	197.4	209.0	223.0	234.0	9.9
人力资源	100.0	107.9	113.8	117.6	123.1	128.3	136.2	145.4	164.1	173.9	6.3
时序指数	100.0	106.5	109.9	114.9	122.4	134.7	147.7	156.9	175.2	185.2	7.1

资料来源：赛迪智库整理，2023 年 4 月。

纵向来看，四川工业发展质量时序指数自 2012 年的 100.0 上涨至 2021 年的 185.2，年均增速为 7.1%。

四川在资源环境方面提升较为迅速，年均增速为 14.7%，其中，单位工业增加值用水量年均增速为 18.96%，带动指标增长。

四川在人力资源、技术创新、速度效益和两化融合方面提升较快，年均增速分别为 6.3%、7.2%、3.5% 和 9.9%。人力资源方面，工业城镇单位就业人员平均工资增速指标年均增速为 10.12%；第二产业全员劳动生产率年均增速为 8.98%。技术创新方面，工业企业 R&D 人员投入强度年均增速为 10.16%。速度效益方面，规上工业增加值增速指标年均增速为 8.39%。两化融合方面，宽带人均普及率年均增速为 15.91%。

四川在结构调整方面表现相对一般，其中，制造业 500 强企业占比和规上小型工业企业收入占比年均增速分别为 0% 和 0.82%。

2．截面指数（见表 6-50）

表 6-50　2012—2021 年四川工业发展质量截面指数排名

	2012年	2013年	2014年	2015年	2016年	2017年	2018年	2019年	2020年	2021年	2012—2021 年均值排名
速度效益	9	19	19	18	22	13	10	9	8	7	11
结构调整	11	9	11	10	10	11	11	11	11	11	11
技术创新	18	18	16	17	19	15	17	17	19	19	16
资源环境	16	17	16	15	15	14	13	10	9	7	14
两化融合	11	11	11	11	11	10	10	10	10	10	10
人力资源	24	22	20	26	25	29	27	27	25	22	25
截面指数	14	16	16	15	15	14	14	15	13	14	15

资料来源：赛迪智库整理，2023 年 4 月。

横向来看，四川工业发展质量截面指数处于全国中游水平。2021年截面指数为 42.0，排在全国第 14 位。

四川在速度效益、资源环境、两化融合和结构调整方面表现相对较好，2021 年分别排在全国第 7、第 7、第 10 和第 11 位，水平处于前列。速度效益方面，工业成本费用利润率和工业营业收入利润率均排名全国第 10 位。资源环境方面，单位工业增加值用水量排名全国第 7 位。两化融合方面，电子信息产业占比排名全国第 7 位。结构调整方面，高技术制造业主营业务收入占比和规上小型工业企业收入占比排名分别为全国第 4 和第 9 位。技术创新方面处于中游水平，2021 年排在全国第 19 位。四川在人力资源方面表现相对较差，2021 年排名全国第 22 位。其中，第二产业全员劳动生产率和就业人员平均受教育年限排名分别为全国第 18 和第 27 位。

3．原因分析

2012—2021 年，四川在速度效益、两化融合和结构调整方面表现相对较好，工业发展质量显著提升。

四川大力推动经济转型升级，2017—2022 年，地区生产总值年均增速高于全国 0.8 个百分点，连跨两个万亿元台阶，达到 5.67 万亿元，稳居全国第 6 位；地方一般公共预算收入年均增长 8.2%。全社会固定资产投资年均增长 9.8%，推动基础设施和现代产业取得重大进步，经济发展质量效益显著提升。两化融合快速发展，关键工序数控化率、数字化研发设计工具普及率分别达到 54.6%、80.9%，五年内分别增加 8.3 个、16 个百分点。通过升级版两化融合管理体系贯标评定企业 1236 家，数量居全国第 4。宜宾宁德时代等 3 家企业入选全球"灯塔工厂"，打造省级重点工业互联网平台 36 个，上云企业超 34 万户。四川加快结构调整步伐，通过"揭榜挂帅"等方式实施产业基础再造、关键核心技术攻关、重大技术装备攻关工程，促进高技术制造业创新发展；加大对中小企业创新创业、开拓市场、融资和企业保护等方面的支持，截至 2021 年年底，四川市场主体总数突破 770 万户，同比增长 11%，各类企业 211.96 万户，其中绝大多数为中小企业。

（三）结论与展望

综合时序指数和截面指数来看，四川在技术创新方面仍有待取得突破。

未来应从以下几个方面发力。一是聚焦新一轮科技革命的前沿方向，构建引领科技创新、支撑产业发展的基础研究布局，前瞻部署光电技术、量子互联网、类脑智能等引领性前沿技术，为变革性、颠覆性技术突破提供源泉，重点加强支撑新兴产业和支柱产业发展的基础研究。二是立足现代产业体系和社会民生发展重大需求，紧扣最核心"卡脖子"技术关键点，聚焦集成电路、人工智能等电子信息领域，航空与燃机、轨道交通、智能装备等装备制造领域，以及创新药物研发、医疗器械创制等生物医药领域，开展关键核心共性技术攻关，着力开发一批具有自主知识产权、国际先进、国内领先的重大创新产品，提升高新技术产业基础创新能力和核心竞争力。三是聚焦产业发展需求，推动创新资源集聚，支持国家重大科技基础设施、国家重点实验室、国家工程（技术）研究中心等国家级创新平台，天府实验室、省级重点实验室、省级工程（技术）研究中心等省级创新平台建设，提升产业创新能力。

二十四、贵州

（一）总体情况

1. 宏观经济总体情况

2022 年，贵州实现地区生产总值 20164.58 亿元，比上年增长 1.2%。其中，第一产业增加值为 2861.18 亿元，增长 3.6%；第二产业增加值为 7113.03 亿元，增长 0.5%；第三产业增加值为 10190.37 亿元，增长 1.0%。全省固定资产投资比上年下降 5.1%。工业投资较快增长，全年工业投资比上年增长 9.1%，其中，制造业投资增长 28.0%。高技术产业投资快速增长，比上年增长 58.1%，其中，高技术制造业、高技术服务业投资分别增长 102.3%、19.6%。

2. 工业经济运行情况

2022 年，全省规模以上工业增加值比上年下降 0.5%。分行业看，酒、饮料和精制茶制造业增加值比上年增长 32.6%，烟草制品业增长 6.7%，电力、热力生产和供应业增长 2.8%，计算机、通信和其他电子设备制造业增长 45.9%。高技术制造业、装备制造业增加值比上年分别增长 20.3%和 11.0%。新能源电池及材料产业增加值比上年增长 84.7%。

（二）指标分析

1. 时序指数（见图 6-25 和表 6-51）

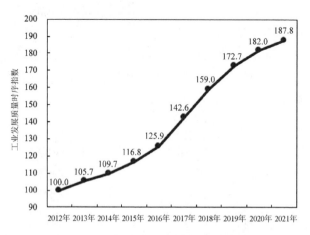

图 6-25 贵州工业发展质量时序指数

（资料来源：赛迪智库整理，2021 年 4 月。）

表 6-51 2012—2021 年贵州工业发展质量时序指数

	2012年	2013年	2014年	2015年	2016年	2017年	2018年	2019年	2020年	2021年	2013—2021年年均增速（%）
速度效益	100.0	93.8	90.7	94.8	99.2	108.0	117.1	125.6	141.9	143.1	4.1
结构调整	100.0	100.6	118.9	115.7	117.2	109.8	111.3	128.5	114.9	114.0	1.5
技术创新	100.0	99.3	95.5	89.0	93.0	113.4	138.4	155.5	180.8	180.8	6.8
资源环境	100.0	149.7	163.0	191.7	208.5	235.7	257.9	273.8	338.8	359.0	15.3
两化融合	100.0	110.1	111.1	149.4	177.6	237.5	276.2	291.4	274.8	293.6	12.7
人力资源	100.0	105.5	108.1	104.4	112.6	115.8	124.1	133.0	126.3	133.1	3.2
时序指数	100.0	105.7	109.7	116.8	125.9	142.6	159.0	172.7	182.0	187.8	7.25

资料来源：赛迪智库整理，2022 年 4 月。

纵向来看，贵州工业发展质量时序指数自 2012 年的 100.0 上涨至 2021 年的 187.8，年均增速为 7.3%。

贵州在资源环境、两化融合和速度效益方面增长较快，年均增速分别高达 15.3%、12.7% 和 4.1%。资源环境方面，单位工业增加值用水量和单位工业增加值能耗年均增速均高于工业发展质量整体增速，分别为 18.17% 和 11.61%。两化融合方面，宽带人均普及率和电子信息产业占比年均增速分别高达 17.9% 和 13.11%。速度效益方面，规上工业增加值增速指标年均增速高达 10.05%。

但是，贵州在人力资源和结构调整方面表现不太理想。其中，就业人员平均受教育年限指标年均增速仅为 0.66%。新产品出口占货物出口额比重年均增速呈负值，为 -5.95%。

2. 截面指数（见表 6-52）

表 6-52 2012—2021 年贵州工业发展质量截面指数排名

	2012年	2013年	2014年	2015年	2016年	2017年	2018年	2019年	2020年	2021年	2012—2021年均值排名
速度效益	3	4	8	8	9	4	2	1	1	5	2
结构调整	19	19	14	17	12	14	16	17	19	19	17
技术创新	16	16	17	21	23	21	19	15	14	15	15
资源环境	28	23	25	23	23	23	21	21	20	19	22
两化融合	28	28	28	29	28	25	26	24	24	24	26
人力资源	26	20	21	29	21	30	28	28	30	30	28
截面指数	16	17	19	19	18	19	17	17	17	17	17

资料来源：赛迪智库整理，2023 年 4 月。

横向来看，贵州 2021 年质量截面指数为 36.9，排在全国第 17 位，处于中下游水平。

2021 年，贵州在速度效益方面表现突出，排在全国第 5 位。其中，规上工业增加值增速、工业成本费用利润率和工业营业收入利润率分别排在全国第 3、第 6 和第 6 位。贵州在两化融合和人力资源方面有较大提升空间。两化融合方面，电子信息产业占比和宽带人均普及率分别排名全国第 22 和第 30 位，造成两化融合的整体排名落后。人力资源方面，工业城镇单位就业人员平均工资增速、第二产业全员劳动生产率和就业人员平均受教育年限分别排名全国 26、第 27 和第 30 位，有待提高。

3. 原因分析

2012—2021 年，贵州在速度效益方面较好，均值排在全国第 2 位。

贵州近年来全力围绕"四新"主攻"四化"，奋力建设"四区一高地"，推动工业高质量发展。2017—2022 年，十大工业产业发展壮大，规模以上工业增加值年均增长 7.1%，数字经济、绿色经济占比分别提高 13.4、6.3 个百分点。2022 年，贵州深入实施工业倍增行动，围绕重点产业和产业配套基础设施加大投资力度，投放"四化"及生态环保基金、新动能产业基金达 290 亿元，工业投资增长 9.1%，占固定资产投资比重达 25.5%，较上年提高 3.3 个百分点。贵州结合磷矿、锰矿等资源禀赋和产业基础，抢抓行业机遇大力发展新能源电池及材料产业，以龙头企业引领、产业集聚、规模跃升等方式，推动打造工业经济发展"新增长极"。

（三）结论与展望

综合时序指数和截面指数来看，贵州在人力资源方面尚有较大提升空间。

未来应从如下几个方面努力。一是加大人才引进培养服务力度。加快引进急需紧缺人才。优化实施"百千万人才引进计划"，实施高校毕业生留黔行动、"银龄计划"，办好贵州人才博览会。发挥贵阳国家级人力资源服务产业园示范带动作用，建设毕节等人力资源开发培育基地。二是持续支持贵州大学"双一流"建设。实施普通高等学校理工科学科专业建设强化行动，培养更多贵州产业发展所需的理工类人才。推进部省共建"技能贵州"，加快推进职业院校办学条件达标工程和国家、省级"双高"学校建设，大力推进职普融通、产教融合、科教融汇。三是大力发展战略性新兴产业。深入实施战略性新兴产业集群发展工程，聚焦航空装备制造、新能源、新能源汽车、节能环保等战略性新兴产业领域，大力引培领头企业，推动强链、延链、补链建设，打造重大产业技术创新平台，不断提升产业竞争力和集中度，以产业升级带动劳动力工资水平提升。

二十五、云南

（一）总体情况

1. 宏观经济总体情况

2022 年，云南实现地区生产总值 28954.20 亿元，比上年增长 4.3%。其中，第一产业增加值 4012.18 亿元，增长 4.9%；第二产业增加值 10471.20 亿元，增长 6.0%；第三产业增加值 14470.82 亿元，增长 3.1%。三次产业结构比例为 13.8∶36.2∶50.0。全省人均地区生产总值 61716 元，比上年增长 4.7%。民营经济增加值 15011.30 亿元，增长 4.4%，占全省地区生产总值比重为 51.8%，与上年持平。全年固定资产投资（不含农户）比上年增长 7.5%。分三次产业看，第一产业投资增长 22.5%，第二产业投资增长 48.7%，第三产业投资下降 2.3%。全年社会消费品零售总额 10838.84 亿元，比上年增长 1.0%。分经营地看，城镇消费品零售额 9435.19 亿元，增长 1.0%；乡村消费品零售额 1403.66 亿元，增长 1.2%。全年外贸进出口总额 500.42 亿美元，比上年增长 2.8%。其中，出口总额 241.39 亿美元，下降 11.7%；进口总额 259.03 亿美元，增长 21.4%。

2. 工业经济运行情况

2022 年，云南全部工业增加值达到 7197.08 亿元，比上年增长 6.0%。规模以上工业增加值增长 7.7%，其中，高技术制造业增长 39.4%；装备制造业增长 49.1%。分经济类型看，国有企业增长 5.4%，集体企业增长 14.1%，股份制企业增长 8.4%，私营企业增长 10.3%。分门类看，采矿业增长 4.8%，制造业增长 8.7%，电力、热力、燃气及水生产和供应业增长 5.3%。分行业看，烟草制品业比上年增长 5.8%，电力、热力生产和供应业增长 2.2%，有色金属冶炼和压延加工业增长 15.7%，计算机、通信和其他电子设备制造业增长 58.0%，石油、煤炭及其他燃料加工业增长 0.3%。

（二）指标分析

1. 时序指数（见图 6-26 和表 6-53）

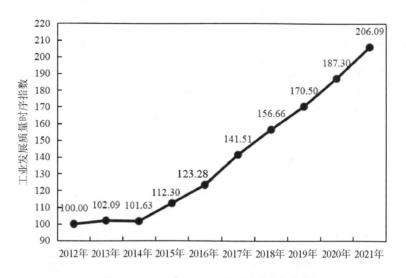

图 6-26 云南工业发展质量时序指数

（资料来源：赛迪智库整理，2023 年 5 月。）

表 6-53 2012—2021 年云南工业发展质量时序指数

	2012年	2013年	2014年	2015年	2016年	2017年	2018年	2019年	2020年	2021年	2013—2021年年均增速（%）
速度效益	100.00	100.53	92.55	92.07	83.23	114.58	122.43	123.13	131.85	139.31	3.75
结构调整	100.00	95.26	87.72	98.57	108.01	114.85	105.71	116.14	128.68	130.29	2.98
技术创新	100.00	95.96	104.80	124.60	140.58	154.94	170.04	188.22	205.23	197.14	7.83
资源环境	100.00	119.07	129.18	145.99	162.10	165.54	194.77	207.11	236.40	262.16	11.30
两化融合	100.00	104.98	101.94	116.39	154.96	191.37	245.32	280.36	324.90	423.90	17.41
人力资源	100.00	108.92	113.58	120.31	124.70	132.80	142.29	154.51	148.43	156.37	5.09
时序指数	100.00	102.09	101.63	112.30	123.28	141.51	156.66	170.50	187.30	206.09	8.37

资料来源：赛迪智库整理，2023 年 5 月。

纵向看，云南工业发展质量自 2012 年的 100.00 上涨至 2021 年的 206.09，年均增速为 8.37%，高于全国平均水平 3.08 个百分点。

云南在两化融合、资源环境、技术创新、速度效益方面，年均增速分别达到 17.4%、11.30%、7.83%、3.75%，高于全国平均水平。两化融合方面，电子信息产业占比年均增速为 25.3%，人均宽带普及率年均增速为 16.1%；而两化融合水平年均增速仅为 2.7%。资源环境方面，单位工业增加值能耗年均增速为 6.0%，单位工业增加值用水量年均增速达到 15.1%。技术创新方面，工业企业 R&D 经费投入强度、工业企业 R&D 人员投入强度、工业企业新产品销售收入占比年均增速分别达到 9.9%、12.4%和 3.6%；单位工业企业 R&D 经费支出发明专利数呈现负增长，年均增速为-4.2%。速度效益方面，规上工业增加值增速、工业成本费用利润率、工业营业收入利润率年均增速分别为 8.2%、1.8%和 1.8%。

云南在结构调整方面增长缓慢，年均增速为 2.98%，低于全国平均水平。人力资源方面，年均增速为 5.09%，与全国平均水平持平。结构调整方面，制造业 500 强企业占比、规上小型工业企业收入占比、新产品出口占货物出口额比重年均增速分别为-15.4%、2.7%和-16.3%。人力资源方面，就业人员平均受教育年限和第二产业全员劳动生产率年均增速分别为

1.1%和5.9%。

2．截面指数（见表6-54）

表6-54　2012—2021年云南工业发展质量截面指数排名

	2012年	2013年	2014年	2015年	2016年	2017年	2018年	2019年	2020年	2021年	2012—2021年均值排名
速度效益	13	15	24	23	25	12	5	11	13	14	18
结构调整	28	25	24	24	24	21	20	22	22	22	23
技术创新	24	25	25	19	18	20	21	20	21	20	22
资源环境	23	20	20	21	22	22	20	20	19	18	21
两化融合	27	27	27	26	26	26	28	28	27	28	27
人力资源	27	24	25	21	22	23	23	12	24	27	22
截面指数	28	27	27	25	26	21	21	19	19	23	23

资料来源：赛迪智库整理，2023年5月。

横向来看，云南工业发展质量截面指数一直处于全国下游水平，2021年截面指数排在全国第23位，与上年相比下降4位。

2021年，云南在速度效益方面处于中游水平，排在全国第14位。速度效益方面，工业成本费用利润率和工业营业收入利润率分别排在全国第12和第13位。规上工业增加值增速、工业企业资产负债率分别排名第19和第12位。

2021年，云南在结构调整、技术创新、资源环境、两化融合、人力资源方面均处于下游水平，排在全国第22、第20、第18、第28和第27位。结构调整方面，规上小型工业企业收入占比、新产品出口占货物出口额比重分别排在全国第15和第29位。技术创新方面，工业企业R&D人员投入强度、工业企业R&D经费投入强度分别排在全国第15和第17位，单位工业企业R&D经费支出发明专利数排在全国第28位，工业企业新产品销售收入占比排在全国第27位。资源环境方面，单位工业增加值能耗、单位工业增加值用水量分别排在全国第19和第

17 位。两化融合方面，电子信息产业占比、两化融合水平、人均宽带普及率分别排在全国第 21、第 25 和第 28 位。人力资源方面，工业城镇单位就业人员平均工资增速和第二产业全员劳动生产率分别排在全国第 17 和第 20 位。

3. 原因分析

2012—2021 年，云南工业发展总体处于全国中下游水平，支撑高质量发展的基础还不牢固。一是产业基础较为薄弱。长期以来，云南工业主要依靠烟草、冶金、电力等产业支撑，新一代信息技术、新能源、新材料等新兴产业占比低。二是创新驱动引领作用不够明显，教育、科技、人才战略支撑不足。三是市场化程度较低，市场主体总量不大、质量不高、韧性不强。四是营商环境优化还需加力。

（三）结论与展望

综合时序指数和截面指数来看，云南工业发展质量仍处于全国中游偏下水平，虽然在速度效益方面表现较好，但在结构调整、人力资源、技术创新等方面仍需进一步提升。云南需重点关注以下几方面。一是巩固提升优势产业。大力发展资源经济，抓好资源高效利用，以资源推动产业发展。加快钢铁、有色、化工等行业技术更新改造，着力提升产业高端化、智能化、绿色化水平。二是培育壮大战略性新兴产业。加快绿色低碳、人工智能、生物制造等前沿技术研发和应用推广，推动战略性新兴产业融合集群发展。三是完善科技创新体系。布局实施一批省级重大科技项目，突出企业科技创新主体地位，打造科技贷款风险补偿制度升级版。四是促进民营经济发展壮大。开展"万名干部进万企"行动，竭力解难题、办实事，支持民营企业在推动发展、创造就业、参与竞争中大显身手。

二十六、陕西

（一）总体情况

1. 宏观经济总体情况

2022 年，陕西实现地区生产总值 32772.68 亿元，比上年增长 4.3%。其中，第一产业增加值为 2575.34 亿元，增长 4.3%，占生产总值的比重为 7.9%；第二产业增加值为 15933.11 亿元，增长 6.2%，占生产总值的比重为 48.6%；第三产业增加值为 14264.23 亿元，增长 2.6%，占生产总值的比重为 43.5%。人均生产总值为 82864 元，比上年增长 4.3%。全年全社会固定资产投资比上年增长 7.9%，其中，固定资产投资（不含农户）增长 8.1%。在固定资产投资（不含农户）中，第一产业投资比上年增长 2.7%；第二产业投资增长 8.3%，其中工业投资增长 8.7%；第三产业投资增长 8.5%。全年社会消费品零售总额为 10401.61 亿元，比上年增长 1.5%。按经营地分，城镇消费品零售额为 9071.27 亿元，增长 0.8%；乡村消费品零售额为 1330.34 亿元，增长 6.2%。全年进出口总值为 4835.34 亿元，同比增长 2.0%。其中，出口 3011.35 亿元，增长 17.8%；进口 1823.99 亿元，下降 16.4%。

2．工业经济运行情况

2022 年，全年全部工业增加值达到 13158.3 亿元，比上年增长 5.7%。其中，规模以上工业增加值增长 7.1%。全年规模以上工业中，采矿业增加值比上年增长 8.1%，制造业增长 5.4%，电力、热力、燃气及水生产和供应业增长 12.1%；能源工业增加值增长 8.2%，非能源工业增长 5.8%；六大高耗能行业增加值增长 4.6%；高技术制造业增加值增长 7.3%，装备制造业增加值增长 12.7%。全年规模以上工业营业收入为 35208.7 亿元，比上年增长 18.4%；营业利润为 4600.3 亿元，增长 25.2%。

（二）指标分析

1．时序指数（见图 6-27 和表 6-55）

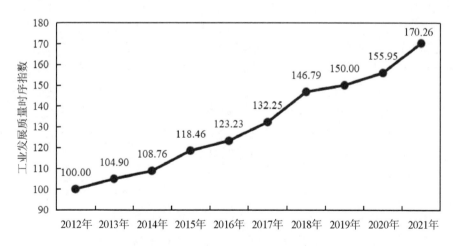

图 6-27　陕西工业发展质量时序指数

（资料来源：赛迪智库整理，2023 年 5 月。）

表 6-55　2012—2021 年陕西工业发展质量时序指数

	2012年	2013年	2014年	2015年	2016年	2017年	2018年	2019年	2020年	2021年	2013—2021年年均增速（%）
速度效益	100.00	99.90	93.77	86.53	89.85	103.47	110.43	106.22	103.02	122.82	2.31
结构调整	100.00	95.57	108.12	118.57	112.13	113.74	140.99	129.24	132.31	152.32	4.79
技术创新	100.00	113.72	113.50	108.75	112.10	120.66	131.36	136.61	151.66	157.18	5.15
资源环境	100.00	104.88	111.98	123.50	133.24	139.90	149.74	150.70	177.92	184.78	7.06
两化融合	100.00	110.88	119.93	142.72	161.21	176.82	191.15	219.16	245.67	264.81	11.43
人力资源	100.00	107.91	114.00	161.13	168.42	175.52	193.97	203.82	173.49	182.62	6.92
时序指数	100.00	104.90	108.76	118.46	123.23	132.25	146.79	150.00	155.95	170.26	6.09

资料来源：赛迪智库整理，2023 年 5 月。

纵向来看，陕西工业发展质量自 2012 年的 100.00 上涨至 2021 年的 170.26，年均增速为 6.09%，高于全国平均水平 0.8 个百分点。

陕西在结构调整、资源环境、两化融合、人力资源方面，高于全国平均水平，年均增速分别为 4.79%、7.06%、11.43%和 6.92%。结构调整方面，高技术制造业主营业务收入占比、规上小型工业企业收入占比和新产品出口占货物出口额比重年均增速分别为 6.3%、5.1%和 7.8%。资源环境方面，单位工业增加值能耗年均增速为 4.0%；单位工业增加值用水量年均增速达到 9.5%。两化融合方面，两化融合水平、电子信息产业占比、宽带人均普及率年均增速分别为 3.2%、13.9%和 14.5%。人力资源方面，工业城镇单位就业人员平均工资增速和第二产业全员劳动生产率年均增速分别为 8.9%和 10.7%。

在速度效益、技术创新方面，低于全国平均水平，年均增速分别为 2.31%、5.15%。速度效益方面，工业企业资产负债率年均增速为 0.3%，工业成本费用利润率、工业营业收入利润率两项指标年均增速分别为 -0.7%、-0.6%。技术创新方面，工业企业 R&D 经费投入强度、工业企业 R&D 人员投入强度、工业企业新产品销售收入占比年均增速分别为 3.8%、4.0%和 9.6%。

2. 截面指数（见表6-56）

表 6-56　2012—2021年陕西工业发展质量截面指数排名

	2012年	2013年	2014年	2015年	2016年	2017年	2018年	2019年	2020年	2021年	2012—2021年均值排名
速度效益	1	1	1	6	5	2	1	3	7	4	1
结构调整	27	24	22	22	21	19	17	18	18	17	21
技术创新	15	13	13	14	14	16	20	21	18	17	13
资源环境	5	5	6	6	6	6	6	6	5	4	6
两化融合	14	13	13	12	12	12	17	15	13	13	13
人力资源	11	7	10	3	3	4	2	3	5	8	4
截面指数	9	8	10	11	10	9	7	12	14	12	10

资料来源：赛迪智库整理，2023年5月。

横向来看，陕西工业发展质量截面指数处于全国中上游水平，2021年截面指数排在全国第12位，较上年有所提升。

2021年，陕西在速度效益、资源环境、人力资源方面总体表现较好，均处于上游水平，分别排在全国第4、第4、第8位。速度效益方面，工业成本费用利润率、工业营业收入利润率分别居全国第4、第5位；规上工业增加值增速排在全国第17位；工业企业资产负债率排在全国第13位。资源环境方面，单位工业增加值能耗、单位工业增加值用水量分别排在全国第13和第3位。人力资源方面，第二产业全员劳动生产率处于领先水平，排在全国第5位；就业人员平均受教育年限排名第15位。

2021年，陕西在结构调整、技术创新、两化融合方面仍处于全国中游位置，分别排名第17、第17、第12位。结构调整方面，高技术制造业主营业务收入占比、规上小型工业企业收入占比分别排在全国第12、第14位；制造业500强企业占比、新产品出口占货物出口额比重分别排在全国第20、第19位，提升空间较大。技术创新方面，工业企业 R&D 经费投入强度和工业企业 R&D 人员投入强度表现中等，分别排在全国第 16、第 19 位；单位工业企业 R&D 经费支出发明专利数排在全国第 20 位；工业企业新产品销售收入占比排在全国第 18 位。两化融合方面，电子信息产业占比表现相对较好，全国排名第 9 位；两化融合水平处于全国中下游水平，需要大力推动信息技术在工业领域的应用。

3. 原因分析

2012—2021 年，陕西工业发展总体处于全国中上游水平，经济社会发展取得很大成绩，但同时面临以下突出问题：一是产业转型升级迟缓等深层次矛盾有待破解，战略性新兴产业占比较低，产业结构难以短期内优化；二是科技优势转化为发展动能的步子还需迈得更大，关键领域"卡脖子"技术难以在短时间内攻关；三是县域经济、民营经济、开放型经济发展不足，经济外向度不高，经济开放程度低。

（三）结论与展望

综合时序指数和截面指数来看，陕西工业发展质量仍保持在全国中上游水平，虽然在速度效益、资源环境、人力资源方面增长较快，但在结构调整、技术创新、两化融合方面仍有待进一步发展。陕西需着力推进以下任务。一是提升制造业重点产业链驱动力。大力发展新一代信息技术、生物技术、新材料、新能源等产业，打造一批具有较强竞争力的"链主"企业。二是强化能源工业支撑力。着力优煤、稳油、扩气、增电，巩固能源产业优势地位。三是大力发展数字经济。推动人工智能、物联网等数字技术融合应用，加快推进大数据、软件信息服务等千亿级产业集群建设。四是促进民营经济发展壮大。积极推动民营企业扩增量、提质量，持续加大技术改造力度。

二十七、甘肃

（一）总体情况

1. 宏观经济总体情况

2022 年，甘肃地区生产总值继 2021 年突破 1 万亿元后又跃上新台阶，达到 11201.6 亿元，按不变价计算，比上年增长 4.5%。按常住人口计算，全年人均地区生产总值为 44968 元，比上年增长 4.7%。新动能加快积蓄，全省规模以上工业新入库企业达到 463 户，新入库企业工业增加值比上年增长 1.8 倍。

2．工业经济运行情况

2022 年，工业经济稳定向好，规模以上工业增加值比上年增长
6.0%，39 个行业大类中 16 个行业增速达到两位数以上。装备制造业增
加值比上年增长 7.4%，增速快于规模以上工业 1.4 个百分点。全省规模
以上工业民营经济增加值比上年增长 9.1%，增速快于规模以上工业 3.1
个百分点。全年规模以上工业企业利润达 594.6 亿元，比上年增长
15.3%，营业收入利润率为 5.4%，比上年提高 0.2 个百分点。

（二）指标分析

1．时序指数（见图 6-28 和表 6-57）

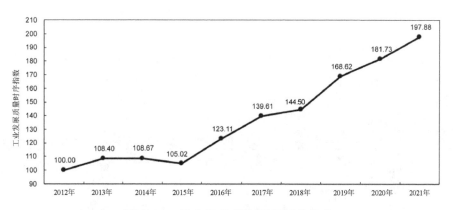

图 6-28　甘肃工业发展质量时序指数

（资料来源：赛迪智库整理，2023 年 4 月。）

表 6-57　2012—2021 年甘肃工业发展质量时序指数

	2012年	2013年	2014年	2015年	2016年	2017年	2018年	2019年	2020年	2021年	2013—2021 年年均增速（%）
速度效益	100.00	99.15	89.75	39.70	69.32	97.04	100.77	117.83	120.29	145.33	4.24
结构调整	100.00	114.81	107.56	115.59	130.36	143.84	126.70	156.91	160.02	167.24	5.88
技术创新	100.00	103.88	110.49	105.48	108.37	108.22	105.02	127.57	128.40	140.26	3.83
资源环境	100.00	119.66	130.86	151.13	169.85	173.98	194.84	213.34	281.70	290.08	12.56

续表

	2012年	2013年	2014年	2015年	2016年	2017年	2018年	2019年	2020年	2021年	2013—2021年年均增速（%）
两化融合	100.00	114.57	120.08	151.98	187.27	231.97	266.70	313.39	343.25	375.81	15.85
人力资源	100.00	105.87	111.00	114.67	119.56	122.35	129.13	135.70	139.35	146.45	4.33
时序指数	100.00	108.40	108.67	105.02	123.11	139.61	144.50	168.62	181.73	197.88	7.88

资料来源：赛迪智库整理，2023 年 4 月。

纵向来看，甘肃工业发展质量时序指数自 2012 年的 100.00 上涨至 2021 年的 197.88，年均增速为 7.88%，高于全国平均水平。

2012—2021 年，甘肃在两化融合、资源环境方面增长较快，年均增速分别达到 15.85% 和 12.56%。两化融合方面，宽带人均普及率年均增速达到 23.12%；两化融合水平年均增速仅为 3.27%，仍有较大提升空间。资源环境方面，单位工业增加值能耗和单位工业增加值用水量年均增速分别为 5.33% 和 17.3%。

甘肃在技术创新方面呈低速增长，年均增速为 3.83%。其中，工业企业 R&D 人员投入强度年均增速为 4.08%；工业企业新产品销售收入占比年均增速为 -0.02%，

甘肃在速度效益、人力资源方面表现不佳。速度效益方面年均增速为 4.24%，其中，规上工业增加值增速指标年均增速为 6.07%，工业企业资产负债率、工业成本费用利润率、工业营业收入利润率年均涨幅分别为 0.6%、4.69% 和 4.47%。人力资源方面年均增速为 4.33%，其中，工业城镇单位就业人员平均工资增速、第二产业全员劳动生产率年均增速分别为 8.08% 和 5.8%。

2．截面指数（见表 6-58）

表 6-58　2012—2021 年甘肃工业发展质量截面指数排名

	2012年	2013年	2014年	2015年	2016年	2017年	2018年	2019年	2020年	2021年	2012—2021年均值排名
速度效益	27	29	29	29	28	30	30	27	22	25	30
结构调整	24	26	28	29	30	27	26	21	21	24	27

续表

	2012年	2013年	2014年	2015年	2016年	2017年	2018年	2019年	2020年	2021年	2012—2021年均值排名
技术创新	19	23	21	22	22	26	28	26	28	26	24
资源环境	27	27	28	26	25	25	24	24	22	23	25
两化融合	30	30	30	30	30	27	29	26	26	27	30
人力资源	23	27	27	27	29	26	29	30	29	28	29
截面指数	30	30	29	30	30	30	30	27	27	30	30

资料来源：赛迪智库整理，2023 年 4 月。

横向来看，甘肃工业发展质量截面指数多年来都处于全国下游，2021 年截面指数排在全国第 30 位。

2021 年，甘肃在速度效益方面排在全国第 25 位。其中，工业成本费用利润率和工业营业收入利润率仍处于全国下游。2021 年，甘肃在技术创新方面排在全国第 26 位，较上年有所上升；在资源环境方面排在全国第 23 位；在结构调整方面排在全国第 24 位，较上年有所下降。

3. 原因分析

2012—2021 年，甘肃工业发展质量总体处于全国下游水平，以下发展问题较为突出。一是产业结构不平衡。几十年来，甘肃形成并长期保持以能源和原材料产业为主的工业结构体系，石油化工、有色冶金、机械电子等成为集中度最高的行业，转型升级和生态环境保护任务非常艰巨。二是技术创新与产业融合水平较低。新一代信息技术应用于传统支柱产业的改造提升效果不够明显。

（三）结论与展望

综合时序指数和截面指数来看，甘肃工业发展质量仍处于全国下游水平，在技术创新、速度效益和人力资源方面特别需要加快发展。未来甘肃可着力做好以下 3 个方面的工作夯实工业高质量发展的基础：一是强化"拓存"体系，拓展传统优势产业存量，推动制造业向高端化、智能化发展，加速转型升级；二是强化"创增"体系，重点加快推进产业链重大项目实施，加快构筑产业体系新支柱；三是强化培育体系，有针对性地培育一批专精特新中小企业、专精特新"小巨人"企业和制造业单项冠军企业等，推动已建成项目尽快投产达产。

二十八、青海

（一）总体情况

1．宏观经济总体情况

2022 年，青海实现地区生产总值 3610.07 亿元，按可比价格计算，比上年增长 2.3%。分产业看，第一产业增加值为 380.18 亿元，比上年增长 4.5%；第二产业增加值为 1585.69 亿元，比上年增长 7.9%；第三产业增加值为 1644.20 亿元，比上年下降 2.5%。第一产业增加值占生产总值的比重为 10.5%，第二产业增加值比重为 43.9%，第三产业增加值比重为 45.6%。人均生产总值为 60724 元，比上年增长 2.1%。

2．工业经济运行情况

全年全部工业增加值达到 1228.67 亿元，比上年增长 14.3%。规模以上工业增加值增长 15.5%。在规模以上工业中，分经济类型看，国有控股企业增加值增长 0.2%，股份制企业增长 16.2%，外商及港澳台商投资企业增长 12.1%，非公有工业增加值增长 49.5%。分门类看，采矿业增加值下降 13.7%，制造业增长 30.0%，电力、热力、燃气及水生产和供应业下降 4.7%。

（二）指标分析

1．时序指数（见图 6-29 和表 6-59）

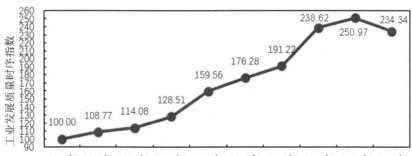

图 6-29　青海工业发展质量时序指数

（资料来源：赛迪智库整理，2023 年 4 月。）

表 6-59　2012—2021 年青海工业发展质量时序指数

	2012年	2013年	2014年	2015年	2016年	2017年	2018年	2019年	2020年	2021年	2013—2021年年均增速（%）
速度效益	100.00	91.54	79.64	72.80	78.13	88.54	80.27	85.31	91.15	124.54	2.47
结构调整	100.00	125.22	147.19	146.48	174.31	129.44	100.72	298.49	220.08	163.41	5.61
技术创新	100.00	112.06	96.46	126.31	193.07	315.12	368.67	377.08	494.13	345.86	14.78
资源环境	100.00	99.80	116.31	111.82	128.04	139.86	150.03	152.72	169.25	170.35	6.10
两化融合	100.00	114.53	143.12	211.56	267.97	246.19	308.44	329.98	332.48	435.27	17.75
人力资源	100.00	109.16	116.09	119.09	125.94	134.04	146.75	159.29	169.69	179.34	6.71
时序指数	100.00	108.77	114.08	128.51	159.56	176.28	191.22	238.62	250.97	234.34	9.92

资料来源：赛迪智库整理，2023 年 4 月。

纵向来看，青海工业发展质量时序指数从 2012 年的 100.00 上涨至 2021 年的 234.34，年均增速为 9.92%。

2012—2021 年，青海在两化融合和技术创新方面表现突出，年均增速分别为 17.75% 和 14.78%。两化融合方面，电子信息产业占比年均增速为 25.41%；宽带人均普及率年均增速为 16.81%。技术创新方面，单位工业企业 R&D 经费支出发明专利数和工业企业新产品销售收入占比呈高速增长，年均增速分别为 18.81% 和 28.67%，超过全国平均水平。

人力资源方面，工业城镇单位就业人员平均工资增速和第二产业全员劳动生产率两项指标发展相对均衡，年均增速分别为 9.25% 和 10.07%；就业人员平均受教育年限年均增速为 0.51%。资源环境方面，单位工业增加值能耗和单位工业增加值用水量年均增速分别为 4.51% 和 7.52%。

2．截面指数（见表 6-60）

表 6-60 2012—2021 年青海工业发展质量截面指数排名

	2012 年	2013 年	2014 年	2015 年	2016 年	2017 年	2018 年	2019 年	2020 年	2021 年	2012—2021 年 均值排名
速度效益	7	10	25	26	26	26	29	28	30	16	25
结构调整	29	29	25	25	26	28	29	24	27	27	29
技术创新	30	30	30	30	30	29	27	24	25	29	29
资源环境	29	30	29	30	30	29	29	29	29	29	29
两化融合	29	29	29	27	27	28	25	27	30	29	29
人力资源	19	25	22	28	23	21	25	21	22	26	21
截面指数	29	29	28	28	28	29	29	30	30	28	29

资料来源：赛迪智库整理，2023 年 4 月。

横向来看，青海工业发展质量截面指数多年来都处于全国落后位置，2021 年截面指数排在全国第 28 位，比上一年提升两位。

2021 年，青海在速度效益方面的排名显著提升至第 16 位。其中，工业成本费用利润率和工业营业收入利润率排名均为第 7 位；而工业企业资产负债率表现不佳。

2012—2021 年，青海在人力资源方面的均值排名较为靠前，但 2021 年截面指数排名明显下降。其中，工业城镇单位就业人员平均工资增速排名比较落后，排在第 28 位。另外，青海在技术创新方面的排名有所降低，其中，工业企业 R&D 经费投入强度和工业企业 R&D 人员投入强度均排在全国第 30 位。

3．原因分析

2012—2021 年，青海在人力资源方面总体表现较好，这得益于青海高度重视人才引培，深化人才发展体制机制改革，统筹推进"昆仑英才"行动计划，营造了良好的人才发展环境和保障机制。但近年来全国各地不断加大引才力度，在一定程度上加剧了青海引才难、留才难、用才难的问题。

（三）结论与展望

综合时序指数和截面指数来看，青海工业发展质量仍处于全国下游水平。未来，可以从以下几方面推动工业高质量发展：一是着眼提高战略性新兴产业竞争力，从强链、延链、补链入手，推进新一轮找矿突破战略行动，加强重要能源、矿产资源勘探开发和增储上产；二是加力打造国家清洁能源产业高地，着眼助力全国能源结构转型、降碳减排，大力发展清洁能源，加快天合光能、阿特斯新能源全产业链、弗迪新型动力电池、晶科单晶拉棒等重点项目建设，把清洁能源优势转化为产业优势。

二十九、宁夏

（一）总体情况

1. 宏观经济总体情况

2022年，宁夏实现全区生产总值5069.57亿元，比上年增长4.0%。其中，第一产业增加值为407.48亿元，第二产业增加值为2449.10亿元，第三产业增加值为2212.99亿元，分别增长4.7%、6.1%、2.1%。

制造业对经济增长的拉动作用显著。2022年，制造业增加值占全区生产总值比重由上年的21.3%提高到23.4%。其中，高技术制造业占规模以上工业比重为9.9%，增长1.8个百分点；装备制造业占比为12.2%，增长1.4个百分点。从投资情况看，全区工业投资占固定资产投资比重由43.8%提高到49.0%；民间投资占比由57.4%提高到57.7%；高技术产业投资占比由6.6%提高到8.7%。从重点行业看，全区工业发电量增长7.3%，单晶硅增长78.5%，多晶硅增长118.3%，化学药品原药增长19.1%，工业机器人增长4.0%，风力发电机组增长12.5%，工业自动调节仪表与控制系统增长14.7%，变压器增长40.2%。

2. 工业经济运行情况

2022年，宁夏全区工业生产实现稳定增长。2022年，全区规模以上工业增加值比上年增长7.0%，重工业增长6.4%，轻工业增长13.8%。分类来看，一是制造业实现稳步增长。全区规模以上工业制造业增加值比上年增长9.0%，比上年高3.2个百分点；采矿业增长6.0%，电力、热力、燃气及水生产和供应业增长0.7%。二是主要行业保持稳定增速。全区规模以上化工行业增加值比上年增长2.9%，冶金增长23.3%，有色增长6.5%，机械增长6.5%，建材增长1.4%，轻纺增长11.2%，医药增长35.0%，其他行业增长25.5%。三是各类市场主体全面发展。规模以上国有控股企业增加值比上年增长 3.0%，大中型企业增长 10.9%，民营企业增长 9.8%。

（二）指标分析

1. 时序指数（见图 6-30 和表 6-61）

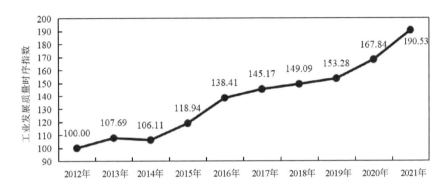

图 6-30　宁夏工业发展质量时序指数

（资料来源：赛迪智库整理，2023 年 4 月。）

表 6-61　2012—2021 年宁夏工业发展质量时序指数

	2012年	2013年	2014年	2015年	2016年	2017年	2018年	2019年	2020年	2021年	2013—2021年年均增速（%）
速度效益	100.00	113.20	93.07	84.50	105.09	103.94	113.52	123.53	120.32	159.04	5.29
结构调整	100.00	109.86	105.67	120.24	152.89	147.70	121.46	107.73	127.43	145.10	4.22
技术创新	100.00	110.44	108.14	121.26	121.60	139.04	161.62	159.69	172.40	169.67	6.05
资源环境	100.00	104.16	110.76	123.26	131.21	129.57	137.86	140.53	148.34	160.06	5.37
两化融合	100.00	98.99	123.88	170.64	213.83	243.53	246.89	269.60	332.39	391.45	16.37
人力资源	100.00	102.76	102.35	110.69	117.87	120.24	129.54	140.79	129.20	135.63	3.44
时序指数	100.00	107.69	106.11	118.94	138.41	145.17	149.09	153.28	167.84	190.53	7.43

资料来源：赛迪智库整理，2023 年 4 月。

纵向来看，宁夏工业发展质量时序指数自 2012 年的 100.00 上涨至 2021 年的 190.53，年均增速为 7.43%，高于全国平均水平 2.14 个百分点。

2012—2021 年，宁夏在两化融合和速度效益方面表现较好，高于全国平均水平。两化融合指数表现突出，年均增速为 16.37%，高出全国平均水平 8.74 个百分点。其中，电子信息产业占比年均增速较快，达到 21.7%，高出全国平均水平 16.43 个百分点。速度效益方面，年均增速为 5.29%，其中，规上工业增加值增速年均增速为 8.08%，工业成本费用利润率和工业营业收入利润率年均增速分别为 5.71% 和 5.21%。

2012—2021 年，宁夏在技术创新、结构调整、资源环境和人力资源方面表现一般，年均增速均略低于全国平均水平。技术创新方面，年均增速为 6.05%。其中，工业企业 R&D 人员投入强度年均增速高于全国平均水平；工业企业 R&D 经费投入强度、单位工业企业 R&D 经费支出发明专利数、工业企业新产品销售收入占比增长较慢。结构调整方面，年均增速为 4.22%。其中，高技术制造业主营业务收入占比年均增速较快，达到 14.12%。资源环境方面年均增速为 5.37%，略低于全国平均增速。人力资源方面，年均增速为 3.44%，低于全国平均水平 1.6 个百分点。其中，工业城镇单位就业人员平均工资增速指标年均增速为 8.41%；第二产业全员劳动生产率年均增速为 3.23%；就业人员平均受教育年限年均增速为 2.03%。

2. 截面指数（见表 6-62）

表 6-62　2012—2021 年宁夏工业发展质量截面指数排名

	2012年	2013年	2014年	2015年	2016年	2017年	2018年	2019年	2020年	2021年	2012—2021年均值排名
速度效益	25	21	28	27	24	29	28	21	27	23	27
结构调整	20	27	27	27	25	23	22	28	24	28	25
技术创新	17	17	18	16	17	17	18	19	20	21	17
资源环境	30	29	30	29	29	30	30	30	30	30	30

续表

	2012年	2013年	2014年	2015年	2016年	2017年	2018年	2019年	2020年	2021年	2012—2021年均值排名
两化融合	19	20	19	19	19	21	21	20	20	20	20
人力资源	8	12	13	16	7	9	8	5	11	18	9
截面指数	27	25	26	26	24	26	23	22	23	26	25

资料来源：赛迪智库整理，2023 年 4 月。

横向来看，宁夏工业发展质量截面指数多年来都处于全国中下游水平，2021 年截面指数排在全国第 26 位，比上年下降 3 个位次。

2021 年，宁夏在人力资源方面表现较突出，排名全国第 18 位。其中，工业城镇单位就业人员平均工资增速表现较突出，排名全国第 9 位。

宁夏在速度效益、结构调整、两化融合、技术创新方面均处于全国中下游水平。2021 年，宁夏在速度效益方面排名全国第 23 位，较上年提升 4 名。其中，工业成本费用利润率、工业营业收入利润率表现较好，分别排名全国第 17、第 19 位，工业企业资产负债率排名全国第 29 位，表现较差。结构调整方面，排名全国第 28 位。其中，高技术制造业主营业务收入占比、制造业 500 强企业占比、规上小型工业企业收入占比、新产品出口占货物出口额比重排名均不理想，分别为全国第 23、第 29、第 26、第 25 位，与上年持平或有所下降。两化融合方面，排名全国第 20 位，其中宽带人均普及率表现良好，排名全国第 5 位。技术创新方面，排在全国第 21 位，较上一年略有下降。其中，单位工业企业 R&D 经费支出发明专利数和工业企业 R&D 人员投入强度表现较好，分别排在全国第 13 和 16 位；工业企业新产品销售收入占比排名较差，排在全国 25 位。

宁夏在资源环境方面表现较差，排名全国第 30 位，与上年持平。其中，单位工业增加值能耗已连续多年排在全国第 30 位。

3. 原因分析

宁夏一直注重人力资源相关工作，整体多年持续处于全国上游水平。宁夏持续发力，深入实施科教兴宁、人才强区等战略。近年来，宁夏全面落实人才政策，积极支持"才聚宁夏 1134 行动""塞上工匠"等人才遴选活动，培育引进各领域急需紧缺创新人才和创新团队。

从总体上看，宁夏在工业发展中仍然存在以下几方面的突出问题。一是经济结构不够合理。战略性新兴产业及先进制造业体量较小，制造业500强企业及规上小型工业企业收入占比较少。二是产业核心竞争力弱，部分企业仍然处于产业链、价值链低端水平，核心技术能力较弱，研发能力和品牌建设能力较差，缺乏自主知识产权和自主品牌。三是资源环境问题非常严峻，由于宁夏能源工业、原材料制造业等高耗能产业占据很大比重，工业结构偏重，在资源环境方面排名常年处在下游。

（三）结论与展望

　　从时序指数和截面指数综合来看，宁夏工业发展质量整体处于全国中下游水平。尽管宁夏在人力资源方面表现不错，但在速度效益、结构调整、技术创新、两化融合尤其是资源环境方面仍有较大进步空间。未来，建议从以下几个方面着重发力，推动工业高质量发展。

　　一是坚持创新引领、科技支撑，加强战略型、创新创业型人才引进与培养，提高关键技术研发和制造能力，形成以创新驱动为核心的动力机制。围绕制造业重点产业链，集中优质资源合力推进关键核心技术攻关。鼓励和培育科技领军人才。推进科技体制改革攻坚，健全科技评价体系，鼓励企业加大自主科研投入，不断提升科技对高质量发展的贡献率。二是大力实施产业体系提质升级行动。加快建设高端化、绿色化、智能化、融合化的现代化产业体系。着力推进产业振兴战略，抓好传统优势产业，推进高技术制造业和战略性新兴产业发展。三是保障市场主体稳定发展，着力改善市场预期、提振市场信心、增强市场活力。实施企业梯度培育计划，坚持存量增量齐抓、助强扶弱并举，不断壮大市场微观主体。四是深化实施绿色低碳发展，促进绿色转型升级。加快构建绿色低碳循环发展经济体系，加快发展节能环保和废旧物资循环利用产业，降低能耗和碳排放水平。

三十、新疆

（一）总体情况

1. 宏观经济总体情况

　　2022年，新疆全年实现全区生产总值17741.34亿元，比上年增长3.2%。全年人均地区生产总值达68552元，比上年增长3.3%。从三次产业来看，第一产业增加值为 2509.27 亿元，增长 5.3%；第二产业增加值为 7271.08 亿元，增长 4.8%；第三产业增加值为 7960.99 亿元，增长 1.5%。

2022 年，新疆固定资产投资（不含农户）同比增长 7.6%，其中，第一产业投资下降 8.8%，第二产业投资增长 37.9%，第三产业投资下降 7.2%。全年社会消费品零售总额达 3240.48 亿元，比上年下降 9.6%。从外贸情况看，全年货物进出口总额达 366.84 亿美元，比上年增长 51.0%。其中，出口总额达 311.10 亿美元，增长 57.9%；进口总额达 55.74 亿美元，增长 21.2%。

2．工业经济运行情况

2022 年，新疆全年全部工业增加值达到 6022.82 亿元，比上年增长 6.2%。其中规模以上工业增加值增长 7.1%。在规模以上工业中，从市场主体类型看，国有控股企业增加值增长 5.6%，股份制企业增长 5.8%，外商及港澳台商投资企业增长 31.8%，私营企业增长 7.5%。从规模看，大型企业增长 5.8%，中型企业增长 9.8%，小微型企业增长 7.7%。从门类看，采矿业增长 12.7%，制造业增长 2.9%，电力、热力、燃气及水生产和供应业增长 9.9%。

（二）指标分析

1．时序指数（见图 6-31 和表 6-63）

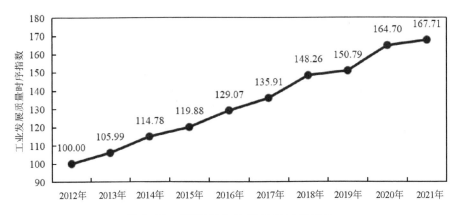

图 6-31　新疆工业发展质量时序指数

（资料来源：赛迪智库整理，2023 年 4 月。）

表 6-63　2012-2021 年新疆工业发展质量时序指数

	2012年	2013年	2014年	2015年	2016年	2017年	2018年	2019年	2020年	2021年	2013—2021年年均增速（%）
速度效益	100.00	92.42	86.06	71.04	74.46	89.11	92.96	86.74	88.72	124.48	2.46
结构调整	100.00	131.08	131.85	130.56	152.20	183.04	206.45	227.31	254.04	194.80	7.69
技术创新	100.00	107.69	120.88	130.05	128.43	117.57	127.84	120.87	139.59	147.65	4.42
资源环境	100.00	102.47	105.33	117.82	121.35	121.61	128.56	138.05	151.41	153.31	4.86
两化融合	100.00	97.20	140.56	173.47	198.08	191.04	213.84	211.93	228.56	256.26	11.02
人力资源	100.00	101.31	106.83	113.46	116.44	120.61	125.74	130.07	134.58	140.17	3.82
时序指数	100.00	105.99	114.78	119.88	129.07	135.91	148.26	150.79	164.70	167.71	5.91

资料来源：赛迪智库整理，2023 年 4 月。

纵向来看，2012—2021 年新疆工业发展质量时序指数自 100.00 上涨至 167.71，年均增速为 5.91%，比全国平均水平高 0.62 个百分点。

新疆在结构调整和两化融合方面表现较好。结构调整方面，年均增速为 7.69%，高出全国平均水平 3.72 个百分点。其中，新产品出口占货物出口额比重年均增速为 14.79%，远高于全国平均水平。两化融合方面，年均增速为 11.02%，高出全国年均水平 3.39%，其中，电子信息产业占比和宽带人均普及率年均增速分别为 12.24% 和 15.29%。

新疆在速度效益、资源环境、技术创新和人力资源方面表现一般。速度效益方面，年均增速为 2.46%。技术创新、资源环境、人力资源年均增速分别为 4.42%、4.86%、3.82%，均低于全国平均水平。

2．截面指数（见表 6-64）

横向来看，2012—2021 年新疆工业发展质量指数均值排名第 26 位，处于全国中下游水平。

表 6-64　2012—2021 年新疆工业发展质量截面指数排名

	2012年	2013年	2014年	2015年	2016年	2017年	2018年	2019年	2020年	2021年	2012—2021年均值排名
速度效益	2	2	7	24	23	17	15	20	15	3	8
结构调整	30	30	30	30	29	29	30	30	30	30	30
技术创新	29	28	29	27	29	30	30	30	30	30	30
资源环境	24	24	27	28	27	28	27	27	27	27	27
两化融合	24	23	23	23	22	30	30	30	28	25	25
人力资源	4	6	3	6	10	5	6	8	12	10	6
截面指数	22	21	24	27	27	28	27	28	28	19	26

资料来源：赛迪智库整理，2023 年 4 月。

2012—2021 年，新疆在人力资源和速度效益方面成效显著。人力资源方面均值排名全国第 6 位，位居上游。其中，第二产业全员劳动生产率排名全国第 8 位，表现较为突出。速度效益方面，均值排名全国第 8 位，其中，工业成本费用利润率和工业营业收入利润率在 2021 年分别排名全国第 2 位、第 3 位，表现优异。

新疆在结构调整、技术创新、资源环境、两化融合方面仍有较大进步空间，处于全国偏下游水平。在结构调整方面，高技术制造业主营业务收入占比、制造业 500 强企业占比、规上小型工业企业收入占比、新产品出口占货物出口额比重 4 项指标均处于全国中下游水平。在技术创新方面，虽然 2021 年单位工业企业 R&D 经费支出发明专利数排名全国第 5 位，但其他指标仍处于下游水平，大幅拉低了整体排名。在资源环境方面，2021 年单位工业增加值用水量排名全国第 19 位，与上年持平；单位工业增加值能耗排名全国第 27 位，较为靠后，需着力提升。在两化融合方面，2021 年，宽带人均普及率排名全国第 9 位；电子信息产业占比和两化融合水平指标排名均较为靠后。

3．原因分析

2021 年，新疆继续发挥人力资源在经济发展和改善民生方面的重要作用。一方面，坚持创新驱动广纳英才。实施高层次紧缺人才引进计划，面向疆内外引进各类高层次紧缺人才，有效缓解了重点行业领域紧缺专业人才供需矛盾。另一方面，进一步提高自治区高技能人才培养能力，更好地支持经济高质量发展。持续开展高技能人才培训，培育新先进制造业、能源化工、轨道交通等战略性新兴产业和优势、支柱产业高技能人才培养。

从整体上看，新疆的工业发展质量仍面临很多严峻挑战，例如，产业转型升级步伐有待加快，战略性新兴产业比重不高，科技创新对工业高质量发展支撑作用不足，产业链、供应链稳定性和竞争力水平不足，产业集群化发展程度不够，经济的粗放增长导致资源的高消耗、环境的高污染等。

（三）结论与展望

综合时序指数和截面指数来看，新疆工业发展目前还有很大提升空间。未来建议从以下几个方面着重推动工业高质量发展。一是加快创新驱动发展，促进工业转型升级发展。加快建设以企业为主体、市场为导向、产学研深度融合的技术创新体系。打造一批高水平自治区级创新平台，如培育全国重点实验室、国家制造业创新中心等。围绕新疆"八大产业集群"和生物医药、种业等特色优势领域，实施一批重大创新工程，集中力量进行引领性技术和"卡脖子"关键核心技术攻关。二是激发市场主体发展活力，加快推进国有经济布局优化和结构调整，注重保护民营企业产权和企业家权益，优化营商环境，为民营企业、中小微企业和个体工商户纾困解难。三是深入推进绿色低碳发展，推进重点行业和高耗能产业绿色低碳改造，加快发展方式绿色转型。

专　题　篇

第七章

区域发展专题研究

第一节　我国区域工业发展 10 年

　　党的十八大以来，在以习近平同志为核心的党中央坚强领导下，我国工业发展取得新的历史性成就，区域之间发展的协调性进一步增强，但也面临工业增加值占 GDP 比重"普跌"、部分省份工业发展"失速"等问题。新形势下，为进一步发挥工业在区域经济中的"压舱石"作用，推动区域工业协调发展，我们建议做好以下 3 方面的工作：一是坚持把工业稳增长摆在重要位置，确保工业经济运行在合理区间，保持工业比重基本稳定；二是推动开展数字化监测分析，加强统筹协调，保障产业链平稳健康运行；三是加快传统工业转型升级，培育新兴产业发展，推动工业加速迈向高质量发展阶段。

一、10 年来我国区域工业发展的 3 个特征

　　（一）各地工业规模持续增长，东部工业大省支撑作用增强，中西部省份工业加速追赶

　　10 年来，全国各地高度重视工业发展，通过一手抓传统产业转型升级，一手抓战略性新兴产业发展壮大，坚定推动工业经济健康发展。从工业增加值规模看（见图 7-1），2012—2021 年这 10 年间，我国工业增加值过万亿元的省份数量由 5 个增加至 15 个，过两万亿元的省份数量由 2 个增加至 4 个。具体来看，广东、江苏工业增加值均由 2012 年的超两万亿元增加至超 4 万亿元，2021 年分别达到 4.51 万亿元和 4.46 万亿元；2021 年，另外两个工业增加值过两万亿元的省份为山东和浙江，均为 2.7 万亿元；4 个工业增加值过两万亿元的省份占全国工业增

加值比重达到 39%，对我国工业经济形成有力支撑。10 年间，福建工业增加值增量超过 9000 亿元，位居全国第一，超过了 2021 年全国 15个省份的工业增加值累计额；其余工业增加值过万亿元的省份主要集中在中西部地区，如湖北、湖南、安徽工业增加值分别新增 5000 多亿元，江西和山西工业增加值也新增了 4800 亿元和 3800 亿元。从工业增加值占全国比重看，与 2012 年相比，2021 年占比提高的省份有 13 个，其中东部地区的江苏、福建、广东、浙江工业增加值占全国比重提高幅度最大，分别较 2012 年增加 1.3、0.9、0.7、0.6 个百分点。此外，中西部地区的内蒙古、贵州、江西、安徽省份占比也有明显提升，分别提高了0.5、0.5、0.3、0.3 个百分点。山西、四川、天津等 12 个省份占比出现下降，其中下降幅度最大的是黑龙江，占比下降了 1.2 个百分点。我国东北地区以重工业、国有企业为主，新动能培育有待进一步发力。

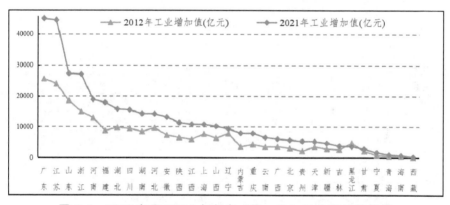

图 7-1　2012 年和 2021 年各省（区、市）工业增加值规模

数据来源：各省（区、市）统计局，赛迪研究院计算，2022 年。

表 7-1　各省（区、市）工业增加值占 GDP 比重

省（区、市）	2012年	2013年	2014年	2015年	2016年	2017年	2018年	2019年	2020年	2021年	2012—2021 年变化
内蒙古	34.1%	33.6%	33.0%	31.8%	31.6%	31.4%	31.6%	31.7%	32.4%	38.6%	4.5%
西藏	8.1%	7.7%	7.4%	7.0%	7.8%	8.2%	8.2%	7.8%	8.3%	9.1%	1.0%
宁夏	37.6%	36.4%	35.6%	33.9%	33.3%	35.3%	33.9%	33.9%	33.0%	37.1%	-0.5%
吉林	30.5%	30.3%	30.8%	30.9%	30.2%	29.6%	29.2%	28.5%	28.6%	29.0%	-1.5%
青海	30.3%	29.3%	27.3%	25.7%	26.5%	27.7%	28.3%	27.9%	26.3%	28.5%	-1.8%
北京	16.2%	15.8%	15.4%	14.0%	13.4%	13.0%	12.5%	12.0%	11.8%	14.1%	-2.1%

续表

省 （区、市）	2012 年	2013 年	2014 年	2015 年	2016 年	2017 年	2018 年	2019 年	2020 年	2021 年	2012—2021 年 变化
贵州	32.4%	31.8%	31.0%	30.3%	29.7%	28.1%	27.1%	26.6%	26.1%	27.3%	−5.2%
江苏	44.6%	43.1%	41.9%	40.4%	39.2%	39.3%	38.7%	37.7%	37.2%	38.4%	−6.2%
天津	39.5%	38.4%	37.3%	35.1%	32.9%	31.7%	32.0%	31.1%	30.7%	33.3%	−6.2%
浙江	43.2%	42.4%	42.4%	40.9%	39.5%	38.2%	37.3%	36.1%	35.0%	36.7%	−6.5%
海南	17.1%	14.2%	14.1%	13.2%	11.8%	11.7%	11.9%	11.2%	10.0%	10.6%	−6.6%
福建	43.1%	42.9%	42.8%	41.0%	39.6%	38.0%	38.2%	37.0%	35.8%	36.4%	−6.7%
河北	41.9%	40.6%	39.9%	38.0%	37.8%	36.0%	33.6%	32.3%	32.4%	34.9%	−7.0%
广西	32.2%	29.7%	29.6%	28.1%	26.7%	26.3%	26.0%	24.7%	23.4%	24.6%	−7.7%
云南	32.1%	30.4%	29.1%	27.0%	25.0%	23.5%	23.5%	23.3%	22.7%	24.1%	−7.9%
陕西	46.0%	45.0%	43.9%	39.7%	37.9%	38.3%	38.0%	36.7%	33.6%	37.8%	−8.2%
广东	44.8%	43.4%	43.3%	41.9%	39.8%	38.6%	37.7%	36.2%	35.4%	36.3%	−8.5%
重庆	37.0%	36.7%	36.7%	35.0%	32.7%	30.9%	29.0%	27.8%	27.9%	28.3%	−8.7%
湖南	39.7%	39.0%	38.1%	36.6%	34.2%	31.7%	29.7%	30.1%	29.9%	30.7%	−9.0%
山西	54.2%	51.0%	47.7%	38.8%	37.2%	40.6%	39.2%	38.8%	37.9%	45.0%	−9.2%
安徽	39.7%	39.1%	38.2%	35.1%	33.9%	32.8%	31.3%	30.3%	29.5%	30.5%	−9.2%
新疆	38.8%	35.2%	34.7%	29.8%	27.9%	29.3%	29.3%	28.2%	26.7%	29.4%	−9.4%
江西	46.0%	45.6%	44.2%	41.9%	40.0%	39.4%	36.4%	35.6%	34.9%	36.4%	−9.6%
辽宁	43.8%	41.9%	39.0%	35.2%	32.5%	32.4%	32.9%	32.4%	31.6%	33.9%	−9.9%
山东	42.9%	41.1%	39.7%	38.3%	36.9%	35.7%	33.9%	32.3%	31.6%	32.8%	−10.1%
四川	39.3%	38.9%	37.0%	35.4%	32.6%	30.2%	28.8%	28.4%	27.6%	28.6%	−10.7%
上海	36.0%	33.5%	32.1%	29.3%	26.9%	27.3%	27.1%	25.2%	24.7%	24.8%	−11.1%
甘肃	39.1%	37.6%	36.4%	31.0%	28.9%	27.5%	27.8%	26.6%	25.2%	27.8%	−11.2%
湖北	43.3%	40.3%	39.6%	38.5%	37.4%	36.1%	35.3%	34.6%	30.6%	31.4%	−11.9%
河南	44.4%	42.5%	41.2%	39.9%	38.6%	37.3%	34.7%	33.4%	31.6%	31.9%	−12.5%
黑龙江	43.4%	41.0%	37.2%	30.7%	28.3%	26.2%	25.4%	24.6%	22.9%	24.6%	−18.8%

数据来源：各省（区、市）统计局，赛迪研究院计算整理，2022 年。

（二）各地工业增速保持平稳态势，多数省份年均增速超过全国平均水平，中西部地区增速较快

2012—2021 年，我国规上工业增加值年均增速为 7.1%，除 2020 年受新冠疫情影响增速出现大幅下滑外，多年保持平稳发展态势。从各地规上工业增加值增速看（见表 7-2），22 个省份到达或超过全国平均水平，9 个省份低于全国平均水平。中西部地区西藏、贵州、江西、安徽、重庆增速领先，年均增速分别为 11.2%、10.7%、9.9%、9.9% 和 9.6%。

贵州依托能源、资源优势，成功打造大数据名片产业，实现工业结构优化和加快转型。安徽不断提升区域创新能力，将以电子信息产业为主的一批新兴产业培育成全省工业增长的主要动力。东部地区的福建、江苏也保持了较高的增长水平，年均增速分别达到9.4%和8.7%。从规上工业增加值增速变化情况看，大多省份呈现增速下降的趋势，但也有一些省份近年来扭转了下降走势，出现回升态势，如山西、黑龙江、甘肃、新疆、江苏、重庆。其中，山西2012年增速为11.9%，2015年下降到-2.8%，2021年回升到12.7%。近年来，山西不断深化供给侧结构性改革，大力推动高端装备制造、新材料等14个战略性新兴产业发展，战略性新兴产业增加值在"十三五"期间年均增长7.8%，"一煤独大"的局面逐渐改善，工业发展动能实现了多元化。

表7-2　各地规上工业增加值增速

	2012年	2013年	2014年	2015年	2016年	2017年	2018年	2019年	2020年	2021年	2012—2021年年均增速
全国	10%	9.7%	8.3%	6.1%	6%	6.6%	6.2%	5.7%	2.8%	9.6%	7.1%
西藏	15.1%	12.2%	6%	14.6%	12.7%	14.2%	12.5%	3%	9.6%	12.9%	11.2%
贵州	16.2%	13.6%	11.3%	9.9%	9.9%	9.5%	9%	9.6%	5%	12.9%	10.7%
江西	14.7%	12.4%	11.8%	9.2%	9%	9.1%	8.9%	8.5%	4.6%	11.4%	9.9%
安徽	16.2%	13.7%	11.2%	8.6%	8.8%	9%	9.3%	7.3%	6%	8.9%	9.9%
重庆	16.3%	13.6%	12.6%	10.8%	10.3%	9.6%	0.5%	6.2%	5.8%	10.7%	9.6%
福建	15.2%	13.2%	11.9%	8.7%	7.6%	8%	9.1%	8.8%	2%	9.9%	9.4%
四川	16.1%	11.1%	9.6%	7.9%	7.9%	8.5%	8.3%	8%	4.5%	9.8%	9.1%
云南	15.6%	12.3%	7.3%	6.7%	6.5%	10.6%	11.8%	8.1%	2.4%	8.8%	9.0%
江苏	12.6%	11.5%	9.9%	8.3%	7.7%	7.5%	5.1%	6.2%	6.1%	12.8%	8.7%
陕西	16.6%	13.1%	11.3%	7%	6.9%	8.2%	9.2%	5.2%	1%	8.9%	8.7%
宁夏	13.8%	12.5%	8.3%	7.8%	7.5%	8.6%	8.3%	7.6%	4.3%	8%	8.6%
湖南	14.6%	11.6%	9.6%	7.8%	6.9%	7.3%	7.4%	8.3%	4.8%	8.4%	8.6%
河南	14.6%	11.8%	11.2%	8.6%	8%	8%	7.2%	7.8%	0.4%	6.3%	8.3%
湖北	14.6%	11.8%	10.8%	8.6%	8%	7.4%	7.1%	7.8%	-6.1%	14.8%	8.3%
青海	14.8%	12.6%	9.1%	7.4%	7.5%	7%	8.6%	7%	-0.2%	9.2%	8.3%
广西	15.9%	12.9%	10.7%	7.9%	7.5%	7.1%	4.7%	4.5%	1.2%	8.6%	8.0%
新疆	12.7%	12.9%	10%	5.2%	3.7%	6.4%	4.1%	4.7%	6.9%	8.8%	7.5%
内蒙古	14.8%	12%	10%	8.6%	7.2%	3.1%	7.1%	6.1%	0.7%	6%	7.5%
山东	11.4%	11.3%	9.6%	7.5%	6.8%	6.9%	5.2%	1.2%	5%	9.6%	7.4%

续表

	2012年	2013年	2014年	2015年	2016年	2017年	2018年	2019年	2020年	2021年	2012—2021年年均增速
天津	16.1%	13%	10.1%	9.3%	8.4%	2.3%	2.4%	3.4%	1.6%	8.2%	7.4%
浙江	7.1%	8.5%	6.9%	4.4%	6.2%	8.3%	7.3%	6.6%	5.4%	12.9%	7.3%
北京	7%	8%	6.2%	1%	5.1%	5.6%	4.6%	3.1%	2.3%	31%	7.1%
甘肃	14.6%	11.5%	8.4%	6.8%	6.2%	-1.7%	4.6%	5.2%	6.5%	7.6%	6.9%
广东	8.4%	8.7%	8.4%	7.2%	6.7%	7.2%	6.3%	4.7%	1.5%	9%	6.8%
吉林	14.1%	9.6%	6.6%	5.3%	6.3%	5.5%	5%	3.1%	6.9%	4.6%	6.7%
河北	13.4%	10%	5.1%	4.4%	4.8%	3.4%	5.2%	5.6%	4.7%	4.9%	6.1%
山西	11.9%	10.5%	3%	-2.8%	1.1%	7%	4.1%	5.3%	5.7%	12.7%	5.7%
海南	8.9%	6.3%	12%	5.1%	2.6%	0.5%	6%	4.2%	-4.5%	10.3%	5.0%
黑龙江	10.5%	6.9%	2.9%	0.4%	2%	2.7%	3%	2.8%	3.3%	7.3%	4.1%
上海	2.9%	6.6%	4.5%	0.2%	1.1%	6.8%	2%	0.4%	1.7%	11%	3.7%
辽宁	9.9%	9.6%	4.8%	-4.8%	-15.2%	4.4%	9.8%	6.7%	1.8%	4.6%	2.9%

注：标灰省份为规上工业增加值增速扭转下降走势出现回升趋势。

数据来源：各省（区、市）统计局，赛迪研究院计算整理，2022 年。

（三）各地加快推动高技术制造业发展，中西部地区增长较快，东部地区表现分化，东北地区有待提高

全国高技术制造业营业收入由 2012 年的 10.23 万亿元增长到 2020 年的 17.46 万亿元，增幅达到 71%。高技术制造业营业收入超过 5000 亿元的省份由 2012 年的 4 个（广东、江苏、山东、上海）增加到 2020 年的 11 个（广东、江苏、上海、山东、浙江、北京、福建、四川、重庆、河南、江西）。其中，东部省份 7 个，中部和西部省份各两个。从各省（区、市）高技术制造业营业收入占规上工业比重来看（见表 7-3），2012—2020 年，占比超过 10% 的省份由 8 个增加至 17 个，占比最高的一直是广东，2020 年该省高技术制造业占比达到 33.47%。与 2012 年相比，27 个省份高技术制造业营业收入占规上工业比重在 2020 年实现提升，10 个省份比重提升超过 5%，重庆、江西、安徽、四川提升比例最大，分别提升 13.45%、8.79%、7.81% 和 7.65%。全国仅有西藏、黑龙江、吉林、上海 4 个省份占比下降。从各省（区、市）高技术制造业营业收入占全国比重来看（见表 7-4），与 2012 年相比，21 个省份高技术制造业营业收入占全国比重在 2020 年上升。广东、浙江、重庆、江西、四川、安徽 6 个省份占比提升超过 1%；广东占比提升 4.27 个百分点，

位居全国第一；10 个省份占比下降，其中江苏占比降幅最大，达到 -6.77%。相较于广东、浙江等其他工业大省，江苏近年来在产值带动力较强的计算机、移动智能终端等终端消费品领域发展相对较慢，导致其高技术制造业增长缓慢，全国占比下降。

表 7-3　各省（区、市）高技术制造业营业收入占规上工业比重

省（区、市）	2012年	2013年	2014年	2015年	2016年	2017年	2018年	2019年	2020年	2012—2020年变化
广东	26.70%	26.20%	26.27%	27.95%	29.24%	32.33%	33.87%	31.84%	33.47%	6.78%
重庆	14.62%	16.84%	18.37%	19.27%	20.86%	25.17%	26.46%	26.94%	28.08%	13.45%
北京	21.12%	20.47%	20.99%	21.19%	21.82%	23.79%	24.20%	24.98%	27.56%	6.44%
江苏	19.17%	18.60%	18.40%	19.40%	19.61%	19.59%	19.79%	20.23%	21.69%	2.53%
四川	12.61%	14.46%	14.41%	13.38%	14.43%	15.93%	16.83%	17.59%	20.26%	7.65%
上海	20.68%	19.77%	19.89%	21.11%	20.43%	19.71%	19.00%	18.63%	20.02%	-0.66%
江西	8.24%	8.47%	8.40%	10.07%	10.88%	13.16%	14.71%	14.95%	17.03%	8.79%
天津	14.92%	15.67%	15.09%	15.14%	14.53%	14.60%	14.73%	14.34%	15.45%	0.54%
陕西	7.58%	7.57%	8.45%	9.66%	11.39%	11.63%	12.13%	12.40%	14.04%	6.46%
河南	6.23%	7.14%	7.78%	9.07%	9.29%	8.65%	12.78%	12.22%	13.32%	7.08%
浙江	6.89%	7.11%	7.44%	8.37%	8.99%	10.42%	10.49%	11.03%	12.89%	6.00%
安徽	5.05%	5.42%	6.88%	7.84%	8.50%	9.02%	9.99%	10.80%	12.86%	7.81%
福建	11.06%	10.70%	9.78%	10.01%	10.50%	11.50%	11.16%	11.40%	11.29%	0.24%
海南	8.95%	7.76%	7.50%	9.38%	9.74%	11.68%	11.12%	11.18%	11.22%	2.27%
湖北	6.27%	6.40%	7.12%	8.46%	9.19%	10.15%	10.03%	9.75%	11.06%	4.79%
湖南	6.76%	8.05%	8.46%	9.26%	9.36%	9.46%	9.95%	10.59%	10.78%	4.02%
贵州	5.75%	5.06%	6.54%	8.17%	9.02%	10.62%	12.56%	11.78%	10.44%	4.69%
广西	5.47%	6.58%	7.37%	8.76%	9.35%	7.59%	7.54%	8.80%	8.15%	2.68%
云南	2.68%	2.90%	3.01%	3.56%	4.55%	5.13%	5.20%	5.82%	7.98%	5.31%
山东	6.55%	6.77%	7.13%	7.92%	8.14%	7.03%	7.24%	7.11%	7.73%	1.19%
山西	3.43%	3.85%	4.46%	5.91%	7.01%	6.59%	6.56%	5.97%	6.31%	2.88%
辽宁	4.59%	4.58%	4.82%	5.46%	6.62%	7.17%	6.56%	6.12%	6.25%	1.65%
青海	2.65%	3.35%	3.78%	4.63%	4.68%	4.70%	4.72%	5.48%	5.20%	2.55%
西藏	8.38%	12.07%	13.58%	7.26%	5.65%	4.85%	4.09%	5.47%	5.13%	-3.26%
宁夏	1.84%	2.47%	2.69%	3.22%	4.84%	4.57%	4.19%	3.69%	4.69%	2.84%
吉林	5.74%	6.45%	7.15%	8.28%	8.83%	6.87%	4.59%	4.42%	4.51%	-1.23%
河北	2.76%	2.98%	3.20%	3.74%	3.88%	4.20%	4.03%	3.83%	3.96%	1.20%
甘肃	1.44%	1.62%	1.75%	2.06%	2.50%	2.63%	2.62%	3.66%	3.78%	2.34%
黑龙江	4.18%	4.46%	4.72%	5.31%	4.30%	5.37%	4.48%	4.18%	2.87%	-1.32%
内蒙古	1.51%	1.71%	1.81%	2.08%	2.03%	2.97%	2.81%	2.17%	2.40%	0.90%
新疆	0.53%	0.57%	0.64%	0.87%	1.09%	1.41%	1.66%	0.95%	1.49%	0.96%

数据来源：中国高技术年鉴，赛迪研究院计算整理，2022 年。

表 7-4　各省（区、市）高技术制造业营业收入占全国比重

省（区、市）	2012年	2013年	2014年	2015年	2016年	2017年	2018年	2019年	2020年	2012—2020年变化
广东	24.47%	23.99%	23.79%	23.80%	24.56%	27.17%	29.78%	29.41%	28.74%	4.27%
江苏	22.34%	21.39%	20.48%	20.38%	19.97%	18.31%	16.66%	15.09%	15.57%	-6.77%
浙江	3.89%	3.75%	3.76%	3.78%	3.83%	4.30%	4.77%	5.28%	5.81%	1.92%
四川	3.87%	4.44%	4.30%	3.69%	3.90%	4.16%	4.42%	4.89%	5.40%	1.53%
上海	6.89%	5.89%	5.54%	5.15%	4.56%	4.69%	4.82%	4.68%	4.53%	-2.36%
山东	7.55%	7.70%	8.01%	8.24%	7.97%	6.21%	4.45%	3.72%	3.86%	-3.69%
北京	3.49%	3.29%	3.26%	2.86%	2.80%	3.09%	3.38%	3.68%	3.76%	0.28%
河南	3.18%	3.69%	4.15%	4.75%	4.81%	4.34%	3.86%	3.85%	3.71%	0.52%
重庆	1.84%	2.26%	2.69%	2.88%	3.18%	3.28%	3.38%	3.64%	3.71%	1.87%
福建	3.16%	3.05%	2.85%	2.83%	2.90%	3.30%	3.69%	4.13%	3.58%	0.42%
江西	1.81%	1.97%	2.05%	2.37%	2.54%	2.79%	3.03%	3.29%	3.55%	1.74%
安徽	1.43%	1.58%	1.99%	2.19%	2.33%	2.44%	2.54%	2.54%	2.84%	1.41%
湖北	1.98%	2.10%	2.31%	2.61%	2.74%	2.75%	2.76%	2.79%	2.59%	0.61%
湖南	1.84%	2.21%	2.22%	2.34%	2.38%	2.31%	2.24%	2.53%	2.40%	0.57%
陕西	1.21%	1.18%	1.29%	1.36%	1.56%	1.68%	1.81%	2.03%	1.96%	0.75%
天津	3.45%	3.65%	3.36%	3.02%	2.45%	2.07%	1.70%	1.71%	1.68%	-1.76%
辽宁	2.16%	2.03%	1.84%	1.30%	0.95%	1.06%	1.16%	1.21%	1.10%	-1.07%
河北	1.18%	1.19%	1.18%	1.22%	1.19%	1.11%	1.02%	0.99%	0.98%	-0.20%
广西	0.79%	0.97%	1.09%	1.28%	1.35%	1.13%	0.92%	0.97%	0.82%	0.04%
山西	0.61%	0.61%	0.62%	0.62%	0.65%	0.74%	0.83%	0.80%	0.80%	0.19%
云南	0.23%	0.25%	0.24%	0.25%	0.30%	0.38%	0.45%	0.54%	0.68%	0.45%
贵州	0.34%	0.32%	0.44%	0.58%	0.66%	0.71%	0.76%	0.72%	0.56%	0.22%
吉林	1.11%	1.23%	1.31%	1.32%	1.34%	0.88%	0.42%	0.39%	0.34%	-0.77%
内蒙古	0.27%	0.30%	0.28%	0.28%	0.26%	0.26%	0.26%	0.23%	0.24%	-0.03%
甘肃	0.11%	0.12%	0.13%	0.13%	0.13%	0.14%	0.15%	0.17%	0.16%	0.05%
黑龙江	0.51%	0.53%	0.50%	0.44%	0.32%	0.29%	0.27%	0.26%	0.16%	-0.35%
海南	0.15%	0.10%	0.10%	0.11%	0.11%	0.13%	0.16%	0.16%	0.14%	-0.01%
宁夏	0.05%	0.07%	0.07%	0.08%	0.11%	0.12%	0.12%	0.11%	0.13%	0.08%
新疆	0.04%	0.04%	0.05%	0.05%	0.06%	0.09%	0.11%	0.07%	0.10%	0.06%
青海	0.05%	0.06%	0.07%	0.07%	0.08%	0.08%	0.07%	0.08%	0.07%	0.02%
西藏	0.01%	0.01%	0.01%	0.01%	0.01%	0.01%	0.01%	0.01%	0.01%	0.00%

数据来源：中国高技术年鉴，赛迪研究院计算整理，2022 年。

二、对策建议

把工业稳增长摆在重要位置，确保工业经济运行在合理区间，保持工业比重基本稳定。2022 年中央经济工作会议指出，我国经济发展面临需求收缩、供给冲击、预期转弱三重压力。但我国经济韧性强，工业经济长期向好的基本面和恢复增长的总体态势没有改变。各地应把"稳增长"放在更加突出的位置，尽全力而为之，保持工业经济运行在合理区间，保持工业尤其是制造比重基本稳定。第一，强化工业尤其是制造业作为国民经济的主体地位，改变一些地方盲目追求虚拟经济增长指标的产业结构政策，政策制定和执行必须放眼长期，推动工业经济平稳运行和提质升级，筑牢经济"压舱石"。第二，提高要素配给效率，引导技术、人才、劳动力、资本等生产要素发挥叠加效应，协同投向实体经济特别是先进制造业。第三，加强影响工业发展的能源、劳动力、土地等要素保障能力，降低企业生产经营成本。

推动开展数字化监测分析，加强统筹协调，保障产业链平稳健康运行。近年来，世纪疫情与百年变局交织，外部环境更趋复杂严峻和不确定，不少地区产业链、供应链稳定受到冲击。因此，保障产业链、供应链稳定成为各地推动工业经济平稳健康发展的重要基础。第一，支持各地加快建设重点产业链、供应链监测管理平台，梳理重点产业链图谱，整合产业相关部门数据、信息资源，加强与企业、研究机构的沟通联系，强化产业链运行数据监测和情况调度，掌握产业链动态跟踪等方面的信息，并形成对重点企业、产业重大风险监测管理的长效机制。第二，充分发挥各地"工业强省""制造强省"建设领导小组的统筹协调作用，形成并完善产业救济与应急管理机制，针对新冠疫情等重大突发事件中暴露出的产业链、供应链短板和风险隐患，以产业链、供应链监测管理平台为依托，精准制定部署风险防范与产业救济措施。

加快传统工业转型升级，培育新兴产业发展，推动工业加速迈向高质量发展阶段。占我国规上工业增加值 80%以上的传统工业是提升工业发展质量的"主战场"。新兴产业具有战略性、创新性和高成长性等特征，可以加速区域产业结构升级调整及区域经济增长，因此，加快传统工业的转型升级和培育新兴产业发展是各地提升工业发展质量的关键所在。第一，进一步扩大工业技改投入规模，对工业各行业进行全产业链改造，推动工业加速向数字化、智能化方向转型升级。第二，各地在新兴产业培育方面应立足资源禀赋、产业基础，做好新兴产业发展规划，科学合理谋划细分领域与重点环节，并在发展要素配置、应用场景开放等方面配以精准的产业政策，引导新兴产业更加精细化发展。第三，通过财政、税收、金融等政策手段，支持各地加大新型基础设施的建设、投资和应用开发，为传统产业转型升级与新兴产业发展奠定基础。

第二节　战略性新兴产业区域布局有待进一步优化

战略性新兴产业以其战略性、创新性和成长性而广受关注，其健康发展不仅可以直接促进产业结构升级调整及区域经济增长，而且其在区域空间上的合理布局也能够有力地推动区域经济协调发展。中国电子信息产业发展研究院研究发现，当前我国战略性新兴产业布局存在区域间布局不均衡、区域间缺乏统筹合作等突出问题，需强化政府规划引导作用，加快建设新兴产业集群，促进中西部地区和东北地区产业要素集聚，加强区域间联合技术攻关，以促进战略性新兴产业区域布局合理。

一、我国战略性新兴产业区域发展格局加快形成

新兴产业已成为我国区域经济发展的重要增长极。总体来看，以全国重点城市群为主的产业集群快速发展，珠三角、长三角、京津冀等地区的新一代信息技术、高端装备、新能源汽车、生物、新能源、新材料、节能环保、数字创意等产业蓬勃发展，大量新技术、新业态、新产业快速兴起。山东半岛形成了生物医药、高端装备制造、新一代信息技术、新材料等产业和海洋经济的产业发展集群。东北地区形成了航空装备、智能装备、光电子及生物医药等特色集群。长株潭城市群聚集了高端装备、新材料、新一代信息技术等领域的一大批重点企业。武汉城市群和成渝城市群发展成为全国重要的新一代信息技术产业和高端装备集聚区。此外，一些重要节点城市在一些细分领域形成了特色产业集群，如西安的航空装备产业、洛阳的农业机械产业、兰州的新材料产业等。

一批潜力大的新兴产业集群加速涌现。近年来，我国战略性新兴产业快速发展，国家发改委数据显示，截至 2020 年年底，我国战略性新兴产业增加值占 GDP 比重达到 11.7%，较 2014 年提高 4.1 个百分点。受历史条件、技术要求、要素禀赋、市场需求、政策环境等多方面因素影响，新兴产业区域集群化特征明显。国家发改委、工信部等相关部门不断加大对新兴产业集群的培育工作：2019 年，国家发改委公布了第一批 66 个国家级战略性新兴产业集群名单；2021 年，工信部发布了"先进制造业集群决赛优胜者名单"，公布了两批共 25 个先进制造业产业集群。初步统计[①]，两个部门公布的新兴产业集群共涉及 23 个省（区、市）。

---

① 部分有重合，但评选标准和口径不一致，未做删除。

其中，广东有 12 个产业集群入选，在省级行政区中位居首位；山东、江苏分别处于第 2 位和第 3 位，各有 9 个产业集群入选。分领域来看，新一代信息技术产业入选 34 个，在所有细分领域中排在首位；生物、新材料、高端装备数量相当，分别达到 19 个、18 个、17 个（见表 7-5）。

表 7-5　国家级战略性新兴产业集群行业分布情况

省 （区、市）	涉及产业	产业集群
广东（12）	新一代信息技术、新材料、高端装备、生物	工信部：深圳新一代信息通信、深圳先进电池材料、广佛惠超高清视频和智能家电、东莞智能移动终端、广深佛莞智能装备、深广高端医疗器械。发改委：深圳新型显示器产业、深圳人工智能、深圳智能智造、广州智能制造、广州生物医药、珠海生物医药
山东（9）	新一代信息技术、高端装备、生物、新材料	工信部：青岛智能家电、青岛轨道交通装备。发改委：青岛市轨道交通装备产业、青岛市节能环保产业、烟台市先进结构材料产业、烟台市生物医药产业、济南市信息技术服务产业、淄博市新型功能材料产业、临沂市生物医药产业
江苏（9）	新一代信息技术、新材料、高端装备、新材料、生物	工信部：无锡物联网、南京软件和信息服务、南京新型电力装备、苏州纳米新材料、徐州工程机械、常州新型碳材料集群。发改委：徐州智能制造、常州智能制造、苏州生物医药
上海（6）	新一代信息技术、生物	工信部：集成电路、张江生物医药。发改委：浦东新区集成电路、杨浦区信息服务产业、徐汇区人工智能、浦东新区生物医药
湖南（6）	高端装备、新材料	工信部：株洲先进轨道交通装备、长沙工程机械。发改委：长沙智能制造、湘潭智能制造、娄底先进结构材料产业、岳阳新型功能材料
浙江（6）	新一代信息技术、新材料、生物	工信部：杭州数字安防、宁波磁性材料、温州乐清电气。发改委：杭州市信息技术服务、杭州生物医药、宁波新型功能材料
安徽（5）	新一代信息技术、新材料	工信部：合肥智能语音。发改委：合肥市集成电路产业、合肥市新型显示器产业、合肥市人工智能产业集群、铜陵市先进材料
四川（5）	新一代信息技术、高端装备、生物、节能环保	工信部：成都软件和信息服务，成都、德阳高端能源装备。发改委：成都轨道交通、成都生物医药、自贡节能环保
北京（4）	新一代信息技术、生物	发改委：经开区集成电路、海淀区人工智能、昌平生物制药、大兴生物医药

续表

省 （区、市）	涉及产业	产业集群
福建（4）	新材料、生物	发改委：厦门新型功能材料、厦门生物医药产业、福州新型功能材料、莆田新型功能材料
河南（4）	新一代信息技术、新材料、节能环保	发改委：郑州信息服务产业、郑州下一代信息网络产业、平顶山新型功能材料、许昌节能环保产业集群
湖北（4）	新一代信息技术、生物	发改委：武汉市集成电路、武汉市新型显示器件、武汉市下一代信息网络、武汉市生物医药
陕西（3）	高端装备、新一代信息技术、新材料	工信部：西安航空产业。发改委：西安集成电路、宝鸡先进结构材料
贵州（2）	新一代信息技术、新材料	发改委：贵阳信息技术服务、铜仁新型功能材料
江西（2）	新一代信息技术、新材料	发改委：鹰潭下一代信息网络、新型功能材料
天津（2）	新一代信息技术、生物	发改委：网络信息安全和产品服务、生物医药产业
辽宁（2）	新一代信息技术、高端装备	发改委：大连信息技术服务、大连智能制造
重庆（1）	生物	发改委：巴南生物医药
河北（1）	生物	发改委：石家庄生物医药
海南（1）	新一代信息技术	发改委：澄迈信息技术服务
黑龙江（1）	生物	发改委：哈尔滨生物医药
新疆（1）	新材料	发改委：乌鲁木齐先进结构材料
吉林（1）	生物	发改委：通化生物医药

数据来源：国家发改委网站、工信部网站，赛迪研究院整理，2022 年。

二、战略性新兴产业区域布局面临 3 方面主要问题

区域间战略性新兴产业发展方向趋同，差异化分工不明显。"十三五"时期以来，各地均将发展战略性新兴产业作为经济发展的重中之重，以至于忽视了已经形成的产业，特别是传统产业。各种优惠政策都用于吸引战略性新兴产业投资落地，哪怕"新"的含金量很低，也大力招引、发展。部分地区不顾自身资源要素条件和产业基础，竞相提出自建战略性新兴产业领域的世界级先进制造业集群。据不完全统计，除西藏外，我国有 30 个省（区、市）在《中华人民共和国国民经济和社会发展第十四个五年规划和二〇三五年远景目标纲要》中提出的战略性新兴产业

发展具有高度的一致性，其中提出要发展生物医药的达到 25 个省份，发展新一代信息技术、高端装备、新材料、新能源汽车、节能环保、数字产业和新能源也分别达到 23 个、23 个、21 个、18 个、18 个、17 个和 15 个省份（见图 7-2）。

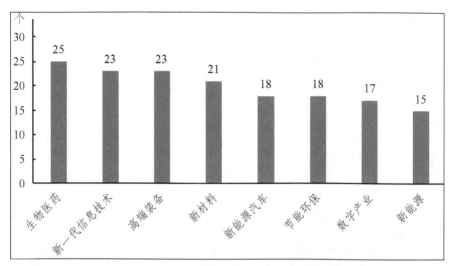

图 7-2　各地"十四五"规划中战略性新兴产业分布情况

（数据来源：各地"十四五"规划，赛迪研究院整理，2022 年。）

各地区在发展战略性新兴产业的过程中"各自为政"，有待进一步科学统筹。战略性新兴产业作为先导性、战略性产业，其发展壮大有利于各地在新一轮科技革命和产业变革中建立发展优势。因此，在实际工作中，部分地区仍存在封闭发展的倾向，试图推进建设自我主导的战略性新兴产业生态或全产业链体系，在一定程度上导致同质化竞争加剧，不利于构建跨区域的产业集群协作体系。不少地区担心在合作过程中被其他地区"抢走"相关产业，跨区域开展产业合作的意愿不强，并希望通过独立抢先布局战略性新兴产业实现对其他地区的"超越"，甚至通过出台一些"优惠政策"来吸引其他地区的相关企业。如广东、天津、山东、福建等地均提出要实现半导体的全产业链布局，其中不少地区甚至提出要争当产业链的"链长"。此外，部分地区沿用过去发展传统产业的思路来推动新兴产业发展，一味追求速度与规模，忽视了战略性新兴产业自身的发展规律与本地的产业发展基础。

中西部地区战略性新兴产业区域布局面临"高端锁定，低端重复"困境（见表 7-6）。东部发达地区资金、人才、技术等要素富集，叠加良好的产业发展基础和营商环境，促使战略性新兴产业发展所需的要素进一步向这些区域流动，致使相关产业发展呈现"强者愈强""高端锁定"的特征。中西部欠发达地区在劳动力和土地成本方面具有一定优势，但在发展战略性新兴产业高端环节所需的人才、科技要素方面相对欠缺，招引产业高端环节难度较大。不少地区试图通过招引战略性新兴产业来实现经济更快增长，即使是低端过剩环节，也采取各类优惠措施进行"争抢"，导致低端重复建设屡屡发生，造成产业资源的极大浪费。以工业机器人为例，大部分地区"小、散、弱"问题突出，多数集中在二次开发、组装等环节，靠政府补贴而生，走规模组装的老路，导致"高端产业低端化"。

表 7-6　各省（区、市）科技、人才要素情况

排名	省（区、市）	规上工业企业 R&D 人员全时当量（人年）	省（区、市）	规上工业企业 R&D 经费（亿元）	省（区、市）	专利授权数（件）
1	广东	700017	广东	2499.95	广东	709725
2	江苏	538781	江苏	2381.69	江苏	499167
3	浙江	480493	浙江	1395.90	浙江	391700
4	山东	255281	山东	1365.62	山东	238778
5	河南	145464	河南	685.58	北京	162824
6	福建	140850	福建	666.91	福建	145928
7	安徽	139988	湖南	664.53	上海	139780
8	湖北	125066	安徽	639.42	河南	122809
9	湖南	121470	上海	635.01	安徽	119696
10	江西	100473	湖北	610.96	湖北	110102
11	四川	90128	河北	485.45	四川	108386
12	上海	87957	四川	427.64	河北	92196
13	河北	86337	重庆	372.56	江西	80239
14	重庆	69843	江西	346.02	湖南	78723
15	辽宁	59978	辽宁	335.32	天津	75434
16	陕西	48809	北京	297.42	陕西	60524
17	北京	46172	陕西	268.40	辽宁	60185
18	天津	45227	天津	228.77	重庆	55377
19	山西	32547	山西	156.18	贵州	34971
20	云南	28894	云南	145.15	广西	34470
21	贵州	26261	内蒙古	129.37	云南	28943

排名	省（区、市）	规上工业企业R&D人员全时当量（人年）	省（区、市）	规上工业企业R&D经费（亿元）	省（区、市）	专利授权数（件）
22	广西	20407	广西	113.33	黑龙江	28475
23	内蒙古	18393	贵州	105.36	山西	27296
24	黑龙江	14272	吉林	77.64	吉林	23951
25	吉林	11806	黑龙江	77.46	甘肃	20991
26	甘肃	8614	甘肃	52.13	内蒙古	17958
27	宁夏	8333	宁夏	45.35	新疆	12763
28	新疆	4752	新疆	39.19	海南	8578
29	海南	2050	海南	11.70	宁夏	7710
30	青海	1557	青海	10.37	青海	4693
31	西藏	190	西藏	0.89	西藏	1702

数据来源：国家统计局，赛迪研究院整理，2022 年。

三、对策建议

强化政府规划引导作用，促进战略性新兴产业合理区域布局。一是各级政府立足资源禀赋、产业基础等，做好战略性新兴产业发展规划，健全政策协调和工作协同机制，完善规划实施监测评估和绩效考评机制。二是逐步完善财政、金融、税收、土地、环保等政策，引导战略性新兴产业或产业不同环节在优势区域合理布局，适时推动产业或产业链环节在国内转移，形成战略性新兴产业在空间上的动态科学布局。三是实行资源互补和企业领先策略，加强对产业链"链主"企业及关键配套企业的布局引导，支持企业跨区域、跨行业兼并重组，推动优势企业规模化、集团化经营。

完善区域合作机制，加快战略性新兴产业集群建设。一是建立健全政府对话协商机制和组织协调机制、利益协调机制、合作约束机制，为地区间扩大产业合作营造良好环境，逐步形成跨区域的战略性新兴产业集群。二是发挥大数据、云计算、人工智能、工业互联网等技术的链接作用，搭建产业间信息交互和技术协作平台，通过智能化生产、网络化协同等手段促进产业集群融合发展。三是拓宽国家级战略性新兴产业集群所涉及的产业领域，从新一代信息技术、生物、高端装备、节能环保等领域，逐步延伸至数字创意、新能源汽车等更多领域。

促进产业转移承接地要素集聚，引导产业有序转移。一是针对近年来向东南亚国家转移加快的产业链环节，如电子信息、高端装备等产业的加工组装环节，探索在中西部地区建立制造业承接产业转移示范区或加工贸易企业承接基地，强化对东部地区产业链的延伸配套。二是引导中西部地区和东北地区逐步优化产业发展环境，制定更加优惠的资金、税收、土地等政策，强化中西部地区的产业承接能力。三是大力发展"飞地经济"，重点鼓励东部发达地区与中西部欠发达地区合作共建"飞地园区"，推动园区新兴产业快速发展，实现互利共赢。

加强联合技术攻关，助推区域创新体系建设。一是加快整合现有创新中心、重点实验室、技术研究中心等创新平台，加快推进世界科技前沿、国家重大需求、人民生命健康等领域的制造业创新中心建设。二是详细梳理重点领域龙头企业及其产业链布局、中科院等机构在各地的科研院所布局、国家重点实验室布局等，加快构建关键核心技术攻关区域分工体系。依托央企、转制院所及相关高校，打造国家重大装备制造产业基础创新中心。三是鼓励制造业创新中心、龙头企业通过产权等利益分配机制，探索构建多企业合作、多团队参与的共性技术攻关合作模式，加强共性技术平台建设。

第三节　苏州制造业开拓进取的创新之路

2021 年，苏州工业突破 4 万亿元大关，超越上海，仅次于深圳，成为我国第二大工业城市。苏州对制造业的坚守，尤其是大力发展高端制造业，持续向产业链、价值链中高端迈进，成为支撑其制造业不断发展壮大的坚实根基。

经过改革开放 40 余年的发展，苏州从"鱼米之乡"转型成为"工业强市"，建立起庞大、先进、完善的制造业体系，已拥有 16 万家工业企业，覆盖 35 个工业大类、170 个工业种类和 503 个工业小类，是我国工业体系最完备的城市之一，在纳米技术、生物医药、高端纺织、优特钢铁、通信技术方面已处于世界领先水平。"苏南模式""中新苏州工业园""百强县第一名昆山"等关键词代表了苏州制造业发展的辉煌历史，苏州制造业开拓进取的创新之路也从未停止。新时代下，苏州持续发力，构建现代产业体系，加速推进制造业向数字化、网络化、智能化转型发展，加强专精特新中小企业培育，打造并完善制造业创新生态体系，为我国制造强国建设贡献"苏州力量"和"苏州模式"。在此对苏州制造业发展的历史脉络及主要经验进行分析总结，希望为苏州实现"打造数字经济时代产业创新集群"目标提供一些启示。

一、苏州制造业发展的 3 个阶段

从 1978 年到 1992 年，"苏南模式"奠定良好基础，可谓苏州制造业发展的起点。

改革开放后，随着我国经济体制改革持续推进，苏州凭借毗邻上海这个当时中国最大的工业城市的独特区位优势，通过吸纳上海的技术、人才（以"周末工程师"为主要形式）等要素，加上自身集体经济发展的良好基础，大力发展以非农副产品加工为主的乡镇企业，探索出著名的"苏南模式"，即以集体经济与乡镇企业为主、以乡村干部推动为主，追求共同富裕。

数据显示，到 1988 年苏州全市乡镇企业户数超过 1.5 万家，职工总人数超 120 万人，工业总产值达 238.6 亿元，占全市工业总产值近 1/2，乡镇企业撑起苏州工业经济的"半壁江山"。到 1991 年，乡镇企业工业总产值达到 450.1 亿元，比 1988 年增长约 1 倍。至此，苏州已成为长三角地区制造业发展的重要基地与关键一环，也为下一步更好、更快发展及更全面融入全球产业链奠定了良好的发展基础。

从 1992 年到 2012 年，苏州全面开放，充分融入长三角及全球产业链循环体系，可视为苏州制造业发展的腾飞阶段。如果说改革开放初期苏州制造业发展赚得"第一桶金"——蓬勃发展的乡镇企业，主要靠的是"改革"红利，那么凭借"开放"这把金钥匙，苏州在 20 世纪 90 年代充分迎来了制造业的腾飞时代。以"中新苏州工业园"为典型代表，拉开了苏州吸引外资与一流企业、大力发展外贸经济的序幕。此后，昆山市"以台引台""以商引商"，依托长三角地区完善的产业链配套体系，充分吸纳台资企业在电子信息加工制造领域的产业转移，借助电脑、手机等终端产品发展红利迅速做大电子产品代工制造规模，并牢牢占据了"全国百强县第一名"的宝座；太仓市则借助毗邻上海、为大众汽车提供便捷配套的优势，瞄准德资企业开展重点招商，创办了国家级首个"中德中小企业合作示范区"，成为中德产业合作的典范。

在此 20 年间，苏州大力发展外向型经济，逐步嵌入全球产业链，形成了外向型发展的"苏州模式"，并实现了产业结构由劳动密集型到资本密集型再到技术密集型为主的升级蝶变。苏州累计批准外资项目

33450 个，实际使用外资达 1016 亿美元，140 多家国（境）外世界 500 强跨国公司在苏州设立投资项目，出口额从 9.6 亿美元增长到 1747 亿美元，进口额从 2.2 亿美元增长到 1310 亿美元，出口依存度从 14.7% 提高到 92.27%，2012 年苏州高技术制造业占比达到 38.6%。

从 2012 年至今，量质齐升，苏州制造业迈向产业链、价值链中高端环节，步入制造业高质量发展阶段。党的十八大以后，我国经济发展由高速增长转向高质量发展新阶段，苏州发挥发展水平高、转型升级早的优势，加速民营经济发展、加强内外资融合，全方位融入长三角一体化，把提升科技创新能力作为重中之重，走上了从"世界工厂"向"创新高地"转型的高质量发展之路。

在这个阶段，苏州制造业发展有以下两个明显特征。一是持续做大做强制造业、夯牢实体经济基本盘。近年来，苏州抓住国内市场快速扩大的机遇，充分发挥外资企业的溢出作用带动民营企业加快发展，制造业规模不断发展壮大，2021 年苏州规模以上工业总产值突破 4 万亿元大关。与此同时，苏州借助新一代信息技术手段对制造业进行系统性重塑，例如，2021 年苏州提出"用 3 年时间推动全市规模以上工业企业智能化改造和数字化转型全覆盖"，极大促进了制造业生产效率与产品质量的提升。二是不断完善产业创新体系以提升产业能级，高精尖产业占比不断提升。苏州近年来充分把握数字产业化、产业数字化趋势，抢抓新一轮科技革命前沿浪潮，通过加大投入兴建科技创新载体、引育高端创新人才，建成了国家新一代人工智能创新发展试验区、国家生物药技术创新中心、国家第三代半导体技术创新中心、纳米实验室等高能级载体，赋能新兴产业、未来产业发展。截至 2021 年年底，苏州共有 11165 家高新技术企业，其中智能制造、电子信息、新材料、生物医药、新能源等新兴产业的企业占比达 80% 以上，高新技术产业实现产值 21686.5 亿元，占规模以上工业总产值的比重高达 52.5%。

二、苏州制造业高质量发展仍需迈过三道槛

一是产业创新能力与引领性有待提高。从产业创新能力看，由于苏州缺乏高端创新资源（如一流高校与科研机构，央企、国企研究机构等），再加之许多产业的发展源自劳动密集型的来料加工，内生创新能力稍显薄弱，与同等条件下深圳等制造业发达城市相比，产业创新能力仍有一定差距。2020 年，苏州规模以上工业企业研发投入占 GDP 比重为 3.37%，

全社会研发投入占 GDP 比重为 3.78%，而同期深圳上述两个数据分别为 4.18 与 4.93%。此外，由于苏州制造业多以中间产品制造为主，缺乏有影响力的终端产品或整机产品制造企业，行业发展的引领性与主导权相对较弱。相比之下，深圳近年来涌现出华为、大疆、比亚迪等一批制造业行业龙头企业，有效整合了产业链上下游资源，形成了对全国乃至全球产业链较强的把控能力。

二是企业梯度培育力度仍有待做强。一方面，苏州企业发展存在"有高原无高峰"现象，虽然工业企业总量居国内重点城市前列，但与国内其他先进城市相比，龙头骨干企业数量较少，规模体量较小。根据"2020中国制造业民营企业 500 强"榜单数据，苏州上榜企业数量虽较深圳多 10 家，但户均营业收入较深圳少 469 亿元，存在较大差距。从 2020 年上市企业密度（每万亿 GDP 上市企业数量）看，深圳、北京、杭州、上海分别为苏州的 2.88 倍、2.53 倍、2.41 倍、2.04 倍。另一方面，苏州在国家级专精特新"小巨人"企业培育方面仍需进一步发力，虽然目前其培育数量在省内位居第一，但仍落后于宁波和深圳等其他制造业重点城市。在第四批国家级专精特新"小巨人"企业名单中，苏州入围121 家，虽然数量较前三批有明显增长，但仍落后于深圳（276 家）。专精特新"小巨人"企业培育对于提升产业创新能力与产品附加值，增强产业链、供应链韧性具有较强的促进作用。

三是外资、外贸结构有待提升。2021 年，外资企业在苏州规模以上工业总产值的占比接近六成（57.3%），外资对于苏州经济仍起着"压舱石"的作用。在"逆全球化"、发达国家"再工业化"、大国科技博弈加剧、新冠疫情等多种因素的共同影响下，全球产业链、供应链正加速重构，产业链、供应链的区域化、联盟化、集团化、近岸化等趋势愈加明显，苏州制造业赖以快速发展的外部条件发生了重大变化。尤其是近年来不断有外资撤离的现象发生在苏州，如欧姆龙、希捷科技、JDI（日本显示公司）等。虽然外资撤离也受到成本上升及自身产品竞争力下降等多方面因素影响，但由于目前苏州制造业中外资比例仍相对较大，上述现象不得不引起高度关注。

三、苏州应成为"制造强国"中坚力量

苏州作为我国制造业发展的重镇，其发展历程可以看作中国制造产业升级之路的浓缩版。展望未来，苏州在取得现有成绩基础之上，应继

续开拓进取、勇攀高峰，为我国制造业的创新驱动发展、尽早实现"制造强国"建设贡献应有之力。具体来看，有以下几方面工作可深入推进。

首先，苏州应持续推进苏州现代产业体系构建。苏州工业的发展基础是以"三来一补"的加工制造业为主，最初主要是为电子信息等领域的国际品牌代工及在装备制造业领域的初级加工制造。随着苏州本地产业链配套环境的不断完善，如方圆 100 公里内可满足电子信息产品的配套需求，苏州制造业朝着精密制造方向不断跃升，但不可回避的一个问题是，以电子、装备为主的现有产业体系面临大国博弈、市场需求、技术壁垒等方面影响，呈现增长乏力态势。为此，苏州要围绕双循环新发展格局构建、服务于国内统一大市场建设，加快在新一代信息技术（第三代半导体）、新材料、新能源（硅能源）、生物医药（基因与细胞技术）等硬科技领域引培一批龙头企业，加快向创新驱动发展转型，抢抓产业风口。与此同时，苏州要注重在软件等方面补齐短板，为智能制造与服务型制造发展奠定更好的基础。此外，苏州应重视产业跨界融合创新，积极探索培育新模式、新业态。

其次，苏州应加快推进创新生态体系构建，促进苏州工业发展模式革新。由于自身缺乏高端创新资源，苏州最初的产业结构是以劳动密集型为主的，在科技竞争、产业竞争日益激烈的当下，苏州必须加快向知识创新型产业转变，以谋求制造业立于不败之地。目前苏州依托强大的产业基础，在创新生态构建方面取得了一些成绩，如设立姑苏实验室等，但离国内及国际一流创新城市的距离仍然较大。苏州要继续加大力度导入国内外一流创新资源，出台更多政策鼓励民营企业加大创新投入，利用毗邻上海的区位优势，加大对归国创业人员的吸引力度等，加快构建产业发展的一流创新生态体系。

再者，苏州应加大对民营经济及专精特新企业的培育力度。为更好地改善苏州制造业内外资比例、规避外部潜在风险、提升自身发展能力，苏州应加大力度扶持本土企业发展，在新兴产业培育方面给予更多创新扶持、更广阔市场发展空间，并加速推进相关制造业企业的智能化转型升级步伐。此外，苏州应加大对专精特新企业的培育力度，强化因企施策贴身帮扶，在加大财税支持、优化信贷政策、畅通融资渠道等方面持续发力，助力企业走稳走实专精特新发展道路；加快构建在供应链中占主导地位的核心企业与上下游企业一体化发展机制，持续推动中小企业增强造血能力，主动融入全市产业链、供应链发展格局，拓展细分市场。

最后，苏州要以改革创新永不止的精神推进产业生态体系构建。通过对苏州改革开放 40 多年的发展历程梳理可知，很多优秀企业能在苏州扎根发展，不是得益于政府的税收与土地优惠，而是因为苏州各级政府为企业提供了良好的营商环境，在企业发展过程中，政府善于抓住产业发展的痛点去定点突破，敢为人先、主动作为、积极争取，为企业扫清政策壁垒。在以一流营商环境等为代表的产业生态体系构建方面，苏州已经具备了良好的工作基础，下一步要围绕新兴产业的发展诉求，更扎实、更精准地为企业提供服务，以一流的服务、一流的产业生态体系来吸引、培育创新型企业。

当下，苏州要坚持制造强市战略不动摇，进一步巩固工业在全市经济发展中的支柱地位和引领作用，努力构建自主可控的现代产业体系，全力打响"苏州制造"品牌，加快打造全球高端制造业基地。

第四节 安徽民营经济发展的成绩、措施与建议

民营经济是经济发展的主力军、创业创新的主阵地、就业富民的主载体。党的十八大以来，安徽省委省政府高度重视民营经济发展，把发展民营经济摆在突出位置，陆续出台了一系列政策措施，优化发展环境，推动民营经济更好、更快发展。在各方共同努力下，安徽民营经济发展快速，对经济增长、税收、就业等的贡献日益突出。2020 年，全省民营经济实现增加值 2.34 万亿元，民营经济贡献了全省 60%的 GDP、近70%的税收、70%以上的技术创新成果、80%的城镇劳动就业、90%以上的企业数量。

一、党的十八大以来安徽民营经济发展成绩

（一）民营经济规模不断扩大

从增加值看，2012 年，全省民营经济增加值为 0.96 万亿元，2020年，全省民营经济增加值为 2.34 万亿元，是 2012 年的 2.43 倍，年均增长率高达 11.75%，占 GDP 的比重由 2012 年的 56%提高到 2020 年的60.6%，提高了 4.6 个百分点。

从市场主体看，2012 年，安徽注册民营企业达 30.4 万户，到 2020年年底增加到 156 万户，2020 年注册民营企业总数是 2012 年的 5.13 倍。

从民企规模质量看，在"2021 中国民营企业制造业 500 强"榜单中，安徽有 16 家企业入围，较 2012 年增加 5 家。在全国工商联发布的"2021 中国民营企业 500 强榜单"中，安徽共计 5 家企业入围，较 2012 年增加 1 家，涌现出文一投资、金鹏控股、合肥维天运通、山鹰国际等龙头企业。

（二）民营经济社会贡献突出

从税收看，2020 年，全省民营经济实现税收 2944 亿元，是 2012 年（1479.3 亿元）的 1.99 倍，年均增长率达 8.98%。占全省税收总额的比重从 2012 年的 60.9% 提高到 68.1%，提高了 7.2 个百分点。

从民间投资看，2020 年，安徽民间投资总额为 27124.97 亿元，是 2012 年民间投资总额（9016.2 亿元）的 3 倍，年均增长率为 14.76%。占全省投资的比重由 2012 年的 59.9% 提高到 61.7%，提高了 1.8 个百分点。

从进出口看，2020 年，安徽民营企业进出口贸易总额为 2762.5 亿元，是 2012 年进出口总额（1176 亿元）的 2.35 倍，年均增长率达 11.27%。占全省进出口总额的比重由 2012 年的 47.4% 提高到 51.1%，提高了 3.7 个百分点。

二、安徽发展民营经济的主要举措与成功经验

（一）打造完善的政策体系

党的十八大以来，安徽围绕制约民营经济、中小企业发展的痛点、难点、堵点问题，推动出台了一系列扶持政策，打造出健全、完善的政策体系，如陆续出台了《关于营造更好发展环境支持民营企业改革发展的实施意见》《关于进一步推进中小企业"专精特新"发展的意见》《关于进一步激发民营企业创业热情成就企业家创意创新创造推进民营经济高质量发展的若干意见》，以及"民营经济 25 条"等一系列文件。同时，完成《安徽省中小企业促进条例》修订，并先后编制实施《安徽省"十三五"中小企业发展规划》《安徽省"十四五"中小企业发展规划》。

（二）努力创新工作机制

安徽加强顶层设计，省政府主要负责同志担任省发展民营经济领导小组组长，各市、县成立高规格的发展民营经济领导小组，形成省市县

上下联动、高位推进的工作机制。此外，安徽建立省、市、县领导干部联系重点民营企业制度，定期召开民营企业家座谈会。同时，建立健全协调调度、统计监测、督促检查、考核表彰等推进机制。

（三）不断优化营商环境

根据 2020 年中国电子信息产业发展研究院发布的《中国制造业营商环境评价报告》，安徽制造业的营商环境近年来改善较大，各项指标综合得分排名全国第 8 位，在中部地区六省中排名第 1。不断优化的营商环境为安徽本地民营企业的发展壮大提供了优越的条件，并吸引大量的外地企业和资本来皖投资。

（四）持续提升金融服务能力

针对融资难、融资贵这个民营企业"老大难"问题，安徽致力于金融服务创新，全力帮助民营企业解决在发展中遇到的困难，如设立省小额票据贴现中心、组织"专精特新"企业在省区域股权市场挂牌、设立省中小企业（专精特新）发展基金、实施国家小微企业融资担保业务降费奖补政策等。

三、几点建议

（一）构建新型政商关系

健康的政商关系是民营经济发展的必要组成部分。政府公职人员应切实转变工作作风，打造服务型政府，做好市场经济的"守夜人""店小二"，同时，在与民营经济从业人员展开交往的过程中守住底线、保持清醒，秉持公开化、透明化的原则，时刻接受社会监督。此外，政府要厘清政商交往边界，根据地区特色、行业特色制定出详尽的政商交往负面清单，使政府公职人员在和民营企业家交往过程中有规可依、有度可量。

（二）持续优化营商环境

安徽只有进一步优化民营企业营商环境，才能为促进民营经济的高质量发展创造良好的条件。包括继续降税减负，压缩民营企业经营成本；深化金融制度改革，拓宽企业融资渠道、创新金融制度和金融产品；进一步简化行政审批环节，打通政府服务民营企业"最后一公里"。

（三）弘扬企业家精神

企业家是经济发展过程中最稀缺、最宝贵的资源。安徽要着力引导商人、老板向民营企业家转变，实现其发展理念、社会责任的转变升级，打造一支有思想、有素质、有能力、有担当、有觉悟的企业家队伍，使其积极承担社会赋予民营企业的责任。同时，要树立正确的舆论导向，主流媒体要进一步加大在民营经济领域的正面舆论引导力度，民营企业也要通过建立宣传部门、与主流媒体进行对接等多种渠道积极加强正面宣传，向社会展现企业良好形象。

第八章

产业发展专题研究

第一节 《时代》榜单表明中国上榜企业较上年减少

2022 年，美国《时代》杂志评选出 2022 年全球最具影响力的 100 家企业[①]，这是该机构第二次公布这一榜单。其中，美国以 71 家上榜企业继续领跑全球，比亚迪、宁德时代、希音、TikTok、The Sandbox（中国香港）5 家中国公司上榜，较上年减少 3 家。中国电子信息产业发展研究院分析认为尽管该榜单具有一定的主观性，但也反映出我国企业普遍存在的创新能力弱、国际影响力弱等问题。同时建议：引导企业开展颠覆性创新，加快布局高科技产业领域；支持大型民营企业做精主业，推动民营经济实现高质量发展；加强国际化市场开拓，提升企业国际化水平。

一、榜单从 5 个方面评选出全球 100 家最具影响力企业，中国 5 家企业上榜

从国家（地区）来看，2022 年榜单中美国企业最多，我国共 5 家企业上榜。总体来看，连续两年入榜的企业中，均以美国企业为主。具体来看，如图 8-1 所示，2022 年榜单中美国企业 71 家，较上年增加了 8 家，占比超过 70%；我国入榜企业 5 家，比上年减少了 3 家，仅占 5%；

---

① 《时代》通过征集来自全球各个行业的编辑、记者及专家的提名，根据各大企业的代表性、影响力、创新性、领导力、抱负、成就等指标进行综合评选，划分出先锋（PIONEERS）、领导者（LEADERS）、创新者（INNOVATORS）、巨头（TITANS）和颠覆者（DISRUPTORS）5 类共计 100 家最具影响力的企业，2021 年第 1 次公布这一榜单。

欧洲企业 15 家，比上年减少 3 家；韩国、日本、新加坡、印度、印度尼西亚等亚洲国家企业合计为 6 家；非洲、南美洲、大洋洲国家分别有 1 家企业上榜。我国 2021 年上榜的企业中，仅有比亚迪和 TikTok 2022 年依旧在榜，而我国大陆地区的华为、腾讯、阿里巴巴、大疆、滴滴出行，以及中国台湾的台积电跌出榜单，同时，新增宁德时代、希音和 The Sandbox 3 家企业。

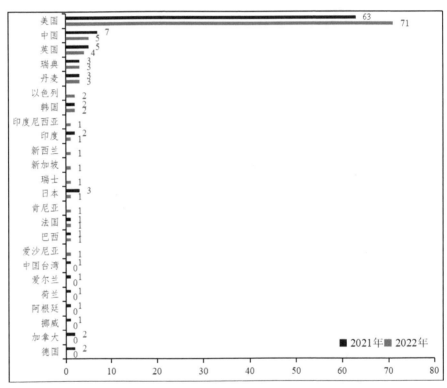

图 8-1　全球最具影响力企业分布情况（单位：家）

（数据来源：美国《时代》杂志，赛迪研究院整理，2022 年。）

从行业领域来看，《时代》评选出的企业涵盖医疗保健、人工智能、量子科技、区块链、社交平台、新型食品、新能源等众多领域，我国上榜企业涉及新能源汽车、动力电池、跨境电商、视频社交等领域。榜单汇集了从改变传统产业的各类平台公司到当前热门的新能源汽车、生物医药公司，再到代表前沿科技的量子科技、太空服务等多个行业 100 家企业。其中，生产制造类企业 25 家，涵盖汽车、航空航天、生物制药、智能家居、移动终端、新能源、食品、服装等领域；新一代信息技术类企业 31 家，聚焦人工智能、区块链、软件、电子商务、社交服务等行业，苹果、微软、辉瑞、福特等公司均为上榜企业。我国上榜企业包括比亚迪、宁德时代、希音、TikTok、The Sandbox，涉及新能源汽车、动力电池、跨境电商、短视频社交、区块链游戏 5 个领域，均为生产制造类与新一代信息技术类企业。

从 5 个细分榜单来看，我国企业在"领导者"与"创新者"两类榜单中空缺。5 个细分榜单中，"先锋"企业 19 家、"领导者"企业 22 家、"创新者"企业 20 家、"巨头"企业 19 家和"颠覆者"企业 20 家，与 2021 年相比，"先锋"企业和"领军"企业分别增加了 3 家和 1 家，"创新"企业和"巨头"企业分别减少了 2 家和 1 家，"颠覆"企业数量没有变化。其中，Airbnb、索尼等全球知名企业入选"领导者"榜单；Rivian 等企业入选"创新者"榜单，我国在这两类榜单中没有企业上榜。在"先锋者"榜单中，OpenAI、Green Mountain Power 等企业上榜，我国香港地区 The Sandbox 入选。在"巨头"榜单中，苹果、亚马逊、微软、谷歌、Facebook 等全球市值较高的美国企业上榜，我国企业比亚迪入选。"颠覆者"是非美国企业上榜最多的细分榜单，达到 10 家，行业涵盖范围较广，其中，Twiga Foods 等企业上榜，我国宁德时代、TikTok、希音 3 家企业入选。

从两年变化看（见表 8-1），跌出、新进榜单的国家和地区均为 7 个，共有 23 家企业连续两年上榜。印度尼西亚、新西兰、新加坡、瑞士、肯尼亚、爱沙尼亚、以色列 7 个国家 2022 年第一次有企业上榜，德国、加拿大、爱尔兰、荷兰、阿根廷、挪威、中国台湾 7 个 2021 年上榜的国家或地区 2022 年未有企业上榜。连续两年入选榜单的 23 家企业中，15 家为美国企业，占比接近 2/3；我国企业比亚迪由 2021 年的"创新者"成为 2022 年的"巨头"，TikTok 则由"创新者"成为"颠覆者"。连续两年上榜的 23 家企业中，2022 年多数被评为"领导者"（7 家）和"巨头"（14 家）。其中，经过一年的快速发展，2021 年分别入选"创新者"的两家企业和"颠覆者"的 3 家企业被评为 2022 年的"领导者"，2021 年分别入选"领导者"的 4 家企业和"创新者"的 3 家企业 2022 年被评为"巨头"。

表 8-1　连续两年入选榜单企业

企业名称	所属行业	国家	2021 年所属细分榜单	2022 年所属细分榜单
HYBE	文化娱乐	韩国	先锋	领导者
索尼	视听、游戏、通信	日本	领导者	领导者
Spotify	音乐播放平台	瑞典	创新者	领导者
Orsted	风电、光伏	丹麦	创新者	领导者
Airbnb	租房平台	美国	颠覆者	领导者
Nextdoor	邻里社交 App	美国	颠覆者	领导者
Doordash	外卖平台	美国	颠覆者	领导者
Moderna	生物技术	美国	创新者	创新者
苹果	移动终端	美国	领导者	巨头
辉瑞	生物医药	美国	领导者	巨头
Nubank	虚拟信用卡	巴西	领导者	巨头
Maersk	集装箱综合物流	丹麦	领导者	巨头
Netflix	流媒体播放平台	美国	创新者	巨头
英伟达	芯片	美国	创新者	巨头
比亚迪	汽车、电子	中国	创新者	巨头
Facebook/Meta	社交平台	美国	巨头	巨头
迪士尼	文旅	美国	巨头	巨头
微软	软件	美国	巨头	巨头
谷歌/Alphabet	搜索引擎	美国	巨头	巨头
沃尔玛	零售	美国	巨头	巨头
亚马逊	电子商务	美国	巨头	巨头
UPS	物流	美国	巨头	巨头
TikTok	短视频社交平台	中国	创新者	颠覆者

数据来源：美国《时代》杂志，赛迪研究院整理，2022 年。

　　综上，《时代》杂志连续两年评选的全球最具影响力企业榜单，是由各个行业的编辑、记者及行业专家提名产生的，具有较大主观性，整体以美国企业为主，其结果与其他榜单存在一定出入，不少业内普遍认可的龙头企业均未上榜。因此，我们应理性看待该榜单，但同时也应清醒地认识到该榜单所侧重的创新性、影响力、发展潜力等因素的重要性。这些也是我国不少知名企业未能上榜的主要原因。未来，国内企业应不断提升技术创新力、品牌建设能力、全球化运营能力，提升国际影响力。

二、启示及建议

引导企业开展颠覆性创新,加块布局高科技产业领域。不难发现(见表 8-2),美国在 5 个细分榜单中均有上榜企业,超过一半聚焦在人工智能、半导体、生物技术、新能源、科技金融等高科技产业领域,其中不少都是各个行业创新的"标杆"企业。当前,我国企业技术创新能力不强,尤其是缺乏重大原创性成果。我们必须紧跟新一轮科技革命和产业变革的步伐,大力提升企业科技创新能力。一是鼓励企业加大应用基础研究投入,支持国内企业在国外设立研发中心,探索创新成果限期转让等制度改革,围绕高科技产业,打造一批竞争力强的龙头企业。二是发挥市场对技术研发方向、路线选择及各类创新要素配置的决定性作用,统筹推进半导体、量子科技、生物科技等"高精尖"高科技产业发展,培育一批创新能力强的"链主企业",用企业发展的硬实力应对各类"不实"榜单。

支持大型民营企业做精主业,推动民营经济实现高质量发展。分析两年的榜单发现,我国上榜的所有企业均为民营企业。目前,民营经济为我国贡献了 70% 以上的技术创新、90% 以上的市场主体数量。民营企业的发展壮大对于我国经济的持续稳定增长、结构不断优化具有重要意义。支持民营企业高质量发展,一是鼓励民营企业聚焦实业、做精主业。引导并支持民营企业持续在主营业务方面深耕和转型,加大科技创新力度,支持民营企业通过在国内外设立研发中心等方式推动创新链和产业链精准对接,打造一批竞争力强的龙头企业,提升企业的国际竞争力。二是构筑"亲清"的政商环境。全面实施市场准入负面清单制度,公平对待各类市场主体,进一步放宽社会资本进入金融、能源、交通、电信等领域,并向民营企业开放基础性数据、实验室、检验检测平台等,充分释放和激发民营经济活力。

加强国际化市场开拓,提升企业国际化水平。TikTok 全球用户数量超过 10 亿,在欧美市场广受欢迎,是国内连续两年入选《时代》杂志榜单的企业之一,也是我国高科技公司"出海"最成功的案例之一。面对错综复杂的国际环境,国内企业的国际化经营面临新的挑战,我们应支持企业开展跨国交流合作,鼓励企业"走出去",培育和形成一批核心能力突出、综合实力强的全球性公司。一是借鉴 TikTok 经验,以技术"走出去"为引领,为全球用户提供统一的产品体验,针对不同市场采取符合当地需求的本土化运营策略。二是积极参与"一带一路"建设和国际产能合作，积极推进企业在智能制造、工业互联网、5G、车联网、民用航空等领域开展国际交流合作，实现多方互利共赢。三是增强合规经营意识，履行社会责任，做好各类风险研判及预案，增强企业国际化经营的风险管理能力。

表 8-2　2022 年全球最具影响力企业名单

序号	先锋 (PIONEERS)	领导者 (LEADERS)	创新者 (INNOVATORS)	巨头 (TITANS)	颠覆者 (DISRUPTORS)
1	Kaling International（媒体，美国）	HYBE（文化娱乐，韩国）	Rivian（电动汽车，美国）	亚马逊（电子商务，美国）	Engine No.1（投资公司，美国）
2	Green Mountain Power（可再生能源，美国）	Spotify（音乐播放平台，瑞典）	SoFi（消费金融，美国）	辉瑞（制药，美国）	AMC Entertainment Holdings（影院，美国）
3	Bicycle Health（医疗，美国）	Airbnb（租房平台，美国）	Moderna（生物技术，美国）	UPS（物流，美国）	TikTok（短视频社交平台，中国）
4	OpenSea（NFT 币交易平台,美国）	Alaska Airlines（航空公司，美国）	Guild Education（在线教育，美国）	Alphabet（搜索引擎，美国）	Opibus（电动车改装，瑞典）
5	Rec Room（在线社交游戏平台，美国）	EV Connect（电动汽车充电管理商，美国）	Climeworks（环保/碳捕捉，瑞士）	第一资本金融（投融资，美国）	Starry（互联网服务，美国）
6	Together Labs（社交平台，美国）	Upwork（在线外包平台，美国）	NoTraffic（智能交通管理平台，以色列）	美国联合航空（航空，美国）	SKIMS（服装品牌，美国）
7	Astroscale（太空清洁服务商，新加坡）	索尼（视听、游戏、通信，日本）	Peanut（女性交流社区软件，英国）	Maersk（集装箱综合物流供应商，丹麦）	Twiga Foods（农产品电商，肯尼亚）
8	Biobot Analytics（废水流行病学，美国）	Calm（冥想 App，美国）	Klarna（支付软件，瑞典）	Nubank（虚拟信用卡，巴西）	Thrive Market（天然有机食品在线零售商，美国）
9	Oxford Nanopore Technologies（生物技术，英国）	Nextdoor（邻里社交 App，美国）	Grammarly（AI 写作助手，美国）	福特（汽车，美国）	Supergoop!（药妆品牌，美国）
10	IonQ（量子计算，美国）	HOK（建筑设计，美国）	Modulate（人工智能语音审核公司，美国）	IBM（信息技术与咨询，美国）	NSO Group（间谍软件，以色列）

续表

序号	先锋 (PIONEERS)	领导者 (LEADERS)	创新者 (INNOVATORS)	巨头 (TITANS)	颠覆者 (DISRUPTORS)
11	The Sandbox（区块链游戏公司，中国香港）	Curaleaf（医疗大麻，美国）	Pigeonly（监狱通信服务商，美国）	Meta（社交平台，美国）	Divvy Homes（房屋交易平台，美国）
12	Redwood Materials（电池回收，美国）	Impossible Foods（素食肉，美国）	Flexport（物流平台，美国）	微软（软件，美国）	GoTo Group（子商务、按需服务和金融服务，印度尼西亚）
13	Trek Bicycle（自行车制造，美国）	Orsted（风电、光伏，丹麦）	Joro（碳排放管理软件，美国）	苹果（移动终端，美国）	希音（跨境电商，中国）
14	BlocPower（气候技术，美国）	Nykaa（在线化妆品零售商，印度）	Rendever（虚拟现实平台，美国）	沃尔玛（零售，美国）	Paxful（加密货币，爱沙尼亚）
15	FOLX Health（远程医疗，美国）	Patagonia（户外服装和装备品牌，美国）	Athletic Brewing Company（无酒精精酿啤酒制造商，美国）	英伟达（芯片，美国）	GoodRx（健康科技，美国）
16	OpenAI（人工智能，美国）	巴黎世家（奢侈品品牌，法国）	Perfect Day（人造素食冰激凌生产研发商，美国）	比亚迪（汽车、电子，中国）	The Pinkfong Company（家庭娱乐，韩国）
17	Be Rooted（文具，美国）	Kami（数字课堂，新西兰）	Fading West（房屋设计和租赁，美国）	迪士尼（文旅，美国）	宁德时代（动力电池，中国）
18	Wonderschool（在线托儿管理平台，美国）	Reddit（社区网络，美国）	Flock Freight（数字货运物流，美国）	Netflix（流媒体播放平台，美国）	Too Good To Go（电子商务，丹麦）
19	Axiom Space（太空服务提供商，美国）	Revolut（金融科技，英国）	Allbirds（运动鞋，美国）	National Football League（橄榄球联盟，美国）	Sonder（度假房屋租赁，美国）
20	—	苏富比（拍卖行，英国）	Wyze（智能家居，美国）	—	SpinLaunch（航天火箭，美国）
21	—	DoorDash（外卖平台，美国）	—	—	—
22	—	Walgreens（药房连锁集团，美国）	—	—	—

资料来源：美国《时代》杂志，赛迪研究院整理，2022 年。

第二节　要素成本持续上涨趋势下保持我国制造业竞争优势的建议

一、我国要素成本上涨势头仍在持续

我国主要能源原材料价格快速攀升。受新冠疫情、地缘政治动荡、发达国家需求回升等因素影响，2022 年以来，国际大宗商品供需失衡矛盾加剧，大宗商品价格持续较快上涨。我国多种大宗商品对外依存度较高，过高的进口依赖，使得国际大宗商品价格上涨很快传导至国内相关行业。根据国家统计局数据，2022 年 1 月，我国采掘工业和原材料工业 PPI 分别同比上涨 35.0% 和 18.2%，呈现进一步上涨态势。其中，石油、煤炭及其他燃料加工业，化学原料和化学制品制造业，黑色金属冶炼和压延加工业，有色金属冶炼和压延加工业涨幅都保持在两位数。如果价格持续上涨，上游行业价格上涨逐步向中下游行业传导，一些行业价格竞争力将被削弱。

我国制造业劳动力成本大幅上涨。根据国家统计局数据，2020 年，我国规模以上制造业就业人员年平均工资为 7.46 万元，较 2013 年上涨 74%。其中，专业技术人员年平均工资为 10.67 万元，较 2013 年上涨 77%；生产、运输设备操作人员及有关人员年平均工资为 6.13 万元，较 2013 年上涨 60%。专业技术人员，生产、运输设备操作人员成本均大幅攀升。2020 年，我国制造业就业人员平均工资较 2011 年上涨 1.26 倍，涨幅（按本国货币计算）远高于泰国、马来西亚、越南等国[①]。此外，当前我国制造业从业人数下滑，根据国家统计局数据，我国制造业用工人数由 2015 年的 8711 万人下降至 2020 年的 6550 万人，年均降幅约为 5.5%。制造业劳动力成本大幅攀升叠加从业人数持续下滑，我国制造业劳动力优势明显削弱。

我国融资成本压力未见明显缓解。根据中国邮政储蓄银行公布的小微企业运行指数，2021 年 8—12 月，我国制造业小微企业融资指数一直保持在 55%，明显高于 2019 年 50% 以下的水平，反映出我国小微企业融资意愿和融资规模呈现持续扩张态势。另外，根据长江商学院公布

---

① 数据来源于 TRADING ECONOMICS 统计数据。

的中国企业经营状况指数，2022 年 1 月，我国企业融资环境指数为 48.27，自 2020 年 12 月以来该指数一直处于分水岭 50 以下，表明我国企业融资环境仍亟待改善。根据世界银行数据，2020 年，我国贷款利率为 4.35%，连续 5 年持平。相比之下，韩国、泰国、美国、马来西亚贷款利率分别为 2.80%、3.29%、3.54%、3.94%，较上年分别下降 0.65 个、0.79 个、1.74 个、0.94 个百分点。虽然印度、越南、南非贷款利率略高于我国，但近年来呈现下降态势，较上年分别下降 0.32 个、0.06 个、2.42 个百分点。可以看出，与其他国家相比，我国融资成本压力依然较大。

综上，当前我国制造业资源要素成本呈上涨态势，原材料成本快速攀升，劳动力成本持续上涨，融资成本居高不下。另外，我国物流成本、税费成本、用地成本等在全球也不具备绝对优势。未来需高度关注我国要素成本上涨趋势及其对我国制造业发展造成的不利影响。

二、要素成本持续上涨对我国制造业发展产生不利影响

削弱我国在制造业部分环节的传统优势。经过多年发展，我国在部分高端领域具有了较强制造水平，但与美国、日本、德国等国家相比，仍然存在较大差距。与此同时，不少发展中国家利用资源、劳动力等比较优势，在中低端制造业上不断发力，对我国制造业发展形成挑战。例如，越南制造业劳动力人均工资为每月 800～1300 元[①]，相当于我国的 1/7 左右。凭借成本优势，越南承接了我国东部地区一些劳动密集型产业转移，成为全球第三大鞋类生产国和第五大服装出口国。要素成本持续上涨将不断抬升我国制造业企业的成本和产品价格，使我国产品在国际市场甚至是国内市场的竞争力减弱。因此，我国在高端领域寻求突破的同时，如果中低端环节的份额由于要素成本上升过快而被动转移出去，高端领域发展的基础将不复存在。

削弱我国制造业全产业链优势。经过多年发展，我国已建成门类齐全、独立完整的制造业产业体系，规模跃居世界第一。近年来，我国要素成本不断提高，制造业出现向周边国家转移的趋势，如三星、奥林巴斯等跨国企业陆续将其在我国的工厂转移到印度、东南亚等地。随着我国劳动力等要素成本持续上涨，叠加中美贸易摩擦、美欧日等供应链联

---

① 数据来源于越南中国商会。

盟冲击、周边国家基础设施改善和产业配套体系完善等因素，我国制造业尤其是劳动密集型产业转出步伐可能会加快，如果不能得到及时有效地遏制，我国将面临制造业全产业链优势被削弱的风险。新冠疫情已经警示我们要保持制造业全产业链完整的重要性。长期来看，如果传统制造业转移趋势加剧，很多新兴行业发展的基础也会被动摇。

削弱我国中小微企业集群优势。当今世界制造业竞争主要是以大企业为中心、众多中小微企业为支撑的"雁阵"型产业集群之间的竞争。我国中小企业数量占企业总数的 99%，贡献了我国 60% 的 GDP、50% 的税收和 80% 的城镇就业人口，因此，中小企业是我国制造业产业集群参与国际竞争的重要组成部分。要素成本上涨更多压缩的是中小微企业的利润，这些企业主要以零部件配套商为主，上有强势的原材料企业，下有"不敢失去"的终端企业客户，同行业竞争压力较大，最终只能承受成本上升带来的压力。根据国家统计局数据，小型制造业企业采购经理指数（PMI）自 2016 年以来仅有个别月份略高于 50% 的荣枯线，其余月份全部处于收缩区间。其分类指数中，主要原材料购进价格指数自 2016 年以来一直保持在扩张区间，原材料购进成本居高不下。要素成本持续上涨不断压缩中小微企业的利润空间，进一步影响企业融资和创新投入。中小微企业的发展出现问题，势必将影响我国制造业的整体竞争力。

制约我国战略性新兴产业发展。随着重要矿产资源在新能源、高端装备、电子信息等产业中的应用不断增加，重要矿产资源的重要性日渐凸显。其中，随着机器人、电子信息等产业的加速发展，其对砷化镓、磷化铟等高端芯片的重要原料需求日益增加；高端制造业的发展离不开铜、铝、镍、稀土等材料的支撑。2020 年以来，全球原材料价格大幅上涨已经对许多战略性新兴产业产生了影响。例如，随着重点金属的价格高涨，特斯拉已在全球范围内进行多次调价，汽车行业的营收和利润受到重大影响，不少车企甚至将利润空间较小的低档车停产。又如，国际能源署（IEA）警告，如果不进一步提高部分关键金属的产量，其价格将长期持续飙涨，原材料涨价将拖累纯电动汽车、新能源等行业发展。我国做大做强战略性新兴产业、加快新旧动能转换、推进碳达峰碳中和等目标也将受到影响。

三、对策建议

适当延长企业支持政策，化解要素成本上涨带来的企业经营难题。支持国内制造业企业开展智能化、绿色化、服务化改造升级，重点支持企业"机器换人"，通过数字转型降低能源消耗和生产成本，提高国内制造业企业的国际竞争力。继续加大对中下游行业尤其是中小微企业的帮扶力度，通过减税降费、贷款贴息等多种方式减轻成本上涨压力，进一步放宽制造业留抵退税条件。进一步做好铜、铝、锌等国家战略储备投放工作，适当向中小微企业倾斜，帮助企业降低资金占用水平，稳定企业避险情绪。发挥行业协会和产业联盟专业化引导作用，支持上下游企业建立供应链长期战略合作关系，协同应对市场价格波动风险，根据市场变化合理调整产品结构，以行业自律维护良好生态。

供需两端共同发力保障资源能源供应，降低原材料价格上涨对制造业的冲击。加快境外投资项目备案核准，为企业在境外矿业勘探、收购等业务提供支持。开展资源能源需求侧管理，加强制造业整体及战略性新兴产业未来发展对资源能源的需求论证，提前部署对资源能源勘查开采。通过项目审批、备案管理等举措，遏制低端"新"产能过快增长，避免由于部分行业投资过热对资源能源产生过度需求。依托国内需求大市场，建立现代化的期货、现货交易市场，研究建立关键资源的国家储备制度，成立战略性矿产资源储备中心，低价时期提高储备水平，极端情景下维持基本供应，强化我国产业链的上游资源保障能力。

加快金融产品和服务创新，缓解制造业企业融资难、融资贵问题。加快建立产融合作信息共享服务平台，推动 5G、区块链、人工智能等新一代信息技术在产融信息共享中的应用，建立及时、精准的部门间信息共享和甄别机制，推动产融数据共享交换，解决银企信息长期不对称问题。建设制造业企业动产融资服务平台，整合信息资源，通过统一登记公示系统进行高效、自主、低成本的登记，提高担保融资的透明度和确定性，降低信贷机构放贷成本。加快发展金融科技，推广"供应链金融+区块链"等新模式。支持金融机构联合产业链中心企业，通过区块链技术将产业链上下游的数据衔接，加快发展基于生产运营数据的企业风险评价，甄别出真正有订单、有发展潜力但短期缺乏资金的企业，并给予融资。

充分利用我国区域经济发展的梯度差异，支持制造业企业在国内实现转移与布局优化。根据《外商投资产业指导目录》和《中西部地区外商投资优势产业目录》的鼓励范围，制定差异化的地区和产业政策，鼓励制造业企业参与"西部大开发""振兴东北老工业基地"。例如，在沿海地区禁止或限制的项目，在中西部地区可以适当放宽；在合资企业控股问题上除少数重点行业外，可允许外方占多数。探索在中西部地区建立制造业承接产业转移示范区，制定更加优惠的土地、税收政策，对科技含量高、就业带动强的制造业企业予以认定并给予政策支持。充分发挥现有财政资金的引导作用，积极引入社会资本与外资，支持中西部地区、东北地区交通、信息等基础设施、基础产业、基础平台建设。

第三节 高载能制造业低碳化发展的方向与路径

改革开放 40 多年来，我国工业经济发展取得较大成绩，制造业总量连续十多年位居世界首位。当前，由温室气体排放引发的全球气候变化，给人类可持续发展带来严峻的现实挑战，世界多数经济体已就减排温室气体问题达成共识。面对日益恶劣的气候环境，我国作为负责任的世界工业大国，提出"双碳"目标，这无疑对高载能制造业低碳化发展提出更高要求，需要厘清钢铁、有色、化工、建材等高载能制造业面临的挑战与机遇，找准高载能制造业低碳化发展的方向与路径，实现高质量发展。

一、高载能制造业在国家新形势下面临的挑战与机遇

（一）新能源快速发展为高载能制造业源头降碳提供空间，但绿色能源竞争将日趋激烈

我国新能源快速发展，为高载能制造业能源替代奠定基础。当前，我国能源结构呈现"一煤独大"的特征，但煤炭消费量占比呈下降趋势，2021 年我国煤炭消费量占能源消费总量低于 56%。近年来可再生能源利用潜力不断深挖，风电、光伏、核电等非化石能源发电、供热行业及上下游产业链快速发展，生物质能、地热、氢能等可再生能源产业迅速壮大。2021 年，我国可再生能源新增装机 1.34 亿千瓦，占全国新增发电装机的 76.1%；可再生能源发电量达 2.48 万亿千瓦时，占全社会用电量的 29.8%。

"双碳"背景下，高载能制造业面临绿色电力、绿色供热的激烈竞争。电力、热力等二次能源是制造业生产过程中重要的用能品种，绿色

电力、热力发展关系制造业低碳发展全局，其分配在一定程度上意味着各地区、各行业的发展空间。从行业用能特征看，钢铁、有色、化工、建材等高载能制造业多处于产业链上游，其中有色、化工等电力、热力占能耗比重较高，有色电力消耗达 65.6%、热力消耗达 6%，医药、化纤等化工细分领域电力消耗达 35%左右、热力消耗约达 24%。中下游行业的电力、热力等二次能源消费比重较高，如电气机械和器材制造业，计算机、通信和其他电子设备制造业，仪器仪表制造业，家具制造业电力消耗占比高达 75%以上，皮革、毛皮、羽毛及其制品和制鞋业，橡胶和塑料制品业电力消耗占比在 70%以上。高载能制造业需要与其他行业竞争绿色低碳能源的使用。

（二）科技革命推动产业转型升级，但技术、工艺攻关与成果推广仍面临挑战

科技革命为高载能制造业低碳化发展提供动力。钢铁、有色、化工、建材等高载能制造业多处于产业链上游环节，煤炭、油气等化石能源消耗占比较高，且多属于燃料、原料等一次能源消耗，相关行业通过装备换代、工艺替代等技术路径，实现燃料、原料、材料低碳化替代，具有较大的减碳潜力。例如，近年推动力度较大的燃气锅炉替代燃煤锅炉，通过能效提升实现减碳目标。又如，钢铁行业的氢能冶金技术路线，通过更换还原剂及配套工艺的方式减少生产过程碳排放。又如，混凝土等建材通过改进原有的蒸汽工艺，在硬化环节注入二氧化碳，实现碳捕捉。

技术攻关与成果应用带来成本挑战。技术创新是高载能制造业低碳化发展的根本，但当前诸多领域技术路径尚不清晰，需要大量的研发投入与技术成果转移转化投入，高成本成为高载能制造业通过材料替代路径实现低碳化发展的重要关口，原料、燃料低碳化替代必须具有技术经济性才能保持生命力。此外，需要警惕在"双碳"目标下，部分地方项目在补贴等优惠政策推动下，盲目上马技术尚不成熟的原料、燃料低碳化替代项目，造成资源浪费。

（三）新一代信息技术迭代升级提升能源管理水平，但高载能制造业数字化碳排放管理体系短板凸显

新一代信息技术迭代升级激发能源服务模式创新，能源管理水平提高。能源合同管理等能源服务是高载能制造业加强精细化管理、提高能

源使用效率、节能降耗减碳的重要领域。近年来，新一代信息技术催生一批能源系统解决方案供应商，形成一批成效显著的典型案例。例如，陕鼓集团分布式能源系统解决方案在冶金行业等工业流程领域节能减排及能量转化的实践应用，可助力相关企业每年减少原煤用量合计 4300 多万吨，减排二氧化碳超过 1 亿吨。

高载能制造业数字化碳排放管理体系发展滞后，亟待补齐短板。当前，在能源效益、行业政策等多重因素驱动下，数字化技术在企业层面的能源、碳排放管理取得较好应用，但在与政府高度相关的行业管理层面仍存在较大短板。目前我国工业领域碳排放管理具有较强的人为性、静态性，仍采用"企业上报—政府核查统计"的流程，全环节主要依赖人工完成，数字化程度较低，未实现碳排放数据动态监测，数字化工业碳排放管理体系亟待构建。调研发现，地方政府对于当地碳排放的"家底"尚未摸清，导致"双碳"相关工作开展较为粗放，目标与工作方向不清晰。

（四）西部地区加速发展为高载能制造业提供布局优化机遇，但仍面临资源环境、体制机制等多重制约

西部地区清洁能源优势与承接产业转移需求为高载能制造业提供布局优化机遇。西部地区具有广阔的可再生能源开发潜力，如西北地区的风能、太阳能资源，西南地区的水电资源，均将在未来的电力供给格局中占据重要角色。而东部地区土地、能源等要素成本高企，从中长期看已不支持部分高载能制造业持续发展。东中西部区域间存在相关产能重新优化布局的需求，既能为东部地区实现"腾笼换鸟"提供高技术、高附加值产业发展空间，又能充分发挥西部地区清洁能源优势。

高载能制造业布局调整面临资源环境、体制机制等多重制约。近年来，地方政府越来越重视资源环境压力，高载能制造业项目落地面临环境指标制约愈发明显，而国家层面对高载能制造业低碳化发展的统筹力度不足，进一步制约了行业产能布局优化调整的进展。如化工等传统高载能制造业转型面临"一刀切"政策的体制机制制约。以石化产业为例，当前我国炼油产业在全球占据较大份额，但"大进大出""两头在外"的炼油产能占有较大比重，长期看这既不利于我国"双碳"目标实现，又严重威胁我国能源矿产安全。"炼化一体化"是该类产能的重点转型方向，但目前存在短期、局部目标与长期、全局目标的冲突。大型"炼化一体化"项目推动炼油产能向下游精细化工高附加值环节延伸，从全产业链视角将提高产业竞争力与附加值，降低全环节碳排放量，但提高

了具体项目的能耗、碳排放指标，增加地方能耗、减碳压力，导致进展缓慢。

二、我国高载能制造业低碳化发展的总体方向

近年来我国碳减排工作取得突出成效。"十五"期间碳排放强度年均下降 0.8%，"十一五"期间碳排放强度年均下降 12.9%，"十二五"期间碳排放强度年均下降 9.1%，"十三五"期间碳排放强度年均下降 5.9%。这意味着传统的以节能减排等集约化手段为特征的降碳空间逐步缩小，需要通过推动产业结构、能源结构深度调整以启动新的降碳空间。本专题研究基于制造业及其相关领域，主要分析对象只涉及有色金属冶炼和压延加工业、黑色金属冶炼和压延加工业、化学原料和化学制品制造业、建材业、电力行业等领域。

（一）我国制造业用能现状及特征

根据《中华人民共和国气候变化第二次两年更新报告》发布数据①，在不考虑碳汇（LULUCF）的情况下，能源活动碳排放占总量的 86.9%，工业生产过程碳排放约占总量的 12.9%。如考虑碳汇（LULUCF）情况，能源活动约占净碳排放的 97.8%，工业生产过程碳排放约占净碳排放的 14.6%。我国的碳排放结构决定了制造业低碳化发展要坚持"两条腿走路"：一是注重制造业用能的低碳化，二是注重制造业生产过程中原料、材料应用的低碳化。

1. 制造业总体用能结构

2020 年，我国能源消费总量达 49.83 亿吨标准煤。其中，制造业能源消费量达 27.97 亿吨标准煤，占能源消费总量的 56%，是能源活动的重要参与部门。

从制造业终端能源消费总量②情况看，电力、热力等二次能源产品占比最高，其中，电力是制造业用能第一大品种，占制造业终端能源消费的比重为 22.4%，在实践中通常采用热电联供模式，热力占比为 6.1%。

---

① 2018 年 12 月发布，最新碳排放核算结果为 2014 年情况。

② 终端能源消费总量是从终端用能设备入口得到的能源数据，等于一次能源消费量减去能源加工、转化和储运等中间环节的损失和能源工业所用能源后的能源量。由于该口径差异，制造业终端能源消费总量低于能源消费总量。

焦炭消费占制造业终端消费的比重达 21.1%，主要用于钢铁、化工等部门，是制造业第二大用能品种。煤炭占比为 18.3%，油品合计占比为 15.1%，天然气（含 LNG）占比为 8.3%。从制造业终端能源消费用途情况看，电力、热力等二次能源主要用于制造业供能需求。油品约 57.9% 用作工业生产过程的原料、材料，其中石脑油、润滑油、石蜡、溶剂油、石油沥青、石油焦等能源产品用作原料、材料的占比高达 75% 以上。煤产品约 24.8%、天然气约 14.2% 用作原料、材料，主要应用于化工领域；焦炭及各类煤气产品主要用于燃烧供能。

2. 我国制造业用能区域特征

受制造业产业分布与能源资源禀赋影响，我国制造业用能结构具有较为鲜明的区域特征。下面将主要能源品种消费区域分布进行梳理，分析各区域制造业碳减排面临的背景与形势。

煤消费区域分布较为广泛，并与资源分布特征较为契合。目前，内蒙古、新疆、山西等资源地，以及河北、山东等重工业基地消费规模较大，总体呈现"北重南轻"特征。其中，火力发电是北方煤能源消费的主要领域，内蒙古、新疆地区火力发电通过特高压输电线路向中部地区、东南沿海提供优质二次能源。焦炭消费区域具有鲜明的产业分布特征。目前，河北、山东、辽宁、江苏等省份用焦消费量较大，相关地区的钢铁、重型装备、化工产业对于冶金焦炭、铸造用焦和化工用焦需求量较大。

电力消费区域分布反映市场与资源两种逻辑。目前，广东、浙江、江苏等东南沿海工业用电量居高主要由当地制造业发展需求决定，山东的有色冶金、装备等高耗电产业推动当地用电量处于高位水平。而内蒙古、新疆等电力资源富集地区，则利用当地低廉的电力发展有色冶金、大数据等用电量较高的产业。

工业用油、气消费区域分布主要受资源禀赋、产业分布影响。油品方面，工业生产原料、材料是工业用油的重要用途，如山东、辽宁等省份形成的地方炼油能力，黑龙江、陕西、新疆等地依托资源禀赋，广东、福建、江苏依托沿江沿海区位优势形成的炼油炼化能力，对原油等油品产生大量需求。天然气方面，除资源禀赋（四川用天然气消费量处于高位水平得益于当地优质的天然气资源）与进口来源保障等影响外，地方政府政策推动力度也是影响各省份工业用天然气消费量的重要因素，如江苏推行工业锅炉煤改气政策导致该省工业用天然气消费量处于长三角地区的相对高位水平。

（二）针对高载能制造业直接碳排放的优化方向

钢铁、有色、化工、建材等高载能制造业是产业降碳的重点领域。从能耗总量看，黑色金属冶炼和压延加工业（钢铁产业为主）能源消费量是制造业用能第一大行业，占制造业能源消费总量的 23.9%；化工相关领域的化学原料和化学制品制造业，石油、煤炭及其他燃料加工业分别占制造业能源消费总量的 20.3%、12.6%，以炼油炼化、煤化工等行业为代表；非金属矿物制品业占制造业能源消费总量的 12.7%，主要为水泥、玻璃等建材行业；有色金属冶炼和压延加工业占制造业能源消费总量的 9.1%，主要为铝、铜等高耗电行业。从载能情况看，制造业单位营业收入耗能前 5 个细分产业分别为黑色金属冶炼和压延加工业（0.915 吨标准煤/万元），化学原料和化学制品制造业（0.889 吨标准煤/万元），石油、煤炭及其他燃料加工业（0.84 吨标准煤/万元），非金属矿物制品业（0.61 吨标准煤/万元），有色金属冶炼和压延加工业（0.469 吨标准煤/万元）。上述产业均高于制造业平均单位营业收入耗能 0.291 吨标准煤/万元。

（三）针对高载能制造业间接碳排放的优化方向

清洁低碳的绿色电力、绿色供热应用是制造业降碳的重要方向。电力、热力等二次能源是制造业生产过程中重要的用能品种，结合制造业分行业用电、用热占能耗比重情况，除钢铁、有色、化工、建材等高载能制造业外，其他行业二次能源消耗占产业能耗比重水平较高。其中，电气机械和器材制造业，计算机、通信和其他电子设备制造业，仪器仪表制造业，家具制造业电力消耗占比高达 75% 以上；皮革、毛皮、羽毛及其制品和制鞋业，橡胶和塑料制品业电力消耗占比在 70% 以上；烟草制品业，木材加工和木、竹、藤、棕、草制品业，有色金属冶炼和压延加工业，通用设备制造业，专用设备制造业，汽车制造业电力消耗占比在 60% 以上；纺织业、纺织服装、服饰业、印刷和记录媒介复制业、金属制品业电力消耗占比在 50% 以上；造纸和纸制品业、纺织业、化学纤维制造业、医药制造业等行业热力消耗占比在 20% 以上。上述领域二次能源消耗具有巨大的降碳空间，亟待围绕太阳能、风能、地热能等绿色可再生能源发力，需要制造业强化装备、材料等领域支撑。

三、我国高载能制造业低碳化发展的路径

（一）清洁低碳能源替代是高载能制造业低碳化发展的关键

加快构建"风光水火储"多位一体的电力供给结构，大幅提高风电、

光伏等新能源发电比重。一是加快突破电网管理这个可再生能源利用的瓶颈，强化新能源电力的输配调度能力，重点攻关新能源功率预测技术、分布式新能源状态感知与调控技术、新型电力系统稳定控制技术等，提高电力供给可靠性。二是加快能源领域技术攻关突破，提高电力供给效率与清洁低碳化水平。如光伏领域攻关高效低成本晶体硅电池产业化技术、高参数太阳能热发电技术；风电领域攻关远海大型风电系统设计与建设技术、低成本中低风速风力发电技术等；燃气发电领域强化燃气轮机高温先进材料、重型燃气轮机和单循环小型燃气轮机研发；核电领域积极研发小型模块化反应堆、快堆、熔盐堆等新一代先进核电技术，并加大推广力度。三是加快培育生物质能、地热、氢能等可再生能源产业。四是加快建立并完善适应清洁能源大规模应用的绿电交易、碳定价体系、碳核算机制等新规则、新制度。

（二）原料、材料、燃料替代是高载能制造业低碳化发展的重要方向

加快推动高载能制造业原料、材料、燃料替代的技术攻关与成果应用。一是钢铁行业。引导企业转向"废钢生产钢材"的再循环模式，减轻对铁矿石、焦炭等传统原料的依赖；加快氢能冶金技术攻关与应用推广等。二是石化化工行业。推动以 PLA、PHA 为代表的生物基可降解塑料逐步代替传统难降解塑料，加大生物柴油推广力度，鼓励生产企业、销售者和消费者开展废弃油脂能源化利用。三是建材行业。围绕水泥、平面玻璃等生产过程，引入生物燃料、天然气、可再生废弃物等替代燃煤；发展非碳酸钙的替代熟料技术，促进水泥生产低碳化。此外，需要警惕在"双碳"目标下，部分地方项目在补贴等优惠政策推动下，盲目上马技术尚不成熟的原料低碳化替代项目，造成资源浪费。

（三）技术工艺迭代升级将有效提升高载能制造业能效水平

加快高载能制造业技术工艺迭代进程。一是钢铁行业。推广铁矿石压块技术代替传统的烧结技术进行生铁材料锻造。二是有色金属行业。重点突破余热回收、原铝低碳冶炼、海绵钛冶炼等共性关键技术、颠覆性技术。三是石化化工行业。积极实践 CCUS 技术，探索利用二氧化碳生产高附加值烯烃、甲醇等化工产品，进一步提高方案技术经济性。四是建材行业。加快水泥窑炉富氧燃烧技术等新技术工艺的应用推广；针对混凝土等建材，改进原有的蒸汽工艺，在硬化环节注入二氧化碳，实现碳捕捉。五是能源行业。加快推动数字技术在能源供需两端的多领域深度融合，在智慧发电、智慧电网、智慧储电、智慧用电等技术领域持

续发力，在供能端构建以新能源为主体的新型电力系统，在用能端探索建立数字化工业碳排放管理体系，形成多能融合、产供储销协同的智慧能源系统。

（四）产业布局深化调整有望进一步释放降碳潜力

加强产业布局深度调整，强化顶层设计。一是加强钢铁、有色、石化化工、建材等行业的低附加值产能管控与落后产能淘汰，适时引入碳交易市场机制，提高企业生产的碳排放成本与准入门槛，淘汰部分低端高排"产量"。二是围绕中西部清洁能源开发需求，加强相关产业配套，布局装备制造、新材料等制造业产能。以光伏、风电优势，承接高载能制造业产能向中西部地区转移，构建低碳产业体系。积极培育"氢经济"体系，推动电氢联产，实现低成本制氢，发展合成氨、合成甲醇、氢冶金、煤液化等产业。三是加大对高载能制造业低碳发展的行业统筹力度，对高载能制造业转型升级优质项目给予能耗指标、碳排放指标支持。

第四节　政府与市场关系的理论、经验与建议

政府与市场的关系问题，是一个世界性问题，既是经济理论研究的焦点，也是各国经济发展实践中的难点。党的十八届三中全会指出，"经济体制改革是全面深化改革的重点，核心问题是处理好政府和市场的关系，使市场在资源配置中起决定性作用和更好发挥政府作用"。2021年《政府工作报告》提出"充分发挥市场在资源配置中的决定性作用，更好发挥政府作用，推动有效市场和有为政府更好结合"。当前，科学认识和处理政府与市场的关系，既可以丰富政府与市场关系的基础理论，也可以促进我国社会经济平稳有序、均衡协调发展，具有重要的理论意义和实践意义。

一、政府与市场关系的理论考察

从经济学理论发展史的角度来观察，在大约数百年的历史长河中，政府这只"看得见的手"与市场这只"看不见的手"一直在不停地掰着手腕、较着劲。早在资本主义发展源头的重商主义时期，人们十分崇尚国家对社会经济的全面干预，政府较之于市场处于绝对优势地位。随着古典主义代表人物亚当·斯密的《国富论》的发表，市场这只"看不见的手"被人们发现并一跃成为配置社会资源的主要手段，而政府这只"看

得见的手"则退居到"守夜人"的位置。进入 20 世纪二三十年代，资本主义世界爆发了空前的经济大危机，完全由市场来配置资源的缺陷暴露无遗，奉行国家干预的凯恩斯主义开始盛行，凯恩斯主张政府运用财政政策和货币政策，刺激经济增长，实现充分就业，政府这只"看得见的手"的作用受到西方各国的重视。20 世纪 70 年代，西方主要资本主义国家经济出现"滞胀"现象，凯恩斯主义随之遇到了空前的挑战，主张自由放任的新自由主义大行其道，市场又重新在资源配置中居于主导地位。

纵观整个经济理论史发展历程，政府与市场这"两只手"经历了漫长而激烈的斗争过程，可以说是各有胜负、难分难解。在经济发展的某个阶段，市场居于主导地位，而在另一个阶段，伴随着社会经济危机的发生，政府又取代市场成为配置资源的主要方式。上述情况说明政府与市场之间的关系在经济学理论发展史中并未呈现出清晰的演变规律。

从资源配置效率的角度来观察，微观经济学家已证明：如果每个市场参与者都充分掌握着个人决策和行动所需要的一切市场信息，同时面临着相同的价格，并且不存在垄断，那么，资源配置将富有效率，达到帕累托最优的境界。但是，"市场失灵"（公共产品、外部效应、不完全竞争等）的存在，使得市场在资源配置中的作用大打折扣。而"市场失灵"的存在却为政府干预经济提供了充分的理由。政府可以通过经济、行政和立法等措施，提高资源配置的效率，以实现社会福利最大化。但是，同私人经营者一样，政府难以拥有解决经济问题的完全信息，再加上政府本身的缺陷（缺乏竞争、成本约束弱化、寻租等），使得政府干预经济的有效性大大降低。

综合以上分析，以资源配置的效率作为评判标准，政府和市场在资源配置中的作用各有优劣，难分轻重，我们仍然无法判断政府与市场之间的关系是否存在某种演变规律。

二、政府与市场关系的国际经验证据

对于资源配置中政府与市场的关系问题，即一国经济发展过程中是否存在"政府与市场关系演变规律"，我们尝试着变换一下视角，从美国和日本这两个发达国家的经济发展历程中寻找正面或反面的经验证据。

作为当今世界头号资本主义强国，美国一向以实行自由化程度最高的市场经济闻名于世。18 世纪末至 19 世纪初是美国历史上的自由放任时期，也是美国经济发展的起步期和成长期，政府对经济的干预相对较少，市场在资源配置中起主导作用，这种过于超前的"市场主导型"发展模式直接导致了美国"镀金时代"（南北战争结束到19世纪80年代）经济社会矛盾不断加剧，各类社会丑恶现象丛生，直至20世纪30年代爆发了规模空前的经济大危机。

此后，美国政府奉行凯恩斯主义，政府干预经济的作用被强化，经济发展模式被扳回到"政府主导型"轨道上来，从而迎来了数十年经济的强劲增长。随着美国市场经济制度的进一步完善和发展成熟，政府的作用始终没有被淡化，导致美国经济在20世纪七八十年代坠入"滞胀"深渊。直到20世纪八九十年代新自由主义盛行，市场的作用再次被强化，"市场主导型"发展模式成为主流，美国经济才又走上持续增长道路，并一直延续至今。

从战后日本经济的发展历程看，战后日本经济的快速复苏与发展，政府功不可没。战后日本百废待兴，日本政府科学编制并实施了9个全国性的经济发展计划，并通过一系列财政金融政策等对经济发展进行宏观调控。日本战后发展经济采取的是典型的"政府主导型"发展模式，正是这种实行多元行政体制的"政府主导型"发展模式，适应了当时日本经济所处的发展阶段，有力地推动了战后日本经济的快速发展，从而助力其迎来了20世纪六七十年代"黄金发展期"。

进入20世纪80年代，日本已经发展成为世界经济中与美国并驾齐驱的重要一极，其国内的市场经济体制也已日渐发展成熟。但此时的日本政府未能根据其经济发展阶段及时转变发展模式，仍在延续"政府主导型"发展模式，日本政府对经济的主导和过度干预，弱化了企业的竞争和应变能力，"制度疲劳"和体制僵化带来的弊端开始显现。伴随着20世纪90年代初房地产泡沫的破灭，日本经济开始进入"失落的三十年"。直到现在，日本经济再也无法恢复到其"黄金发展期"的发展水平，其经济增长呈现长期低迷态势。

通过上述分析，我们看到，在美国和日本这两个发达国家的经济发展历程中，每当政府与市场的作用与其经济发展阶段相适应时，经济就会获得持续的增长。反之，经济发展就会陷入困境、遭遇挫折。

三、政府与市场关系的中国实践经验

众所周知，我国经济发展起步较晚，新中国的经济是在一个旧社会遗留的"烂摊子"基础上开始建设的。实际上，我国在建国初期实行的

政府全面干预的计划经济体制是完全适合我国当时的经济发展阶段的，20 世纪 50 年代初期的实践证明了这个判断是正确的。"政府主导型"发展模式便于集中有限的人力、物力和财力，使我国在短期内就走出了内战阴影，初步建立了社会主义制度，在"一穷二白"的基础上快速建成了相对独立的国民经济体系。

党的十一届三中全会以后，我国实行了渐进式的改革开放政策，进入一个由计划经济向市场经济的转轨时期。1992 年，党的十四大第一次明确提出中国经济体制的改革目标是建立社会主义市场经济体制，并将社会主义市场经济界定为"使市场在社会主义国家宏观调控下对资源配置起基础性作用"，在强调发挥政府主导资源配置的同时，开始强调市场的调节作用。此时采取的"政府主导、市场辅助"的发展模式与我国经济发展阶段相适应，极大地促进了我国社会生产力的发展，20 世纪初期，我国已经快速成长为世界第二大经济体，创造了令世界震惊的经济发展奇迹。

随着我国社会经济的快速发展，特别是我国社会主义市场经济制度的不断完善，2017 年 10 月，党的十九大报告指出"我国经济已由高速增长阶段转向高质量发展阶段"，并强调"使市场在资源配置中起决定性作用，更好发挥政府作用"。这标志着我国已经开始从"政府主导型"发展模式向"市场主导型"发展模式转变。

从中华人民共和国成立以来 70 余年特别是改革开放 40 多年来的经济发展实践历程看，伴随着我国经济的持续发展，政府与市场的作用在不同的经济发展阶段得以充分发挥，由此推动了我国社会经济的快速发展，取得了举世瞩目的发展成就。

四、结论与建议

一般来说，从个人的成长过程看，一个人在婴幼儿时期，几乎所有的活动都需要监护人（如父母）的照顾。随着年龄的增长，其需要监护人照顾的时间在不断缩短，通过自身的学习，生活逐渐可以自理，等到成人后就可以完全脱离监护人的管理而独立自由地发展，但此后其仍要受到道德和法律的约束。

一国经济的发展过程，就如同一个人的成长过程。在起步阶段，由于经济发展的各方面条件（如资金、技术、制度等）的约束，其经济发展更多地需要政府（类似于监护人的角色）的干预与扶持，且这种干预和扶持是全面的，而市场的作用此时很小，此时的经济发展阶段是以"政府主导资源配置"为特征的。随着经济的发展特别是市场经济体系的逐步建立，政府的管制和干预会日渐减少，市场配置资源的作用会进一步得到强化。等到市场经济发展接近成熟或完全成熟后，市场便取代政府成为配置社会资源的主导力量，此时政府并非完全退出，而是其作用仅局限于制定相关的法律规则并监督各经济主体执行，同时向全社会提供一定的公共物品和公共服务，此时一国经济进入到以"市场主导资源配置"为特征的发展阶段。

综合前文的分析，我们可以总结出这样一条规律：伴随着一国经济的发展由起步、成长到成熟，政府在资源配置中的作用表现为由强到弱，而市场的作用则正好相反，表现为由弱到强。也就是伴随着一国经济发展阶段的演进，政府与市场的关系呈现出从"政府主导型"发展模式向"市场主导型"发展模式转变的规律性特征（战争、经济危机、重大疫情等特殊时期除外，在此类特殊时期，社会经济稳定发展需要政府进行全面干预和管理）。

对我国而言，考虑到日本和美国经济发展的"前车之鉴"，对于经济发展中"政府与市场关系演变规律"要始终保持清醒认识并严格遵循其演变趋势。未来，我国应不断加快推进经济体制改革，持续发展和完善社会主义市场经济制度，让"市场主导型"发展模式更好地服务于我国经济社会发展，同时加强有为政府建设，通过政府与市场这两种资源配置手段，提升我国资源配置效率，推动我国经济沿着社会主义市场经济方向阔步前行，不断取得新的成就。

第九章

财税政策专题研究

第一节　我国数字经济税收的主要改革方向及具体举措

当前，数字经济已广泛影响人类的生产生活方式，与数字经济相适应的税收制度调整也日渐受到关注，既包括国际税收领域的以欧洲为代表的数字服务税等单边措施，也包括国内税制领域的大数据治税，以及与数字经济配套的税制构想。因此，深度剖析数字经济下我国现行税制面临的主要挑战，切实理解全球各国及 OECD 推动的双支柱政策，结合我国数字经济发展情况和税制实际情况，提出我国应对数字经济发展的税收改革方案，具有重要意义。

一、数字经济下全球税收制度面临的主要挑战

（一）数字经济经营主体较为分散，纳税主体界定困难

数字经济商业模式主要通过交易平台实现，供需双方交易中间环节较之前减少，大量个人卖家和小微企业成为平台经济货物或服务的供给方，特别是交易双方无须在同一时间出现在同一地点完成交易，打破传统交易地理限制。如何获取数字经济参与者的有效完整信息，从而认定纳税人的身份已成当前税务机关面临的直接困难[1]。例如，微商、抖音等在交易结

---

[1] 平台经济兴起之初，为营造更加开放的平台经济市场氛围，我国相关规定仅要求从事网络交易的自然人向第三方交易平台提交姓名、地址等个人信息，大量电子商务经营者仅在电商平台进行了注册登记，并没有办理工商税务登记，缺乏可追溯信息的源头。此外，交易双方可以通过技术手段变更或隐匿身份信息等，税务机关难以及时获取平台交易信息，更难确定纳税主体，税收征管受到较大影响。

算时可能跳转到个人网页或使用交易链接，网页和链接可删除导致征管追踪困难。我国现行税制对"无须办理市场主体登记的电子商务经营者"如何办理税务登记、在何处办理税务登记、如何申报纳税等问题，缺乏明确具体的规定，数字经济纳税义务人监管问题未得到有效解决。

（二）新业态、新模式层出不穷，课税对象模糊复杂

新一代科技革命与产业变革交织，大数据、人工智能等数字化技术蓬勃发展，数字经济催生大量新业态、新模式。一方面，传统业务模式与新型经济形态相融合，现行税制中课税对象的判断标准难以适用于数字经济新业态、新模式。例如，传统出行业务是指出租车提供出行服务，但网约车服务将为司机提供的信息技术服务和为乘客提供的交通运输服务融为一体，这种综合性服务适用当前两类税制不同的课税对象，网约车服务中课税对象引发争议。另一方面，数字经济交易涉及较多无形资产、知识产权、数据传输及其他数字产品流转，课税对象界限相对于传统产品和服务更为模糊，数据价值、服务价值的评估难度较高，现行税制下难以明确征税对象和税收优惠的适用性，也给征税中课税对象的确定和准确计量带来挑战。

（三）线上交易分割经营地和市场地，征税权起纷争

现行税制将纳税人的机构所在地、登记注册地或居住地作为划分税收管辖权的主要判定标准。传统商业模式下，跨地区经营主要通过异地设立分支机构来实现，分支机构在注册地完成经营、销售、纳税等活动，履行企业主体纳税义务。数字经济下，基于数字技术的产品和服务通过互联网平台进行内容传播和数据流转，电子支付体系通过虚拟形式运营，物流体系以信息形式在独立平台汇总并提供相应运输服务，企业可以绕过设立实体机构的形式，向不同地区甚至国家提供相应的产品和服务，销售和消费的分离导致数字经济企业价值产生地与利润征税地之间不匹配，在现行税制下无法合理划分税收管辖权，成为当前世界各国数字服务税争议的焦点。当前，欧美等经济体之间有关数字服务税的争议就是最好的例证，主要争议焦点就是数字经济企业价值产生地与其利润征税地之间不匹配。

（四）企业数据庞杂且获取难度大，税源存在流失风险

现行征管方法难以实现对平台经济领域税收的应收尽收。一方面，互联网平台业务涉及海量的数据信息，如何保证获取企业提供真实透明

的业务数据，并且通过大数据提高税收监管的效率是税收征管面临的挑战。另一方面，现行税制下，纳税义务主要以应税行为的发生并且收到销售货款或发票来确定。从平台经济中 3 种主要业务来看，无论是企业间业务（B2B）、企业对个人业务（B2C）还是个人对个人业务（C2C），纳税人倾向于少开发票或不开发票以尽可能少缴纳税款，税务机关难以掌握平台企业相关交易信息。例如，线上提供承运服务的平台企业以承运人身份接受客户载货订单，但自身不运营车辆服务，而是以托运人身份向实际承运人委托承运，承诺对货物运输的安全负责，运输完成后向客户收取运费，同时向实际承运人支付运费，作为中介服务者赚取运费差价。该平台企业以收取运费差价为计税依据申报纳税，但税务机关难以掌握收取运费的实际承运人信息，导致实际承运人在其常住地税务机关很少进行纳税申报，造成税收流失。

二、我国数字经济税收改革的主要方向

（一）统筹国际税收改革方向和我国实际探讨数字服务税征收

当前，国内关于数字服务税的探讨主要聚焦针对国内数字经济加税和开征新税两个方面。综合国际上部分国家已经实施的数字服务税和 OECD 正在讨论的"双支柱"方案来看，我国是否征收数字服务税应从如下几个方面进行考虑。

目前全球各国热议的数字服务税、"双支柱"方案与我国国内讨论的数字服务税在性质上有本质区别。国际税收实践意义上的数字服务税针对的是以英、法等欧洲国家为首开征的数字服务税与 OECD 探讨的"双支柱"方案。欧洲国家的数字服务税本质上是应对互联网跨国企业税基侵蚀的补丁式单边政策。该类数字服务税涉及国家间税收管辖权的博弈，属于国际税收协定范畴，与国内针对数字经济开征数字服务税并非同一类议题。如果将国际上开征数字服务税作为对我国数字经济开征新税种的依据，从逻辑上并不能成立。

我国数字经济市场的主要参与者是本土互联网企业，同时这些企业的海外业务规模有限，因此在现行税制下，我国尚未面临欧洲国家因数字经济发展带来的征税困境。一方面，我国互联网相关制度提高了跨国企业进入门槛，数字红利基本锁定在国内企业，国际税基侵蚀问题并不突出。我国是全球少数拥有自主完整互联网生态体系的国家，并且受制

于我国的互联网监管政策，美国大型互联网企业较难在我国开展业务并获取利润，我国本土企业现已形成较高的市场占有率和较强的产品国际竞争力，并未面临欧洲国家互联网产业发展的窘境，因而没有征收数字服务税的必要。另一方面，受制度、文化、意识形态等因素影响，我国互联网企业出海规模较小。部分互联网公司的游戏业务已进入海外市场，但占比仍然较低，且出海模式以收购当地公司并且在当地注册为主，税基侵蚀问题并不凸显。

现行税制在很大程度上已经覆盖了包括通信业务、移动支付业务等在内的数字经济相关业务，而对于数字经济催生的其他新模式、新业态是否需要通过调整现行税种或开征新税种则需要更加深入、具体的分析。由于数字经济涉及的业务领域和业务模式较为广泛，部分业务的创新性较强，需要加深对其了解和分析。基于朴素的"新—旧"对立观点推断现行税制无法覆盖新生事物，有一定的合理性，但还需要进一步的梳理和分析。因此，对某项具体数字经济业务要进一步厘清是开征新税种，还是调整明确现行税种具体执行标准，抑或是通过大数据治税、强化税收征管能力予以解决。

平台经济具有天然垄断属性，伴随产生的所谓"数字租金"会侵害企业、消费者利益，可考虑通过税收手段降低企业获得垄断利润的可能性。具体应考虑如下问题。一是对于垄断问题，更多应由市场监管管理部门通过规范竞争行为、严格反垄断执法力度进行规制，税收的调节规制力度相对较小。二是"数字租金"的确定，即如何衡量企业、消费者利益侵害程度，在技术层面存在较大困难。三是目前互联网企业普遍享受的 15%的高新技术企业税收优惠，软件企业享受的"两免三减半"政策优惠，以及重点软件企业享受的"五免加接续 10%"的税收政策优惠已经被逐步取消，后续应进一步取消尚存的已不符合互联网企业发展阶段的税收减免优惠政策。

OECD 出台的国际税收改革"双支柱"方案一旦落地，将对之前针对数字经济的征税思路产生重大影响。当前，国际税收改革"双支柱"方案已经放弃了最初主要围绕数字经济企业征税的初衷，将征税范围扩大至符合一定条件的所有跨国企业。在该框架下，一方面，将对大型跨国企业的部分征税权从企业注册地（总部所在地）重新分配至企业经营与盈利地，将超额利润征税权分配到跨国公司开展业务的市场国；另一方面，将设立不低于 15% 的全球最低企业税率，结束各国企业所得税率逐底竞争局面。该方案如果在全球各国通过，将成为国际税收改革的主要依据，进而影响跨国公司在全球市场的经营和投资。近期的 G20 财长会议就已围绕国际税收体系改革方案达成历史性一致，为解决全球化和数字化给跨国企业税收征管带来的挑战释放了明确的政策信号。

（二）促进数字经济相关行业内部企业税负均衡化

以我国上市企业为样本，利用 2019—2021 年财报数据分析各行业企业税负情况。从行业大类看，数字经济企业以信息传输、软件和信息技术服务业最具有代表性，根据税收/营收口径计算的税负水平为 2.37%，制造业该指标水平为 2.84%，略高于信息传输、软件和信息技术服务业，各行业综合水平为 4.57%，与信息传输、软件和信息技术服务业，制造业相比更高。但根据税收/利润口径计算的税负水平看，各行业综合水平为 44.3%，信息传输、软件和信息技术服务业高达 53.1%，而制造业仅为 39.9%。比较行业盈利情况，信息传输、软件和信息技术服务业营收利润率为 4.58%，而制造业为 7.16%，总体看，信息传输、软件和信息技术服务业税负水平相对其他行业并无明显优势。

从细分行业表现看（见表 9-1），软件和信息技术服务业税收/营收水平为 3.01%，税收/利润水平为 47.10%，处于中等偏下水平；互联网和相关服务税收/营收水平为 1.98%，税负水平较低，但税收/利润水平为 259.70%，税负感相对较重。由于互联网龙头企业多在美股、港股上市，未计入该统计，现对阿里巴巴、腾讯、京东、百度等龙头企业 2019—2021 年税负情况单独测算。其中，阿里巴巴税收/营收水平为 8.6%，税收/利润水平为 32.2%；腾讯税收/营收水平为 7.2%，税收/利润水平为 22.0%；百度税收/营收水平为 6.3%，税收/利润水平为 39.9%；京东税收/营收水平为 0.5%，税收/利润水平为 15.4%。总体看，龙头企业作为税收征管重点对象，根据税收/营收口径计算的税负水平相对较高，但由于企业利润较高，因此根据税收/利润口径计算的税负水平相对较低。该结果从侧面说明，当前数字经济企业，特别是互联网企业存在"赢家通吃"的失衡局面。因此，对数字经济企业的税负判断，不能按行业"一刀切"，相应的税收制度调整（如增值税税率调整、企业所得税税率调整）也不能简单按行业"一刀切"。

表 9-1　分行业税负情况表（基于全部上市公司）

门类行业	大类行业	税负 （税收/营收）	税负感 （税收/利润）	营收 利润率
信息传输、软件和 信息技术服务业	软件和信息技术服务业	3.01%	47.10%	6.47%
信息传输、软件和 信息技术服务业	互联网和相关服务	1.98%	259.70%	1.30%
信息传输、软件和 信息技术服务业	电信、广播电视和卫星传 输服务	1.77%	37.30%	4.55%
制造业	酒、饮料和精制茶制造业	23.42%	61.10%	38.85%
制造业	石油加工、炼焦和核燃料 加工业	8.20%	159.20%	5.15%
制造业	非金属矿物制品业	5.70%	33.60%	17.28%
制造业	纺织服装、服饰业	4.79%	58.30%	8.14%
制造业	印刷和记录媒介复制业	4.36%	27.00%	16.09%
制造业	医药制造业	3.96%	37.50%	10.71%
制造业	仪器仪表制造业	3.86%	34.30%	11.45%
制造业	家具制造业	3.32%	31.60%	10.30%
制造业	木材加工和木、竹、藤、 棕、草制品业	3.17%	37.40%	8.34%
制造业	文教、工美、体育和娱乐 用品制造业	3.00%	52.80%	5.38%
制造业	食品制造业	2.95%	27.10%	10.95%
制造业	专用设备制造业	2.91%	29.50%	9.88%
制造业	皮革、毛皮、羽毛及其制 品和制鞋业	2.82%	28.90%	9.59%
制造业	纺织业	2.79%	40.20%	7.35%
制造业	化学原料和化学制品制 造业	2.77%	38.40%	7.34%
制造业	金属制品业	2.64%	38.50%	6.89%
制造业	造纸和纸制品业	2.56%	29.60%	8.23%
制造业	电气机械和器材制造业	2.46%	33.60%	7.35%
制造业	橡胶和塑料制品业	2.44%	32.10%	7.70%
制造业	化学纤维制造业	2.38%	32.60%	7.27%
制造业	废弃资源综合利用业	2.34%	-226.40%	0.50%
制造业	通用设备制造业	2.18%	48.20%	4.61%
制造业	铁路、船舶、航空航天和 其他运输设备	2.15%	37.70%	5.42%

续表

门类行业	大类行业	税负 （税收/营收）	税负感 （税收/利润）	营收 利润率
制造业	汽车制造业	2.13%	49.30%	4.22%
制造业	黑色金属冶炼和压延加工业	1.86%	31.80%	5.88%
制造业	其他制造业	1.74%	353.30%	0.45%
制造业	计算机、通信和其他电子设备制造业	1.63%	32.40%	5.01%
制造业	农副食品加工业	1.44%	22.80%	6.43%
制造业	有色金属冶炼和压延加工业	1.29%	77.40%	1.81%
采矿业	非金属矿采选业	14.20%	39.10%	36.71%
采矿业	石油和天然气开采业	10.51%	299.30%	3.82%
采矿业	煤炭开采和洗选业	7.63%	51.70%	15.13%
采矿业	黑色金属矿采选业	5.26%	39.70%	13.53%
采矿业	有色金属矿采选业	2.59%	56.40%	4.73%
采矿业	开采辅助活动	1.96%	71.40%	2.66%
电力、热力、燃气及水生产和供应业	水的生产和供应业	5.79%	28.20%	20.39%
电力、热力、燃气及水生产和供应业	电力、热力生产和供应业	4.25%	33.50%	12.68%
电力、热力、燃气及水生产和供应业	燃气生产和供应业	3.04%	42.20%	7.20%
房地产业	房地产业	12.75%	80.90%	15.95%
建筑业	建筑装饰和其他建筑业	2.82%	62.20%	4.54%
建筑业	土木工程建筑业	2.14%	50.20%	4.27%
建筑业	建筑安装业	1.26%	23.40%	5.32%
建筑业	房屋建筑业	0.88%	60.20%	1.36%
交通运输、仓储和邮政业	道路运输业	7.30%	27.50%	26.43%
交通运输、仓储和邮政业	铁路运输业	5.52%	28.00%	20.14%
交通运输、仓储和邮政业	水上运输业	3.26%	22.10%	14.59%
交通运输、仓储和邮政业	邮政业	2.17%	31.80%	6.87%

续表

门类行业	大类行业	税负 （税收/营收）	税负感 （税收/利润）	营收 利润率
交通运输、仓储和邮政业	仓储业	1.46%	-390.90%	1.23%
交通运输、仓储和邮政业	装卸搬运和运输代理业	1.26%	30.20%	4.36%
交通运输、仓储和邮政业	航空运输业	0.32%	-6.70%	-5.11%
金融业	货币金融服务	8.94%	22.30%	40.08%
金融业	资本市场服务	8.60%	24.90%	39.48%
金融业	其他金融业	7.57%	43.40%	29.00%
金融业	保险业	1.93%	20.80%	9.28%
居民服务、修理和其他服务业	机动车、电子产品和日用产品修理业	2.06%	-21.40%	-8.43%
科学研究和技术服务业	专业技术服务业	3.89%	29.50%	13.04%
科学研究和技术服务业	研究和试验发展	3.37%	19.20%	17.44%
科学研究和技术服务业	科技推广和应用服务业	2.40%	12.00%	19.34%
农、林、牧、渔业	林业	3.24%	-48.10%	-4.73%
农、林、牧、渔业	渔业	1.07%	-23.00%	-4.39%
农、林、牧、渔业	农、林、牧、渔服务业	1.02%	32.40%	3.20%
农、林、牧、渔业	农业	0.75%	16.90%	4.46%
农、林、牧、渔业	畜牧业	0.48%	2.50%	19.71%
批发和零售业	零售业	2.05%	64.00%	3.19%
批发和零售业	批发业	1.05%	57.80%	1.83%
水利、环境和公共设施管理业	公共设施管理业	4.87%	37.20%	13.22%
水利、环境和公共设施管理业	生态保护和环境治理业	4.49%	44.00%	10.01%
卫生和社会工作	卫生	4.46%	33.20%	14.20%
文化、体育和娱乐业	广播、电视、电影和影视录音制作业	4.26%	-20.20%	-20.80%
文化、体育和娱乐业	文化艺术业	3.19%	48.60%	7.17%
文化、体育和娱乐业	体育	2.93%	51.40%	5.76%
文化、体育和娱乐业	新闻和出版业	1.19%	13.80%	8.75%
住宿和餐饮业	餐饮业	3.73%	60.80%	6.73%

续表

门类行业	大类行业	税负 （税收/营收）	税负感 （税收/利润）	营收 利润率
住宿和餐饮业	住宿业	3.73%	62.10%	6.25%
租赁和商务服务业	商务服务业	1.91%	52.70%	3.63%
租赁和商务服务业	租赁业	0.09%	−5.10%	−1.87%

注：由于部分行业 2019—2021 年利润为负值，导致税负（税收/利润）指标出现负值，该指标负值代表的税负重于正值，且绝对值越高，税负感越重。

数据来源：赛迪智库计算整理，2022 年。

（三）加大对数字经济企业相关收入费改税力度

调研发现，我国数字企业除正常的税收负担外，还面临部分费用负担，为此应加大对数字经济企业相关收入费改税力度，进一步规范政府收入机制。广告收入是当前互联网企业的重要盈利来源，而国内企业针对广告收入需每年缴纳文化事业建设费，按广告收入的 3% 减半缴纳，文化事业建设费由税务局代扣代缴，归中宣部支配使用。该政策依据《国务院关于进一步完善文化经济政策的若干规定》（国发〔1996〕37 号），广播电台、电视台和报纸、刊物等广告媒介单位，以及户外广告经营单位，按经营收入的 3% 缴纳文化事业建设费，互联网企业等取得的广告收入参照该标准缴纳。根据《财政部关于调整部分政府性基金有关政策的通知》（财税〔2019〕46 号），自 2019 年 7 月 1 日至 2024 年 12 月 31 日，对归属中央收入的文化事业建设费，按照缴纳义务人应缴费额的 50% 减征；对归属地方收入的文化事业建设费，各省（区、市）财政、党委宣传部门可以结合当地经济发展水平、宣传思想文化事业发展等因素，在应缴费额 50% 的幅度内减征。以国内某大型互联网平台为例，当前其广告收入约 800 亿元规模，约占全部营收的 17%，如按广告收入的 3% 减半缴纳，将带给企业约 0.2 个百分点的费用负担（按费用/营收测算）。

（四）合理解决数字经济从业人员税负不公平问题

目前，互联网企业从业人员收入水平较高，对社会高素质人才吸纳能力较强，一定程度上阻碍高端人才流向集成电路等战略性行业。相对于企业税负情况，数字经济从业人员税负不公平问题更需引起重视。一方面，数字经济下，个人与企业的边界变得模糊。例如，共享经济等新模式、新业态下，个人通过互联网平台出租闲置车辆或提供顺风车服务。又如，微商、直播带货等 C2C 经营模式下，个人借助互联网成为商业经营主体，取得的收入存在性质认定不清与征管成本较高等问题。另一方面，互联网企业高端人才（如研发人才、管理人才等）收入待遇形式多元化，如采用股权出售、股权奖励、股权期权等股权方式，或者项目收益分红、岗位分红等分红方式进行激励，根据现行个人所得税制度要求，股息、红利所得按 20% 缴纳个人所得税，不计入个人所得税综合所得汇算清缴，导致个人所得税收入调节功能弱化。在目前财产税主体税种缺位的情况下，数字经济从业人员税负不公平问题更加突出。

三、我国应对数字经济税制挑战的具体举措

从近期看，我国互联网企业在国内设有实体，经营收入与利润均纳入现行增值税、企业所得税的税基，当前税制体系基本可以覆盖以"互联网+"为主的数字经济新业态。因此，短期内，对数字经济的税制调整主要为税制细则的适应性调整与税收监管能力提升。

（一）规范对数字经济新模式、新业态下税源税基的认定

数字技术与经济活动的深度融合不断催生新模式、新业态，而现行税制在实施细则的调整上滞后于数字经济发展，新模式、新业态能否有效转化为新税源，需要系统梳理原有课税对象的判定标准与新模式、新业态之间的衔接问题。以出行服务为例，传统出租车经营模式下，出租车公司根据营业收入缴纳交通运输服务增值税（适用 9%）。共享经济下，个人从事快车、顺风车等业务，若按照个体工商户经营标准，则应缴纳相应的个人所得税，达不到交通运输服务增值税的起征标准；若将滴滴等平台企业作为征税主体，是对平台下顺风车、快车等营业额整体征收交通运输服务增值税，还是仅对滴滴的平台服务费征收信息技术服务增值税（适用 6%），税源税基确认存在巨大差异。以外卖行业为例，平台与骑手间的关系区别于传统的雇佣关系，更像灵活就业下的合作关系，在税务实践中，难以对骑手个人开具税务票据，外卖平台通过劳务公司开票，骑手挂靠在劳务公司名下，在社保、个税等方面管理并不规范，增加税收征管难度，也不利于骑手权益维护。新模式、新业态下，类似案例较多，但主要为传统税制与新模式、新业态的衔接，相关税源税基并未脱离现行税制的框架，需有关部门加紧出台相应的税收实施细则，

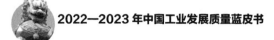

规范新模式、新业态下税收责任分配与税收征缴方式。

（二）加强线上直播、微商等分散化交易的税收征管

相对于英、法等国面临数字经济领域税基侵蚀风险，我国更多面临数字经济新业态带来的税收征管挑战。税收征管问题始终是税务部门长期面临的挑战，不能简单地根据数字经济下存在偷、逃税现象就否定现行税制框架对数字经济的覆盖能力。数字经济下偷、逃税的方式与技术正产生新变化，需要征管部门进行相应技术升级与制度变革。长期趋势看，京东、淘宝、天猫等平台交易数据更加透明、留痕，较便于税收监管；但微商、直播带货等 C2C 经营模式在交易结算时可能通过跳转到第四方交易平台、网页支付、临时购买链接等交易方式，由于部分交易平台管理不规范，未进行税务登记，网页和链接可删除导致征管追踪困难。针对该类问题，应同市场监督管理部门、网络安全部门等统筹协调，提高网上交易平台的设立门槛，加大监管力度，通过大数据、人工智能等手段监测微信、抖音等平台用户动向，识别交易行为，引导相关交易在可监管的头部平台上或正规平台上进行，保证交易行为线上留痕；推动平台企业对线上交易行为的税收代扣代缴。

（三）完善我国数字经济区域税收分配制度

我国区域间数字经济税收红利分配失衡，亟待完善税收跨区域分配制度。一是数字经济下，产品和服务供给侧与需求侧分离，税源主要集中在长三角、珠三角、京津等地区，新冠疫情冲击下浙江等互联网经济发达地区财政收入优异表现便充分体现该问题。二是数字经济背景下，人力成本占比提高，人的劳动和创意等可创造价值，但人的资本化过程具有长期性，如人才培养带来的工作地与培养地分离，区域税收分配也应考虑人力资本因素。针对该问题，建议完善我国数字服务企业汇总纳税与税收区域分配制度。一方面能够有效补充中西部地区欠发达城市的地方税源，维护跨区域税收公平性；另一方面有助于减少各地在数字经济招商引资中企业设立独立核算子公司的要求，更好抑制地方保护主义行为，减少对企业内部资源配置的扭曲，推动企业向大型集团化方向发展。

（四）扭转税收优惠对数字经济企业扶持错位现象

从当前税制及优惠政策看，数字企业、平台企业存在优惠政策对象

错位的问题。一是所得税适用税率,当前高新技术企业所得税优惠仍存在较高的政策门槛,导致享受扶持政策的企业多为盈利情况较好的成熟企业,而初创型、成长型企业无法享受该类优惠。二是研发费用加计扣除等鼓励创新政策可能面临税制设计悖论,即政府出台优惠政策旨在促进企业加强技术研发,提高产品、服务质量,但企业可能将研发力量投入到数字租金的攫取上,即利用数据优势强化垄断利益,侵蚀其他产业利润或侵害消费者权益。针对该问题,建议从两方面优化:一是降低高新技术企业研发费用加计扣除等政策的认定门槛,将更多初创型、成长型企业纳入享受优惠范围内;二是实行差异化数字经济企业研发费用加计扣除政策,探索企业不同类型研发投入特征识别,对于数据算法的基础性、原始性创新投入,加大税收优惠力度。

（五）在浙江、江苏等地开展数字经济税收试点示范

我国各地区数字经济发展水平不尽相同,短期内若出台针对所有行业和地区的统一数字服务税改革,则不利于数字经济整体的良性发展。目前,浙江、江苏两省数字经济发展处于全国前列,数字经济核心产业增加值占比不断上升,引领着长三角乃至全国数字经济发展。随着我国数字经济体量的进一步扩大,可探索在浙江、江苏、广东等数字经济发展较为领先的省份或重点城市开展数字经济税收试点示范,评估数字服务税整体开征的可能性。采取分业、分阶段施策方式,对于涉及传统企业数字化转型等领域,需要国家给予更多支持,暂不推行数字服务税;对于发展较为成熟或对推行数字服务税有迫切需要的数字业务或细分领域,可先行数字服务税试点,尝试建立一套适合数字服务税的税收管理体系,根据不同行业和用途确定适当税率,探索可复制、可大范围推广、科学合理的数字服务税征收管理模式。

第二节　欧盟碳边境调节机制的影响与中国应对

碳边境调节机制（Carbon Border Adjustment Mechanism）是中欧气候和贸易合作的热点议题。碳边境调节机制作为一种区别于关税的税收调整制度,已经逐步演化为政治经济手段,实质上是一种新型贸易壁垒。我国在谴责欧盟违反 WTO 规则推行单边措施的同时,应更加积极主动地深度参与全球绿色低碳治理,完善国内政策体系,加快国内碳市场建

设，力争减轻碳边境调节机制对我国经济的不利影响。

一、欧盟碳边境调节机制的主要背景

碳边境调节机制是指某一国家或地区为避免"碳泄漏"[①]和保护本国或地区企业竞争力，对来自其他国家或地区的产品所施加的与其碳排放相关的调节措施。碳边境调节机制下进口商需以碳差价（碳交易机制下碳价格与生产商在原产国已经支付的碳价格之差）为基准为进口商品负担碳费。欧盟有关碳关税的提议由来已久，但由于贸易伙伴国反对、国际组织规则限制、操作层面存在难度等一直未能正式实施。

近年来，世界经济走向低迷，欧盟面临巨大的财政压力和碳减排压力，因此着力推动碳边境调节机制的实施。2019 年年底，欧盟在《欧洲绿色新政》中将碳边境调节机制作为欧盟实现碳中和目标的关键政策；2021 年 3 月，欧洲议会通过了支持设立"碳边境调节机制"的决议；2021 年 7 月，欧盟委员会明确了碳边境调节机制的覆盖范围、具体模式、核算方法等内容；2022 年 3 月，欧洲理事会通过了欧盟碳边境调节机制法案，向立法推进了重要一步；2023 年 4 月 18 日，欧洲议会通过了支持设立"碳边界调整机制"的决议；2023 年 5 月 16 日，欧盟对外公布了《建立碳边境调节机制》（Regulation [EU] 2023/956）的正式法令，对碳边境调节机制的征收范围、排放量计算、申报要求、各方权责、履约规则和程序等进行了最终明确。

尽管碳边境调节机制与世界贸易组织规则的兼容性存疑，也难以遵循共同但有区别责任原则，但是欧盟仍然加速推动碳边境调节机制的实施，主要有以下三大战略意图。一是规避《巴黎协定》履约要求，维护自身利益。欧盟认为履行《巴黎协定》现有约定导致欧盟相较于其他经济体经济不再具有成本竞争优势，同时增加了欧盟外的碳泄漏风险，推行碳边境调节机制可减少欧盟国家在国际贸易中遭受的"不公平"竞争。二是刺激本国经济复苏和产业升级。碳边境调节机制不仅能够通过新增税源缓解欧盟财政紧张和减赤压力，还能立竿见影地减少碳排放密集型产品进口，鼓励本地区企业低碳技术创新，并依托新技术、新能源和绿色基础设施投资带动经济增长。三是以责任名义构筑贸易壁垒。碳边境调节机制借对发展中国家进行责任监督之名，行贸易保护主义之实，遏

---

① 碳泄漏是指发达国家的碳减排引起发展中国家碳排放量的增长。

制以我国为主的发展中国家的制造业的发展。

二、欧盟碳边境调节机制的制度安排与各方立场

目前，欧盟拟实施的碳边境调节机制的碳费征收对象主要为进口国的高碳排放产品，已初步明确覆盖范围、排除机制、核算体系、实施步骤等要素。

覆盖范围。欧洲议会最早建议将碳费征收覆盖范围适用于欧盟排放交易机制（EU-ETS）的所有产品，但 2021 年 7 月公布的提案中范围大幅缩小，仅涵盖水泥、电力、化肥、钢铁和铝 5 个行业，其排放总量约占欧盟总排放量的 40%。未来碳费征收范围存在变数，不排除扩大至所有进口中间产品和最终产品的可能。

排除机制。欧盟碳边境调节机制提出了较为严格的豁免条件，只对充分融入 EU-ETS 的非欧盟国家，或者与欧盟建立了碳市场挂钩的国家进行一定的豁免。目前冰岛、列支敦士登、挪威、瑞士和 5 个欧盟海外领地已确定被豁免，而最不发达国家和小岛屿发展中国家未被给予特殊待遇。未来豁免国家名单将进行动态调整，或成为欧盟与其他国家博弈筹码。

核算体系。欧盟碳边境调节机制覆盖产品的碳费等于该产品的隐含碳排放量乘以出口国与欧盟之间的碳差价。提案的立法说明中明确欧盟碳边境调节机制将最终覆盖二氧化碳的直接排放和间接排放，现阶段仅对直接排放收费，对间接排放暂不收费但需报告排放量。未来有可能将间接排放纳入欧盟碳边境调节机制的碳费征收范围内。

实施步骤。欧盟碳边境调节机制将分两阶段实施。2023 年至 2025 年为 3 年过渡期，碳边境调节机制覆盖产品的进口商需要向相应的欧盟成员国主管部门提出申请，获得"授权申报人"的身份。在过渡期内，申报人仅按年提交碳排放报告。2026 年正式实施后，进口商需要根据其进口产品的碳排放量购买相应数量的碳边境调节证书。

各方立场。欧盟积极推进碳边境调节机制的实施引起了各方的重视。WTO 对碳边境调节机制的态度较为模糊，建议在实施碳边境调节机制的目的、对他国的影响、实际效果及其他替代方案等方面进一步评估；美国总统气候问题特使约翰·克里表达了对实施碳边境调节机制的担忧；英国首相前鲍里斯·约翰逊表示对向气候约束低的国家商品征税持支持态度；俄罗斯、委内瑞拉、土耳其、智利、南非等国家在格拉斯哥气候大会上明确反对实施碳边境调节机制等单边措施。

三、欧盟碳边境调节机制的影响与预判

在全球碳达峰碳中和的背景下，欧盟碳边境调节机制作为一种新型碳减排手段，将推动全球碳减排和贸易结构调整，开启新一轮绿色产业竞争。欧盟是我国第二大贸易伙伴，我国对欧盟出口工业品主要集中在机械设备、纺织服装、杂项制品、化工制品、贱金属及制品等。虽然现阶段欧盟方案中碳边境调节机制覆盖的产品范围与我国主要对欧盟出口的工业品重叠较少，短期内对我国出口贸易和产业发展影响有限，但考虑到未来欧盟将扩大碳边境调节机制的覆盖范围，而我国较欧盟的低碳技术存在一定差距，碳市场尚处于起步阶段，且西方国家跟进效仿联合冲击我国制造业的压力较大，因此其长期影响不容小觑。

钢铁、铝材及其下游行业产品价格优势受挤压。按照欧盟碳边境调节机制覆盖产品统计，我国对欧盟出口主要集中在钢铁产品和铝产品。虽然近年来钢铁产品受欧盟反倾销制裁影响，对欧盟出口总量有一定减少，但仍维持在较大规模。另外，我国向欧盟出口较多的机械产品、交通运输设备等是钢材和铝材的延伸品，一旦碳边境调节机制覆盖相关产业，将大幅增加相关产品的出口成本，使其在欧盟市场的竞争力大幅受损，部分企业可能因不具备价格竞争优势而失去市场份额，甚至退出欧洲市场。

对欧盟出口不确定性风险逐步增加。按照当前我国对欧盟出口的钢铁、水泥、化肥和铝产品贸易额统计，相关产品占我国对欧盟出口总额比重较小（不足 2%），现阶段方案对我国出口欧盟贸易额影响有限。但由于欧盟碳边境调节机制预留了两方面的政策空间，我国将面临较大的对欧盟出口不确定性风险：一是覆盖行业范围将可能扩大至欧盟碳市场覆盖的全部行业，将涉及我国对欧盟出口的主要产品；二是进口产品隐含碳排放量的核算范围可能进一步扩大，若将电力行业等间接排放纳入碳排放市场，将对我国以火力发电为主的产业造成较大冲击。可见，碳边境调节机制将大幅度挤压我国相关企业的出口空间、增加我国出口产品成本，影响我国企业开拓国际市场，叠加俄乌冲突导致的欧洲供应链重构的不利影响，我国对欧盟出口不确定性风险将明显增加。

碳价不对等导致我国碳交易市场持续波动。碳边境调节机制是建立在碳交易市场基础上的调控措施，其价格形成机制与碳交易市场挂钩。2021 年 7 月，我国碳交易市场正式启动，覆盖范围包括 2000 余家电力企业，但尚没有把钢铁、水泥等高碳行业纳入交易系统。此外，我国与

欧盟碳市场交易价格和价格形成机制之间存在严重的不对等。我国碳交易市场启动以来，截至 2022 年 3 月末累计成交量达 1.89 亿吨，最新成交价为人民币 58.6 元/吨，而欧盟碳排放配额结算价格在 2022 年 2 月最高达 87.00 欧元/吨①，在碳价水平相差较大的情况下，向欧盟出口企业在国内缴纳碳减排成本后，仍然需要通过购买碳边境调节机制证书完成国际贸易，而欧盟碳价变化造成的不确定性预期最终会通过负反馈影响我国的碳交易市场价格，或者造成我国碳价波动。

开启新一轮绿色产业和低碳技术竞争。碳边境调节机制作为欧盟政策工具箱中的重要举措，体现了欧盟通过发展绿色经济克服后疫情时代经济危机的决心。在各国相继提出碳达峰碳中和的背景下，未来碳要素将成为影响国际贸易竞争优势的重要因素，低碳技术和商品将成为一国国际贸易的核心竞争力。可以预见，各国将围绕绿色低碳开启新一轮的产业和技术竞争，抢先布局低碳基础设施、新能源交通运输、新型储能供能装备、绿色建筑等产业，推动技术革新和产业升级。若西方国家就欧盟碳边境调节机制达成一致并跟进效仿，我国制造业绿色低碳转型将承受较大压力。

四、对策建议

深度参与全球低碳治理，加强与欧盟双边的磋商协调。一方面，继续加强与各国在气候领域低碳治理方面规则制度、争端解决机制等方面的沟通和协调，在国际组织框架下推动建立统一的碳交易体系，在相关谈判中呼吁各国和地区在平等协商基础上进行能力建设合作，争取在全球范围内推行更利于我国的"消费地"认定标准。另一方面，加强与欧盟双边谈判。探索我国与欧盟的碳市场挂钩模式，推动建立碳排放双方互认机制，争取一定程度的豁免权限。同时，积极探索在气候治理领域外寻找贸易平衡点。例如，适时重启中欧投资协定谈判和中欧贸易协定谈判，推动建立比现行最惠国关税税率更优惠的双边协定税率，在一定程度上抵消碳边境调节机制带来的不利影响。

推进全国碳排放权交易市场建设。我国需建立兼具国际性、灵活性和有效性的碳定价机制，探索研究中欧碳市场链接方案，根据碳边境调节机制规则调整和完善我国碳定价体系，避免因间接碳排放成本无法精

---

① 受俄乌冲突影响，2022 年 3 月欧盟碳价震荡下跌，但仍高于 60 欧元/吨。

准核算等问题导致企业出口被双重收费的问题。同时，加快完善国内碳排放交易相关立法和政策体系，确定碳排放总量配额分配交易规则、市场调节机制、监管体系和履约惩戒制度等事项，加速推动将钢铁、电解铝、石化、化工等行业纳入全国碳排放交易市场，进一步优化和完善碳排放核算体系，建立各行业碳排放数据核查信息库，建设碳交易机制的基础设施和第三方机构，加强人才培养和人员培训，通过专业的第三方机构为企业提供碳排放统计与核算支持，提高我国企业应对碳边境调节机制的能力。

发掘国际低碳科技创新合作新机遇。为应对新一轮绿色产业和低碳技术竞争，我国应加强低碳技术国际合作，以"一带一路"倡议为契机，深化与沿线国家在电力、交通、建筑、化工等产业的减碳技术合作，在核能、太阳能、风能、生物质能等可再生能源领域的无碳技术合作，以及在生物固碳、碳捕集利用与封存（CCUS）等负碳技术合作。另外，可结合我国"双碳"目标，加快产业与能源结构转型，依托新一代信息技术、新能源、新材料，布局绿色基建、智慧能源、智能交通、新型储能供能装备、大型环保及资源综合利用装备等战略新兴产业。通过大数据、互联网、人工智能与制造业的深度融合，提高对碳排放和碳成本的评估和核算，加强精准控碳。同时，加快培育绿色低碳场景，引导国内绿色产品消费升级。

加大财税金融支持力度。首先，继续推动降低制造业增值税税率和企业所得税税率，为工业绿色化转型发展提供稳健宽松的政策环境。其次，加大绿色产品政府采购力度，探索构建绿色产品政府采购目录，将设计、生产、使用、回收等全周期绿色要求嵌入绿色认证体系。再次，加大金融支持工业绿色发展力度。完善绿色金融标准和转型金融标准体系，建立工业绿色发展指导目录和项目库，明确绿色投资方向，精准、有效地为绿色低碳项目融资提供资金保障。

第三节　数字经济发展对税收治理数字化提出更高要求

数字经济快速发展催生新模式、新业态不断涌现，传统税收治理系统面临挑战，亟待数字化转型升级。2021 年，"金税工程"四期建设启动实施，提出打造智慧税务、实现"以数治税"的转型升级目标。从中长期看，税收治理数字化转型还有进一步提升的空间。

一、税收治理数字化转型是适应数字经济发展的必然趋势

数字经济发展要求税收治理数字化转型升级，并为此提供技术支撑。从挑战角度看，数字经济发展将冲击"以票控税"的传统税收治理体系，从工作强度、治理能力等多方面提出挑战。例如，在以电子商务为代表的平台经济下，市场供需双方得到更快速、更精准的匹配，冲击了传统批零销售网络，订单小批量、分散化特征突出，增加"以票控税"工作强度。又如，数字经济背景下，灵活就业等新的就业形式不断培育成熟，传统的以企业为单位的工作组织模式可能逐步被以个体间灵活合作的项目形式替代，个人所得税的重要性有望提升，冲击传统重点针对企业的税收治理模式。从支撑角度看，大数据、云计算、物联网、人工智能等新一代信息技术的发展，为"以数治税"提供了技术支撑，平台技术、网络安全技术的发展助力打破部门间、政银间、政企间数据壁垒，极大提升了税收治理能力。

"金税工程"四期已开启我国"以数治税"的转型进程。一是推动发票全面电子化，实现"以票管税"的数字化升级，防范发票风险，而发票票面信息全部上传，涉及货物、数量、单价等信息，有助于税务部门摸清企业收入、成本、库存等经营关键信息。二是税务系统与全国物流企业数据联动，有助于实现企业发票流、资金流、合同流、货物流"四流合一"。三是消除部门间、地域间数据壁垒，税务系统与地产登记系统、银行系统等进行对接，增强对企业相关人员身份信息及信用的管控，包括法人、股东及其直系亲属的手机号、纳税状态、登记注册信息等，提升资金管控能力。四是加强"非税"管控，将社保纳入"金税工程"四期管理，通过将工资发放数、个税申报基数、企业所得税申报的"工资薪金"等数据比对，有效管理企业社保按规缴纳，甄别社保挂靠等问题。

二、我国"以数治税"的中长期改革方向

OECD 提出的税收治理 3.0 构想可供借鉴。OECD 发布的《税收治理 3.0：税收治理的数字化转型》报告提出税收治理六大核心组成。

一是数字身份。该领域旨在支持纳税人与公民身份的识别，理想状态下，各主体能够被赋予唯一的、公认的数字身份，用于准确识别。经过商事制度改革，目前我国企业办理三证合一后，采用统一社会信用代码，已实现此要求。

二是纳税人接触点。即纳税人参与税收治理流程的方式，是衡量税

收服务质量的重要维度，追求便捷化、智能化。理想状态下，这些接触点应尽量融入纳税人的自然行为系统（如融入生产经营行为与其他政府服务流程），减轻税收征缴对纳税人造成的额外负担。税收征管的便捷化、智能化将是我国税收治理升级的重要内容之一。

三是数据管理和标准。该领域是支撑税收治理数字化转型的重要基础。理想状态下，应实时形成可用于税收治理的高质量数据，明晰数据所有权与数据隐私的保障机制，构建数据使用的透明度与许可机制。"金税工程"四期的银税联动等为税收治理提供了良好的数据基础，极大提升了税收征管、稽查能力。下一阶段，亟待进一步打破部门间、地域间数据壁垒，加快税收治理相关数据使用的许可、隐私保障等机制建设。

四是税收规则管理和应用。该领域旨在助力税收征管部门、纳税人更高效、更准确地筛选适用的税收规则。理想状态下，可通过人工智能算法优化，针对不同纳税人自主选择适用的税收规则、优惠政策，自主进行税收筹划，结合企业生产经营行为、财务管理等自主进行税收风险提示，以及帮助纳税人自主完成税收缴纳、结算工作。该领域具有较大的提升空间，需要税收主管部门加强与平台、软件企业合作，加大相关业务开发力度。

五是新技术。该领域是支撑税收治理数字化转型的技术基石，是催生税收治理新模式的源泉，部分模式已初具雏形。如用于税收法规、优惠政策等咨询的人工智能机器人已得到较好应用。未来，依托人工智能等技术，借助计算的强逻辑性，可对部门间、地域间的税收法规、政策进行分析优化，提高税收治理效率。围绕税收治理系统的算法开发、系统维护有望成为税务主管部门的重要工作内容。

六是税收治理框架。该领域旨在高度整合上述领域内容，形成有机统一的税收治理体制机制。理想状态下，税收治理框架应较好适应纳税人的正常生产生活，减少额外成本；通过持续监控提高税收征管质量，减少税务审计稽查工作；税收治理具有较好的弹性，能较好适应不同纳税人的特征；国际税收合作更加顺畅等。

展望篇

第十章

形势展望①

　　2022 年，我国高效统筹疫情防控和经济社会发展，克服疫情反复和乌克兰危机等超预期因素带来的冲击，工业经济整体实现稳定恢复，"压舱石"作用凸显。展望 2023 年，各种扰动因素仍难彻底消除，但随着经济内生增长动力增强，以及稳增长政策的持续发力见效，我国工业增速有望回归到 5.5% 左右的潜在增长水平。2023 年是落实"十四五"规划的关键之年，在这一年，要深入学习贯彻党的二十大精神，把发展经济的着力点放在实体经济上，把实施扩大内需战略同深化供给侧结构性改革有机结合起来，推动工业经济实现质的有效提升和量的合理增长。

第一节　对 2023 年工业经济形势的基本判断

　　一、从供给侧看，稳增长政策持续发力，新技术加速渗透融合，经济增长动能稳步增强，在保障产业链和供应链稳定畅通、用电用工等要素不出现明显短缺的情况下，我国工业增速有望回归到 5.5% 左右的潜在增长水平

　　2022 年，受疫情反复、大国博弈加剧、地缘政治冲突升级、极端高温干旱天气和自然灾害等"黑天鹅"和"灰犀牛"事件叠加影响，我

---

① 本章成文时间在 2022 年底，对 2023 年形势所做出的展望都是基于当时能够掌握的信息。虽然出版时间在 2023 年年底，但为了保持文章原貌，没有根据 2023 年已经发生的实际情况进行调整。

国经济增速持续低于潜在增速。全年规上工业增加值同比增长 3.6%，较上年回落 6.0 个百分点，较年初高点大幅回落 3.9 个百分点。展望 2023 年，各种扰动因素仍难彻底消除，但在逆周期调控政策的对冲下，经济内生增长动力稳步增强，我国经济有望逐步回归潜在增长水平。一是改革红利和政策红利将持续释放。党的二十大报告明确要求，"坚持把发展经济的着力点放在实体经济上"。这有助于加快推进各项改革进程，强化各类政策向工业倾斜，引导各类要素向工业聚力、发力，提振企业发展信心，为工业稳定发展营造良好的外部环境。二是技术红利和结构红利有助于增强经济新动能。近几年，我国大数据、云计算等新一代信息技术快速发展，带动新兴产业蓬勃发展，同时新技术对传统产业的融合渗透也日益深入，加速产业结构优化升级，经济新动能持续蓄势聚力。整体看，如果 2023 年我国产业链、供应链能够保持相对平稳，能源要素等不出现明显短缺，那么我国工业将加速向潜在增长区间回归。

二、从投资看，专项债持续加力对基建投资形成支撑、金融支持制造业的力度加大、制造业吸引外资力度加大、房地产市场趋稳等均有助于带动投资，预计 2023 年我国制造业投资增长 7%左右

一是专项债持续发力支撑基建投资平稳增长。2022 年，虽然我国新增专项债规模为 3.65 万亿元，但还使用了 5029 亿元结存限额空间，所以实际发行新增专项债券超过 4 万亿元。同时，各地积极谋划推进 2023 年专项债项目储备，将对基建投资形成有力支撑。二是金融支持制造业的力度加大。2022 年 9 月，央行设立设备更新改造专项再贷款，激励金融机构对制造业等领域定向信贷支持。我国制造业中长期贷款余额同比增速自 2020 年三季度以来稳定保持在 29%以上，制造业信贷投放提速，将持续增强投资增长后劲。三是制造业吸引外资力度加大。国家多部门发文提出优化投资环境，加强投资服务，进一步加大制造业引资力度。2021 年以来我国实际使用外商直接投资保持两位数增长，其中，欧盟对华投资呈翻番态势，反映出外国投资者持续看好中国市场，深化对华投资合作，我国使用外资规模有望进一步扩大。四是房地产供需两端政策效果逐步显现，将支撑原材料、装备等行业投资恢复。预计 2023 年制造业投资将较快增长，全年增长 7%左右。

三、从消费看，稳就业促增收压力仍然较大，汽车等重点领域消费潜力逐步释放，预计 2023 年我国社会消费品零售额增长 6% 左右

一是稳就业促增收压力仍然较大。2022 年，我国城镇居民人均可支配收入实际同比增长 1.9%，增速较上年回落 5.2 个百分点；城镇调查失业率为 5.5%，处于历史较高水平。居民就业和收入形势严峻，将制约消费恢复强度。二是重点领域消费潜力逐步释放。2022 年，我国陆续发布汽车新车购置税减半、新能源汽车下乡、汽车及家电以旧换新等促消费政策措施，多地发放消费券和购置补贴，有助于提高居民实际购买力，激发消费意愿。但需要关注的是，2022 年我国 CPI 涨幅连续 8 个月上升，2023 年主要国家通胀输入影响仍将持续，助推我国 CPI 涨幅加快，一定程度上可能不利于居民消费恢复。预计 2023 年社会消费品零售额增速将较 2022 年明显回升，全年增长 6% 左右。

四、从出口看，全球经济衰退风险上升拖累外需放缓、出口订单渠道开拓不畅，再加上部分领域出口订单加速向东盟转移，我国出口增长动力减弱，预计 2023 年我国工业出口交货值增长 5% 左右

一是全球经济衰退风险上升将拖累外需放缓。世界银行预计 2023 年世界可能走向全球性经济衰退；WTO 将 2023 年全球商品贸易量预测值下调 2.4 个百分点至 1.0%，全球经济贸易增长疲弱。二是出口订单渠道开拓不畅。我国出口贸易高度依赖国内外展会以获取订单，但最近几年国内外展会陆续取消或延期，企业新订单渠道开拓不畅，我国 PMI 新出口订单指数持续处于收缩区间，企业新签订单增长疲弱。三是我国部分领域出口订单向东盟转移。当前东盟主要国家在劳动密集型产业领域与我国替代关系显现，我国劳动密集型产业上游生产环节和下游消费市场份额可能会向东盟加快转移，我国出口优势恐被逐步削弱。但也要看到积极的方面，我国对"一带一路"沿线国家、RCEP 贸易伙伴出口呈快速增长态势，将进一步增强我国出口增长动力。预计 2023 年我国工业出口交货值增速将较 2022 年回落，全年增长 5% 左右。

综合来看，2023 年全球经济衰退风险上升将拖累我国外需放缓，出

口增长动能趋弱，但经济内生增长动力将稳步增强，消费潜力逐步释放，投资保持稳步增长，工业增速有望回归到 5.5%左右的潜在增长水平。

第二节　需要关注的几个问题

一、新冠疫情对经济社会生活的扰动恐仍难彻底消除，居民消费意愿和消费能力不足仍将制约消费反弹

2022 年，我国全年社会消费品零售总额同比名义下降 0.2%，扣除价格因素后同比实际下滑 2.8%，延续自 4 月以来的下滑态势，这反映出当前消费恢复仍然非常疲弱。为更好统筹疫情防控和经济社会发展，各地都在落实 2022 年 11 月出台的优化疫情防控二十条措施，推动经济社会逐步向常态化发展。预计 2023 年，疫情的疤痕效应仍将持续影响消费恢复。一方面，新冠疫情对产业的冲击短期内难以消除，居民就业和收入仍将继续承压，居民消费信心难有大幅提振。另一方面，在人口结构变化、高债务压力、预防性储蓄偏好、疫情反复等因素叠加影响下，我国居民消费倾向大幅提升的可能性较小，仍将制约消费反弹幅度。

二、工业品出厂价格下行对效益和投资的传导效应逐步显现，工业企业效益恶化拖累投资信心持续低迷

2022 年，我国工业企业效益一直比较低迷，规模以上工业企业利润同比下降 4.0%，利润已连续 6 个月负增长，且降幅逐月扩大，利润率同比回落 0.63 个百分点至 6.09%。其中，钢铁、建材等行业受下游需求不足制约，企业收入增长放缓甚至出现下降，再加上下半年以来原材料行业出厂价格降幅远大于购进价格，利润空间被进一步挤压，工业企业效益明显恶化。由于企业利润是扩大工业投资最主要的资金来源，工业企业效益情况直接影响企业投资能力和投资预期。2022 年，工业投资同比增长 10.3%，增速较前三季度回落 0.8 个百分点。需要特别关注的是，2022 年 10 月我国 PPI 同比下降 1.3%，这是自 2021 年 1 月以来首次落入负值区间。由于当前国际大宗商品价格仍在高位波动、国内需求恢复仍然缓慢、上年同期的高基数效应依然较强，预计未来一段时间，我国工业品出厂价格同比将延续下行态势。预计价格下行会拖累企业盈利能力下降，进一步削弱企业对未来的发展预期。

三、美西方的围堵遏制和新兴经济体的追赶替代，加大我国产业链、供应链外迁压力

一方面，美国联合盟友积极打造"去中国化"供应链。美国综合利用加征关税、出口管制、投资审查、强迫劳动等手段，干扰正常贸易和产业合作；构建"澳英美联盟""美日印澳四国机制""T12 科技联盟"等圈子，最大限度遏制我国高技术企业崛起；积极联合盟友在半导体、锂电池、稀土和药品等关键领域打造"去中国化"供应链，全方位减少对我国的经济依赖。另一方面，越南等新兴经济体加快承接中低端产业转移。2022 年，我国新冠疫情多点散发，出口订单从我国重新回流至新兴经济体。2022 年 1—10 月我国出口额同比增长 11.1%，其中 10 月当月同比下降 0.3%，出现 28 个月以来的首次下降。而东南亚国家出口普遍呈高速增长态势，其中，越南出口额同比增长 15.9%，10 月出口增速仍高达 10.9%。总体看，美西方的围堵遏制和新兴经济体的追赶替代，带给我国的双向挤压愈演愈烈，我国面临的产业链、供应链外迁压力也不断加大。

第三节　应采取的对策建议

一、加大政策支持提振信心

加快研究推进增值税改革，建议将制造业增值税税率由 13%下调 1～2 个百分点，以切实减轻制造业税费负担，提振企业发展信心和预期。进一步强化金融服务实体经济能力，引导国有大型银行继续加大制造业中长期贷款投放力度；进一步完善和细化对高耗能行业的贷款政策，支持优质原材料工业企业向绿色低碳转型。

二、保障产业链、供应链稳定

加强重点产业链、供应链动态监测，密切关注国际局势、美联储加息节奏、主要贸易伙伴国的贸易投资政策变化等潜在风险点，及时防范和化解影响产业链、供应链稳定的危机。持续做好大宗商品保供稳价，在保障发电供热和民生用煤基础上，适度增加对冶金、建材、化工等非电行业煤炭供应，确保基础原材料供应稳定。

三、推进项目落地稳定投资

加大对企业智能改造、重大技术改造的设备更新、节能降碳技术改造工程等项目投资支持力度。加强土地、能耗、环境容量、产能指标等要素的协调保障，加快推进重大项目落地见效。不断完善新基建管理，破除社会资本参与新基建项目的规模、设备、人员等方面限制，扩大新基建投资和市场规模。

四、加快释放潜力激活消费

更大范围地实施汽车以旧换新补贴政策，大力支持新能源汽车消费规模扩大。加快推进汽车、绿色家电、绿色建材下乡等活动，释放消费潜力。研究启动进一步提高个税起征点或增加个税优惠抵扣范围，加大对特定人群的住（租）房补贴、防疫补贴，提升居民消费能力。

五、主动作为继续扩大出口

引导、鼓励和支持企业积极运用期货、期权等金融工具进行套期保值，不断提升外贸企业的汇率避险意识与能力。鼓励各地大力支持企业开拓新客户、抢抓新订单，为外贸企业出国出境参展、商洽等商务活动提供保障服务。

第十一章

政策展望

2023 年是全面贯彻落实党的二十大精神的开局之年,更好地研究贯彻落实党中央对工业经济发展的各项要求,对于开展工作具有重要的指导意义。党的二十大报告正式提出,"建设现代化产业体系","坚持把发展经济的着力点放在实体经济上,推进新型工业化,加快建设制造强国、质量强国、航天强国、交通强国、网络强国、数字中国"。2023年 5 月召开的二十届中央财经委员会第一次会议强调,"加快建设以实体经济为支撑的现代化产业体系"。下一步,围绕加快建设现代化产业体系、加快推进新型工业化这些重点任务,将会有更多政策出台,以更好推动制造业高质量发展。

第一节　加快建设以实体经济为支撑的现代化产业体系

二十届中央财经委员会第一次会议指出,"加快建设以实体经济为支撑的现代化产业体系,关系我们在未来发展和国际竞争中赢得战略主动"。这是党中央从战略层面对加快建设现代化产业体系做出的重要部署。尤其是在当今世界各国产业竞争不断加剧的背景下,把握人工智能等新科技革命浪潮,高效集聚全球创新要素,推进产业智能化、绿色化、融合化,建设具有完整性、先进性、安全性的现代化产业体系,方可掌握未来竞争的主动权。

一、进一步巩固完备产业体系的竞争优势

我国拥有世界上最完整的工业体系,目前有 220 多种工业品产量居全球第一,是全球工业门类最齐全的国家之一。2022 年,我国全年规模以上工业增加值同比增长 3.6%;全部工业增加值达到 40.2 万亿元,

制造业增加值达到 33.5 万亿元，均居世界首位。完备的产业体系不仅支撑了我国制造业高质量发展，在抗击新冠疫情等重大事件中发挥了关键作用，还成为我国与其他国家形成良好产业链协同配套关系的坚强基石。应出台更多支持政策，加大对实体经济的扶持力度；加快传统制造业转型升级发展，不能当成"低端产业"简单退出；进一步提升我国产业链完备性的竞争优势，做全球产业链、供应链的重要参与者与维护者。

二、加大力度加快促进产业融合发展

随着新一轮科技革命的加速演进，以信息技术、生命技术等为代表的高新技术不断向各行各业渗透，第一、二、三产业之间的界线不断模糊，产业融合发展态势不断加速。例如，近年来随着智能制造、工业互联网的快速发展，制造业与服务业呈现深度融合趋势；随着我国人口老龄化进程加快，高端医疗装备、生物医药等产业对养老服务业发展形成了良好支撑。此外，智能化农机产业的快速发展，也加快促进了现代农业的发展。因此，要坚持三次产业融合发展，避免割裂对立，需要在促进产业融合发展方面出台专门的政策，进一步开发、开放相关应用场景，促进产业融合技术与产品的高质量发展。

三、加大对人工智能等新技术的创新投入

当下，以人工智能为代表的新技术正不断加速演进迭代，并对各行业产生了较强的渗透赋能作用。2023 年年初，微软公司推出了人工智能对话聊天机器——ChatGPT，这代表着基于深度学习的语言模型已进入大规模推广应用阶段，下步不仅在搜索聊天等领域应用，还将广泛应用在智能驾驶、在线教育、电子商务等更多领域，形成对社会经济活动的全面渗透，并大幅提升经济运行效率。客观来看，以美国为代表的西方发达国家在此轮人工智能技术变革中走在了前列，不仅在算法、算力等方面抢占了先机，还在底层芯片技术、软件等层面牢牢把控了行业关键环节，并不断加大对我国的技术封锁。为更好地迎接新一轮产业技术变革，需要加大对以人工智能为代表的革命性技术的创新投入力度，更好地发挥新型举国创新体系的作用，调动社会各界的资源力量，加快抢占新一轮科技革命的制高点。

第二节　加快推进新型工业化

党的二十大报告提出，"到 2035 年基本实现新型工业化，强调坚持把发展经济的着力点放在实体经济上，推进新型工业化，加快建设制造强国"。步入新时代，新型工业化被赋予了新使命、新要求，需要出台更多针对性政策加快推进新型工业化。

一、加快健全产业科技创新体系

党的二十大报告提出，"创新是第一动力"。当前，产业科技创新已上升到国际竞争的高度，世界各国都在加快抢占产业发展制高点。在加快推进新型工业化的过程中，既要重视基础研发，又要注重产业科技创新。首先，要加强关键技术和产品创新突破，开展重点领域关键核心技术攻关，发挥新型举国体制优势，实行"揭榜挂帅"等新机制，加快突破一批核心技术和标志性重大战略产品。其次，要加强企业主导的产学研协同深度融合，促进科技成果高效转移、转化，鼓励企业家与科学家深度合作，加快科技成果工程化、产业化。最后，要加强创新型人才队伍建设，培养造就一批产业技术创新领军人才和高水平创新团队。

二、提升产业链、供应链韧性和安全水平

近年来，我们立足我国产业规模优势、配套优势和部分领域先发优势，统筹补短板、锻长板，产业链健全、产业体系完备优势进一步巩固提升，有效增强了我国经济发展韧性和应对外部冲击的能力。但要清醒地认识到，我国产业链仍存在很多薄弱环节，供应链受制于人的问题突出。必须把提升产业链、供应链韧性和安全水平摆在更为关键的位置，应重点从实施产业基础再造、围绕重点产业链深入推进"强链补链稳链"、发挥"链主"企业带动作用、完善产业安全发展环境等方面加强工作。

三、全面提升企业竞争力

企业是新型工业化建设的微观主体，企业强，产业才能强。近年来，通过深入推进"放管服"改革和重点领域改革，完善企业兼并重组政策措施，健全优质企业梯度培育体系，加大对中小企业发展的政策支持，保护和激发企业内生动力与活力，制造业企业综合实力和竞争力显著增

强。下步，应充分发挥大企业主力军和中小企业生力军作用，加强优质企业梯度培育，提升国有企业核心竞争力，促进民营经济发展壮大，加快建设世界一流企业。支持中小企业深度融入大企业供应链，构建大中小企业融通发展的良好生态。

四、提升产业治理现代化水平

党的二十大报告明确提出到 2035 年我国发展的总体目标，其中包括"基本实现国家治理体系和治理能力现代化"。落实到新型工业化领域，就是要提升产业治理现代化水平。首先要加快构建新型产业政策体系，坚持有效市场和有为政府更好结合，突出管战略、管规划、管政策、管标准，加强行业指导，加强企业服务，健全产业治理体系。其次是全力打造市场化、法治化、国际化一流营商环境，扩大高水平对外开放，深化国际交流合作，支持外资企业在华投资兴业，鼓励有实力的企业深度参与全球产业分工与合作。

 **后记**

　　中国电子信息产业发展研究院长期跟踪研究工业经济，在对我国工业经济发展趋势研判、工业高质量发展、区域经济发展、工业领域前沿技术创新的基础上，历时半载，经广泛调研、详细论证、数次修订和完善，完成了《2022—2023年中国工业发展质量蓝皮书》。

　　本书由张小燕担任主编，关兵、韩建飞、张文会担任副主编，负责书稿框架设计和审稿，秦婧英负责统稿校对。全书共分为五篇：理论篇由杨济菡（第一章）、张文会（第二章）编写；全国篇由乔宝华（第三章），张文会、陈致达（第四章）编写；区域篇由乔宝华、杜冠德（第五章），刘世磊、韩建飞、梁一新、张厚明、赫荣亮、乔晓、张赛赛、张凯、张亚丽、韩力、周祺、苍岚、郭灵康、李雨浓（第六章）编写；专题篇由关兵（第七至九章）编写；展望篇由乔宝华（第十章）、王昊（第十一章）编写。本书在研究和编写过程中得到了工业和信息化部各级领导，以及行业协会和企业专家的大力支持与指导，在此一并表示衷心的感谢。

　　本书以习近平新时代中国特色社会主义思想和党的二十大报告为指引，围绕我国工业经济当前的重点、热点、难点问题进行研究，特别是对制造业高质量发展过程中所面临的机遇与挑战进行深度分析，构建了成熟的评价体系，旨在推动我国工业经济高质量发展。同时，希望我们的研究能够为探索工业高质量发展新路径提供一些思考，为制造强国战略的进一步落实提供一种新的监测和评估视角。

参考文献

[1] 高培勇. 正确认识和把握新发展阶段[N]. 人民日报，2021-12-30(7).

[2] 许召元. 增强制造业核心竞争力[N]. 经济日报，2022-04-13(10).

[3] 任保平，李培伟. 数字经济培育我国经济高质量发展新动能的机制与路径[J]. 陕西师范大学学报（哲学社会科学版），2022,51(1):12.

[4] 冉征，郑江淮. 创新能力与地区经济高质量发展——基于技术差异视角的分析[J]. 上海经济研究，2021.

[5] 中国社会科学院工业经济研究所课题组. 工业稳增长：国际经验、现实挑战与政策导向[J]. 中国工业经济，2022(2):5-26.

[6] 张志新，路航，孙振亚. "双碳"目标对制造业高质量发展的影响研究——基于价值链地位提升视角[J]. 价格理论与实践，2022(1):5.

[7] 高运胜，朱佳纯，康雯雯. 高质量视角下我国对外贸易发展的动能塑造与路径选择[J]. 经济学家，2021(6):11.

[8] 王一鸣. 以推动高质量发展为主题（新论）[N]. 人民日报，2021-4-1(7).

[9] 中国电子信息产业发展研究院. 中国工业发展质量蓝皮书（2012）[M]. 北京：中央文献出版社，2013.

[10] 中国电子信息产业发展研究院. 2013—2014 年中国工业质量发展蓝皮书[M]. 北京：人民出版社，2014.

[11] 中国电子信息产业发展研究院. 2014—2015 年中国工业质量发展蓝皮书[M]. 北京：人民出版社，2015.

[12] 中国电子信息产业发展研究院. 2015—2016 年中国工业质量发展蓝皮书[M]. 北京：人民出版社，2016.

[13] 中国电子信息产业发展研究院. 2016—2017 年中国工业质量发展蓝皮书[M]. 北京：人民出版社，2017.

[14] 中国电子信息产业发展研究院. 2017—2018 年中国工业质量发展蓝皮书[M]. 北京：人民出版社，2018.

[15] 中国电子信息产业发展研究院. 2018—2019 年中国工业质量发展

蓝皮书[M]. 北京：电子工业出版社，2019.

[16] 中国电子信息产业发展研究院. 2019—2020 年中国工业质量发展蓝皮书[M]. 北京：电子工业出版社，2020.

[17] 中国电子信息产业发展研究院. 2020—2021 年中国工业质量发展蓝皮书[M]. 北京：电子工业出版社，2021.

[18] 中国电子信息产业发展研究院. 2021—2022 年中国工业质量发展蓝皮书[M]. 北京：电子工业出版社，2022.

[19] 钟旋辉. 广东发展蓝皮书：广东发展报告（2020）[M]. 北京：社会科学文献出版社，2020 年.

[20] 广西壮族自治区发展和改革委员会. 关于广西壮族自治区 2021 年国民经济和社会发展计划执行情况与 2022 年国民经济和社会发展计划草案的报告[N]. 广西日报，2022-1.

[21] 刘晓燕. 大国雁阵——新时代人才强国的战略布局[J]. 中国人才，2022(01).

[22] 谢志成. 加快构建自主可控 安全高效的现代制造业体系[J]. 群众，2021(09).

[23] 杨悦. 良巢引得百凤栖[N]. 吉林日报，2019-11-19.

[24] 孔垂炼. 云南经济高质量发展谱新篇[N]. 云南日报，2022-1-21.

[25] 罗文，徐光瑞. 中国工业发展质量研究[J]. 中国软科学，2013-01-28.

[26] 工信部赛迪智库工业经济研究所"工业发展质量"课题组. 中国工业发展质量区域排行榜[J]. 中国工业评论，2016-07-05.

[27] 赛迪智库工业发展质量研究课题组. 从结构调整看我国地区工业发展质量[N]. 中国财经报，2014-08-05.

[28] 乔宝华，张文会，王珊. 后疫情时代 PPI 持续上涨对我国工业经济的影响[J]. 价格理论与实践，2021(8).

[29] 李芃达. 工业经济发展基础稳韧性足[N]. 经济日报，2021(12).

[30] 苍岚，谢雨奇，张淑翠. "十四五"时期全球科技发展战略焦点及政策建议[J]. 机器人产业，2021(5).

[31] 郑雪芹. 欧美如何加大对电池原材料的掌控力度[J]. 汽车纵横，2022(5).

[32] 周雪松. 原材料价格上涨压缩中小企业利润[N]. 中国经济时报，2021(9).

[33] 贾永飞，尹翀. 加大基础研究投入 给科技创新注入"强心剂"[N]. 科技日报，2021(1).

[34] 李国辉. 优化金融生态环境 助力小微企业融资[N]. 金融时报，2021(1).

[35] 谢雨奇，张淑翠. 强化制造业产业链现代化的财税政策[J]. 工信财经科技，2021(6).

[36] 苍岚，张淑翠，张厚明. 我国数字经济税收问题探析[J]. 中国国情国力，2021(8).

[37] 苍岚，张淑翠，关兵. 全球数字服务税争议焦点及对我国相关产业的影响[N]. 中国计算机报，2020(12).

[38] 罗晖，彭丽红，王妍，等. 数字经济时代中小企业的数字化转型研究[J]. 今日科苑，2021(8).

[39] 苍岚，张淑翠. 从欧盟《数字服务法》和《数字市场法》看平台经济反垄断[J]. 数字经济，2021(6).

[40] 赫荣亮，关兵. 2021 年智能网联汽车投资环境和融资水平[J]. 数字经济，2021(11).

[41] 赫荣亮. 以"一带一路"促进我国钢铁国际产能合作[J]. 国家治理，2015(10).

[42] 赵文博. 四大视角展望智能网联汽车发展趋势[J]. 智能网联汽车，2021(11).

[43] 刘通. 北京设立智能网联汽车政策先行区[J]. 汽车纵横，2021-05-14.

[44] 王浩明. 广州自动驾驶混行试点推动规模化应用[N]. 经济参考报，2021(8).

反侵权盗版声明

电子工业出版社依法对本作品享有专有出版权。任何未经权利人书面许可，复制、销售或通过信息网络传播本作品的行为；歪曲、篡改、剽窃本作品的行为，均违反《中华人民共和国著作权法》，其行为人应承担相应的民事责任和行政责任，构成犯罪的，将被依法追究刑事责任。

为了维护市场秩序，保护权利人的合法权益，我社将依法查处和打击侵权盗版的单位和个人。欢迎社会各界人士积极举报侵权盗版行为，本社将奖励举报有功人员，并保证举报人的信息不被泄露。

举报电话：（010）88254396；（010）88258888

传　　真：（010）88254397

E-mail：　dbqq@phei.com.cn

通信地址：北京市万寿路 173 信箱

　　　　　电子工业出版社总编办公室

邮　　编：100036

赛迪智库

面向政府·服务决策

奋力建设国家高端智库

诚信　担当　唯实　创先

思想型智库　国家级平台　全科型团队
创新型机制　国际化品牌

《赛迪专报》《赛迪要报》《赛迪深度研究》《美国产业动态》

《赛迪前瞻》《赛迪译丛》《舆情快报》《国际智库热点追踪》

《产业政策与法规研究》《安全产业研究》《工业经济研究》《财经研究》

《信息化与软件产业研究》《电子信息研究》《网络安全研究》

《材料工业研究》《消费品工业研究》《工业和信息化研究》《科技与标准研究》

《节能与环保研究》《中小企业研究》《工信知识产权研究》

《先进制造业研究》《未来产业研究》《集成电路研究》

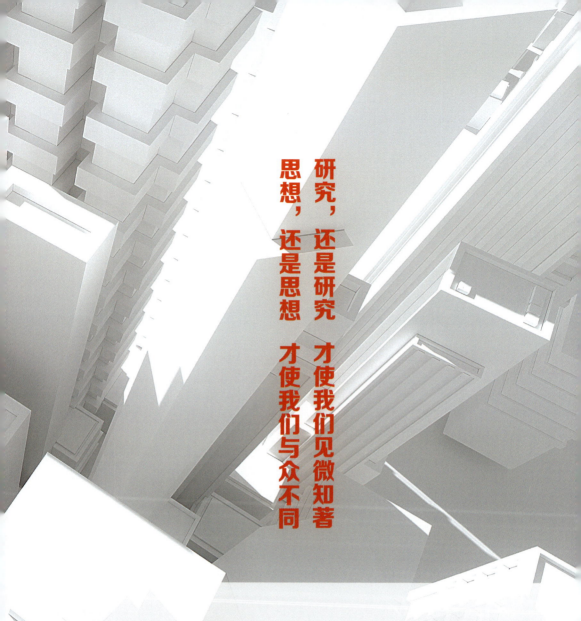

研究，还是研究　才使我们见微知著

思想，还是思想　才使我们与众不同

政策法规研究所　规划研究所　产业政策研究所（先进制造业研究中心）

科技与标准研究所　知识产权研究所　工业经济研究所　中小企业研究所

节能与环保研究所　安全产业研究所　材料工业研究所　消费品工业研究所　军民融合研究所

电子信息研究所　集成电路研究所　信息化与软件产业研究所　网络安全研究所

无线电管理研究所（未来产业研究中心）世界工业研究所（国际合作研究中心）

通讯地址：北京市海淀区万寿路27号院8号楼1201　邮政编码：100846

联系人：王　乐　　　　联系电话：010-68200552　13701083941

传　　真：010-68209616

电子邮件：wangle@ccidgroup.com